大乗院寺社雑事記

第一巻

大乗院寺社雑事記研究会編

研究論集

和泉書院

序に代えて

「大乗院寺社雑事記」は、奈良興福時大乗院門跡尋尊の、宝徳二年（一四五〇）正月から永正五年（一五〇八）正月に至る四十九年間の日記である。

この日記が十五世紀後半という室町後期の畿内近国の出来事を具さに記録し、室町時代の根本史料の一つであることは、言を待たない。

昭和六年（一九三一）七月から六カ年を費やし、東京大学史料編纂所長の辻善之助、同所員の高柳光寿の下、小野均、圭室諦成、中村吉治、森末義彰、小坂浅吉らが、苦労の末校訂を行ない、三教書院から発刊したのが、現在の活字本の基である。その後、角川書店、臨川書店等から出版されて、多くの研究者が利用、研究を進めることができるのは、これら校訂者のお陰である。記して謝意を表したい。

平成十年（一九九八）四月、大阪の帝塚山学院大学人間文化学部の開設にともない、鶴崎裕雄・森田恭二が提唱し、同学の志を募って「大乗院寺社雑事記」研究会を発足させた。研究会は週一回、大学内で行われる一方、奈良を中心とする学外の見学も続けている。

ここに参画した同学の志による「大乗院寺社雑事記」関連研究の論集第一巻を刊行することとなった。

本巻の発刊を「大乗院寺社雑事記」関連研究の出発点とさせていただき、同学の志をさらに募って、互いに研鑽を積んでこの後の続刊も期して行きたいと考える。

平成十二年十月

大乗院寺社雑事記研究会

目次

III　文化・芸能

Ⅳ　歴史地理

I 史跡

『大乗院寺社雑事記』の史跡

森田恭二

一　『大乗院寺社雑事記』とは

『大乗院寺社雑事記』とは、興福寺大乗院門跡の雑事記という意味である。

この名称は本来のものでなく、明治初年、興福寺の文書記録の多くが内閣文庫の保管となった時、同寺大乗院の第二十七代門跡尋尊と第三十代経尋の日記を合わせて名付けられ、その後昭和六年（一九三一）刊行の時、第二十八代門跡政覚の日記を加え、三人の日記を、『大乗院寺社雑事記』として総称したといわれる。

本書で採りあげる『大乗院寺社雑事記』は、その中の尋尊による日記である。彼は、康正二年（一四五六）二月、興福寺別当（寺務）に補せられると日記を書き始め、「寺務方諸廻請」と名づけた。長禄三年（一四五九）三月、別当を退くと、改めて「寺社雑事記」として書きつぎ、永正五年（一五〇八）正月までほぼ四十九年に及んだ。その大乗院尋尊の日記は、奈良にあって京都をはじめ全国に及ぶ事項を記した史料であって、室町時代史の一端を語るものである。

昭和六年の刊行全十二巻によって「大乗院寺社雑事記」を読むことができる。五百年前の「大乗院寺社雑事記」

を私達が読むことができるのは、昭和六年の校訂の苦労に携われた辻善之助・小野晃嗣・高柳光寿・圭室諦成・中村吉治・森末義彰氏・小坂浅吉氏らのお蔭であることは、忘れてはなるまい。

二　筆者大乗院尋尊

興福寺大乗院門跡であった尋尊は、永享二年（一四三〇）八月、一条兼良の五男として出生、母は中御門宣俊の娘であった。九歳で大乗院に入室、方広・法華・慈恩・維摩会研学竪義などを遂行するとともに、享徳二年（一四五三）に少僧都、翌三年に大僧都、康正元年（一四五五）僧正に昇進、康正二年二月十日、興福寺別当となった。また長谷寺・橘寺・薬師寺の別当も兼務した。長禄三年（一四五九）三月、興福寺別当を辞したが、応仁元年（一四六七）興福寺法務に任じられた。永正五年（一五〇八）五月二日、七十九歳で死去している。

興福寺の一乗院・大乗院両門跡の継承者は、必ず摂家から入った。尋尊も父を一条兼良とするその一人であった。

大乗院跡の碑

これを南都では貴種といった。門跡につぐ院家は、摂家につぐ清華・名家の家柄の閑院・日野・村上源氏（久我）などの出身者が入った。これを貴種に対して良家という。この門跡・院家が凡人出身の学侶・六方ないし衆徒に対して、法相一宗の最高階層を成していた。

尋尊は興福寺大乗院門跡として別当の地位につき、興福寺領荘園の荘園領主でもあり、京都一条家出身の貴種であり、興福寺が支配する大和の諸社寺の最高権力者でもあった。

しかし、彼の君臨した時代である十五世紀後半は、室町幕府、構門貴族らの支配が、音をたてて崩れ行く時代であった。『大乗院寺社雑事記』には、その時代の様相がまざまざと書き綴られている。

三　貴賤の人々

足利義政

室町幕府第八代将軍足利義政の頃は、東山文化と呼ばれる室町後期文化の花開いた時代である。

寛正六年（一四六五）三月に催された義政の東山花頂山の花見は、『長禄寛正記』にも書き残されている。花の下に連歌を詠む風流を尽くした春の宴であった。応仁の乱の始まる直前、束の間の平穏な時代、義政花見の情報は、一早く尋尊のもとにももたらされている。

『大乗院寺社雑事記』（以下『雑事記』と記す。）寛正六年三月四日条に次のように書かれる。

今日東山御花見、花頂山御会所也。一献当官領畠山、御会人数、大閤・関白・聖護院准后・三宝院准后・実相院・三条・飛鳥井・日野と云々。家門御祈禱仁王講其の沙汰を致し了んぬ。公方より一万疋分大閤に訪ね進められ候。此の外大儀是非に及ばずと云々。若王寺一献、細川申し沙汰、来六日小(大)原野一献、武衛これを沙汰す。今日と云い六日と云い、且《かつが》つ天下の見物、上下仰天言詞に及び難しと云々。

三月四日の花頂山の花見には、管領畠山政長が一献を準備し、花の下で連歌会が催された。三月六日には洛西大原野で再び花見会が催されることも記している。花頂山の花の下連歌には太閤一条兼良をはじめとする公家が参加、若王寺で一献の席が設けられた盛大な催しであったことが記されている。

この日、将軍義政は、

咲みちて花より外の色もなし

京都　慈照院（足利義政菩提所）

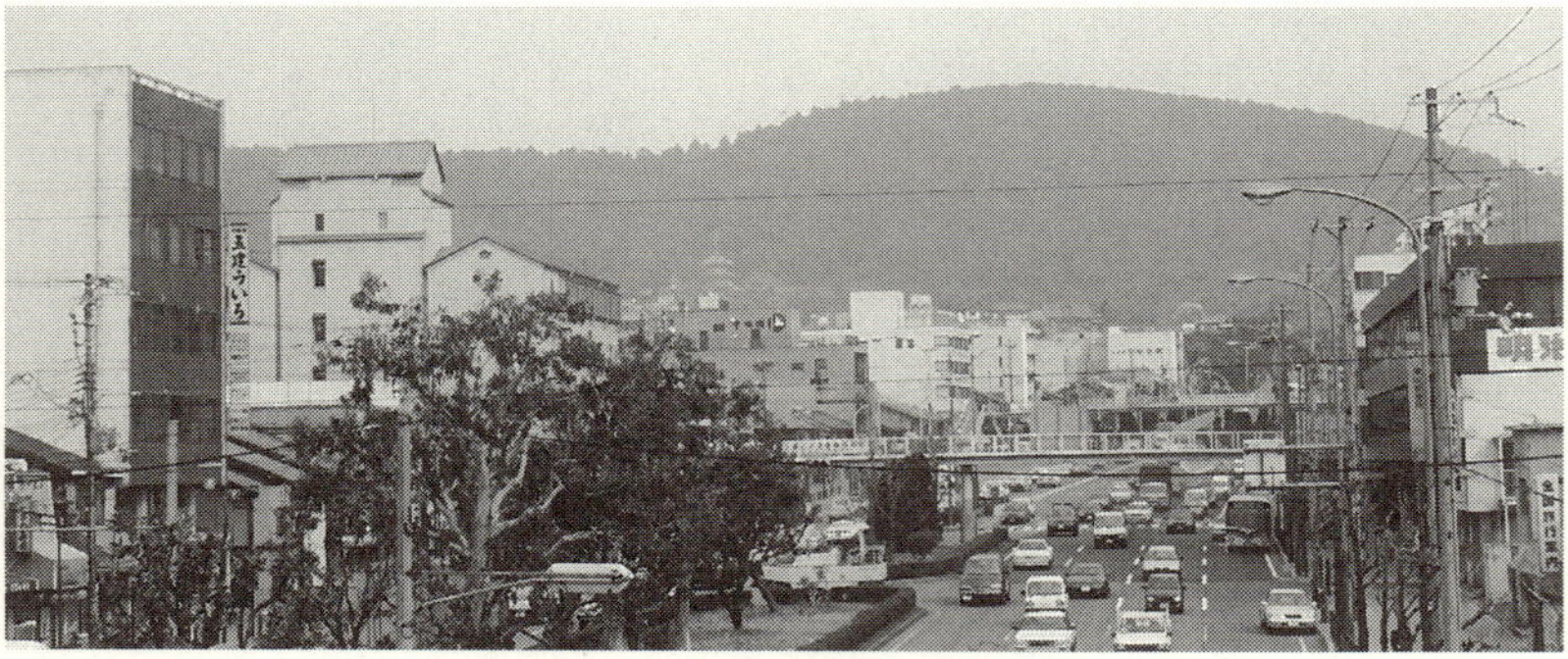

京都東山

室町殿跡

と発句を詠み、続いて一条兼良が、

春の雪間か山の鳥の音

三宝院准后が、

出初める月をかすみの上に見て

と答えて、ここに花頂山での花の下連歌が行なわれたことが、『長禄寛正記』にも見える。

尋尊は、「今日と云い六日と云い、且つ《かつが》天下の見物、上下仰天言詞に及び難しをと云々。」とも記している。

今参局事件

今参局は、将軍足利義政の若き頃、権勢をふるった女性で、有馬元家・烏丸資任と共に三魔（『臥雲日件録抜尤』）と言われた。

この今参局については、義政の愛妾説と乳母説があるが、乳母であった女性がひき続いて愛妾となっていたとも考えられる。

今参局の権勢ぶりは、やがて重圧や実力者との衝突を生んだ。宝徳三年（一四五一）には、尾張国守護代の補任に今参局が介入したことから義政の母日野康子と対立し、康子は怒って嵯峨五大堂に籠ってしまうという事件が起きている。さらに享徳二年（一四五三）には、畠山持国と細川勝元が、今参局の追放を義政に申入れたが、以後政治に介入しないことを条件に、処罰を逃れるというようなこともあった。

長禄三年（一四五九）、義政の正室日野富子が赤子を生んだが、死産であったという。ところが、この死産の原因は、今参局が富子を呪詛せんがために修験者を集めて祈らせていたためという風聞がひろまった。

事件について、『雑事記』長禄三年正月十六日条は、次のように記している。

御今参局の所行、今度御産不平安、剰《あまっさ》え若君則ち早世の事、彼の局の調伏の故とて、去る十三日これを召取らる。十四日隠岐（沖島）国に配流、或は辛崎ニシツメラルの由風聞と云々。当室町殿を守り立て申すハ此の局ナリ、女中に於いテ権門これに過ぎざるの事尤か。今度の事、実否知らず、一向生涯を失なわる事、御沙汰次第に指し過ぐか。但し大方殿（日野康子）申す御沙汰の故と云々。此の間不和の故也。彼の局の跡大館ニこれを給う、一家に依る也。

尋尊が情報を得たのは、正月十六日のことで、去る十三日捕らえられた今参局は、十四日に隠岐国（琵琶湖の沖の島）に流されたか、琵琶湖辛崎に沈められたとしている。

「当室町殿を守り立ち申すは此局なり。女中において権門これに過ぎざる事もっともか。」と尋尊が書いたように、権勢をふるい、処罰され、その処罰は将軍の御沙汰次第でもあり大方殿（日野重子）の御沙汰があったと記している。「今度の事実否知らず」とは、今参局の犯行は、実否がわからない罪でもあったとも記している。あるいは、無実の罪を着せられて、今参局は滅ぼされていった可能性もあろう。

近衛房嗣・政家の疎開

都が、応仁の乱で戦火にまき込まれると、多くの公家・僧侶や町人が逃避し、奈良や堺に疎開した。一条兼良は興福寺の大乗院を頼って奈良に移住した。大乗院門跡尋尊は兼良の子息であったからである。

戦火が激しくなると近衛房嗣・政家父子も疎開した。

応仁元年（一四六七）六月七日、斯波義寛と畠山政長の合戦が近衛西洞院で行なわれ、近衛邸も危険になったので、房嗣は一時、三宝院に避難している。「天下の安危測り難し」状態であり、祇園祭もその準備すらできない状態であった。ついに、六月十六日、近衛房嗣らは移住を決意した。この日まず房嗣が戦乱を宇治に避け、平等院の子院森坊という所に入った。ついで七月六日には、政家も戦乱を避けて、平等院の子院報恩院に入り房嗣と再会した。二人が入ったのは、いずれも平等院と関係のある寺院である。平等院は近衛家と関係が深く、氏長者である関白が本所であった。房嗣・政家父子は、京都の戦乱を避けて宇治で平安の生活を満喫することになった。

しかし、戦乱は確実に拡大していった。宇治での生活はそう長くは続かず、翌応仁二年（一四六八）八月には、一時近江信楽郷へ移住し、政家は信楽郷小河の大興寺を居所として約二ヵ月滞在した。応仁二年十月十九日には、政家は宇治森坊へ戻り、房嗣が信楽郷に下向している。

文明二年（一四七〇）十一月四日よりは、房嗣・政家父子は南都へ移住した。『雑事記』には、この日以降、房嗣・政家父子の南都滞在の記事が現れる。

陽明前殿（近衛房嗣）並びに御方（近衛政家）御下向、一乗院に着すと云々。此の間寺門より毎月千疋分これを進上す。幸いの事也。南都に於いて御用に立てらると云々。内侍原在所に御座有りと云々。

二人は興福寺一乗院に入った。一乗院は近衛家の門跡寺院であった。父子に対して、興福寺より毎月千疋分が進上され、宿所は一乗院坊官の内侍原在所に定められた。これ以降、房嗣父子は奈良で疎開生活をする所となった。政家が上洛するのは、南都移住後の八年後、文明十年（一四七八）十二月二十三日のことであった。しかし、父の房嗣はなお奈良に留まった。

文明十三年（一四八一）四月には政家は京都から奈良の父房嗣を訪ねている。帰りには、木津より舟を利用して平等院釣殿に入っているが、これは木津川・巨椋池・宇治川といった水運を利用したものと思われる。その夜四月二十三日には、宇治森坊に宿泊している。

文明十三年八月二十四日、房嗣もついに上洛した。『雑事記』同年八月二十二日条に、

陽明禅閤（近衛房嗣）御使竹屋来る。明日御上洛有るべし、女中以下悉以って御上洛、北岩倉に御座有るべし
　と云々。文明二年十月比より御在南也。畏み入るの由申し了んぬ。

文明二年十月より実に十二年間にわたって房嗣は奈良に滞在したのであった。その間、興福寺内侍原坊がその居所となったのであった。その日、房嗣ほか女中衆等の一族が悉く上洛することとなった。しかし、京都市中はまだ荒廃していたのか、その行先は岩倉であった。

現興福寺寺務所

春日大社

楠葉西忍

文明十八年（一四八六）二月十四日に奈良古市において死去した楠葉西忍は、大乗院尋尊とは四十六年来の親文があった。西忍の父は「天竺人聖」で、「唐人倉」と称したという。この「天竺人聖」は、将軍足利義満の頃来朝したインド人もしくはアラビア人ではないかと考えられる。西忍は、将軍足利義持の時代一色氏に預けの身となっていたが、父聖の入滅後赦免されたという。聖の跡は舎弟民部卿入道が相続したらしい。西忍は奈良立野に移住し、押上に居住したこともあったが立野に帰り、その後古市に住した。文明十八年で（一四八六）二月十五日に尋尊は、西忍死去の報を得ている。

西忍入道昨日十四日古市において入滅せしむと云々。九十三、不便々々。嘉吉元年辛酉歳十月より見初む。去月廿五日に至り四十六年也。此の内在唐一年これ在り。天竺人ヒシリ唐人倉と号す、一条殿の御地の内辰巳角に在り、三条坊門カラス丸也。彼ヒジリの子也。勝定院殿上意に背き、召し籠められ、一色に預け了んぬ。父のヒジリ入滅之後御免、父之跡ハ西忍の舎弟民部郷入道これを相続し了んぬ。文安比入滅し了んぬ。子孫無しと云々。西忍は勝定院御代和州に下向、奈良より曲川に至り、立野に住し了んぬ。仍って田地共曲川と立野にこれ在り。私にこれを相伝す。其の後奈良の押上に居す。又立野に帰る。其の後古市の北口に居住、今度入滅し了んぬ。九十三歳也。後五大院殿立野に御座の時、御前において入道せしむ。天竺人の子たるに依り、西忍と付けられ了んぬ。御同年也。御弟子分也。少人の時の名ムスル、俗名天次、子息長子ハ新衛門尉元次、次男四郎、渡唐の時召し具す、三男陽禅房大定舜、東金堂家、息女二人これ在り、立野之戌亥ハマ、子也、其子孫今に戌亥と号す也。西忍之妻女元次等の母は、本の戌亥の女子也。東転経院の坊主宗信実禅房僧都の妹也。宗信は予同学也。名字楠葉と号する事は、西忍の母儀楠葉の者也。八幡領と云々。仍って母方の名字也。元次以下平姓なるは、立野家は悉く以って平氏の故也。母平家也。立野は此門跡坊人也。これに依り各《おのおの》奉公の分也。殊る儀無き者也。

この時代、インド人あるいはアラビア人が来朝し、将軍に仕えたことはあまり知られていないが、その子が楠葉西忍と称し、興福寺大乗院に仕えたことも驚きに価する。西忍はその出自の故に、日明貿易にも携わり、大乗院でも重要されていた。

『雑事記』康正三年（一四五七）三月十一日条も、西忍について次のように記している。

天竺人の子楠葉入道西忍一昨日より候じ了んぬ。渡唐物語以下相語る。抑も此の入道の父は北山大将軍の時、天竺より来りて相国寺にあり、彼の寺に於いて始めて大将軍に見参し了んぬ。其の後北山に召し置かれ了んぬ。勝定院殿の代他界し了んぬ。名ヲハ聖《ヒジリ》と云う也。永享年中楠葉は、当国立野に住宅し了んぬ。安位寺大僧正立野に御座の時出家せしむ。法名をば西忍と云う也。これ大僧正の計い也。又楠葉と云う事は、母楠葉の郷の仁たる間、楠葉と云う也。北山殿の時の名字をば天竺と云うと云々。又云う、唐人蔵有徳の者也き、西忍渡唐二ケ度也。親子共門跡奉公の者也。

楠葉交野天神社

西忍の略歴を知ることができる記述で、西忍の父が北山大将軍（足利義満）の時、天竺より来朝、相国寺に住したとある。勝定院（足利義持）の時、父は死去した。永享年間（一四二八～一四四〇）天竺人の子は、大和立野に住し、安位寺経覚の計いで出家して西忍と号したと記している。西忍の幼名はムスルと言った。西忍には、長子新衛門尉元次・次男四郎・三男陽禅房定舜・息女二人がおり、妻は立野戌亥の女子であった。

西忍の姓楠葉は母の出生地による。母は河内国交野郡楠葉の人であった。楠葉は古来交通の要衝で、春日社造営料所河上五ケ関の楠葉関が置かれた地でもあった。従って、西忍がのちに大和に居住して、興福寺に仕えることになったのは、母の出身地が楠葉であったからではないかと考えられる。

『雑事記』の遣明船の記述について注目すると、永享四年（一四三二）と宝徳四年（一四五二）に集中している。これは、この両年に楠葉西忍が渡航したので、西忍自身の口から遣明船の詳しい話が聞けたからである。西忍は永享四年には、四号船（十三船主寄合）に大乗院方の人凡（商人）として、宝徳四年には、八号船（長谷寺・多武峯船主）の外官（居座）として渡航している。日明貿易の方法や内容、航路、乗員構成、軽費や必要物資などについて詳しく語っている。

西忍の語った所により、日本からの輸出品は、ランコ皮・胡椒・太刀・長太刀・槍・銚子鍉・金・赤金・蘇芳・吉扇等であり、輸入品は、生糸・北絹・緞子・金羅・麝番・道士の古衣・女房の古衣裳等であったこともわかる。

善阿弥と大乗院庭園

善阿弥は河原者出身であった。河原は無領主の地であり、そこに住みついた人々は、葬送や死牛馬の処理などにあたったが、善阿弥のように樹石を用いて作庭にあたる山水河原者もいた。身分差別の中で、すぐれた芸術家として活躍した人々がいたのである。

善阿弥が、初めて史料上にあらわれるのは、長禄二年（一四五八）である。同年二月二十四日の『蔭凉軒日録』によると、「蔭凉庭頭、葉樹を栽えらるべきの由仰せ出さる也。善阿弥尊命を承りて来る也。」とある。将軍義政の命によって、善阿弥が蔭凉軒の庭頭に植栽したのである。

『雑事記』寛正二年十二月四日条によると、

河原善阿ミ来る。当院木共検知、柘榴一本・柏真一本進むべしと云々。料足二百足これを給う。畏み入ると云々。成就院五葉一本進むべしと云々。次に菩提山・内山・釜口三ケ寺自余の河原者下向、成身院使と寛円両人相副え了んぬ。

とあり、善阿弥らが、大乗院・内山永久寺・菩提山正暦寺・釜口山長岳寺らの庭木の植栽に携ったことが記されている。

大乗院庭園跡

さらに寛正六年（一四六五）九月二日から十二日まで、大乗院、一乗院の庭の手入れに南都を訪れている。善阿弥はこの上洛の時、千疋を下行されている。応仁三年（一四六九）四月二十八日にも南都に下向して、大乗院で五月二日まで庭の修復を行なっている。文明三年（一四七一）七月五日から十月三日までは、興福寺中院の庭園造営のため長期に滞在している。六方衆により善阿弥の宿所が造られ、十一人の手の者と共に造園に従事した。

『雑事記』は、文明三年七月から十月の善阿弥の奈良滞在について次のように記している。

七月五日、中院庭昨日に至り了んぬ。善阿ミ毎日三十疋宛並びに引物二千疋、手の物十一人毎日一人別二十疋宛、引物惣中五百疋下行と云々。八九月比木共これを植えるべきの間、善阿一人は在南すべきの由下知、食事等下行すべしと云々。

八月四日、河原善阿ミ住屋の事、六方としてこれを作り給う。九内堂の東の地の事これを申請す。子細有るべからずの旨許可し了んぬ。

十月三日、河原善阿ミ明日上洛すべしと云々。召か。百疋これを給い了んぬ。

こうして、善阿弥は、文明三年七月五日から十月三日まで惣中と共に南都での庭園作業に従事したが、京都の将軍から召還があったのか、十月三日南都から上京している。このように、善阿弥は南都でもたびたび、大乗院その他興福寺関係の諸院の作庭にあたっている。

文明十四年（一四八二）十月十一日、大乗院尋尊は、河原者善阿弥死去の報を得ている。

河原善阿ミ入道去月入滅し了んぬと云々。百余歳か。

善阿弥は、『鹿苑日録』によると、文明十四年九月に九十七歳で死去したと記されており、死去の年月日は両史料が一致するが、年齢は不詳である。しかし、九十七歳にしろ、百余歳にしろ当時としては、並はずれた長寿である。天寿を全うした善阿弥はこの時代を代表する山水河原者であった。

四　応仁の乱と両畠山合戦

長禄・寛正の大飢饉

長禄四年（一四六〇）から寛正二年（一四六一）にかけて、長雨と干魃のために大飢饉が起こった。寛正二年二月、京都に戻った東福寺の禅僧雲泉大極は、惨状をまのあたりに見て、日記『碧山日録』に次のように綴っている。

四条橋上により見た賀茂川は、死体の山であった。岩石のように死体が積み重なり、川水の流れをふさぎ死臭がただよっていた。或僧が八万四千の小片木を塔婆として死体の上に置いた所、八万二千を教えたという。洛中の死

京都　五条橋

者が八万二千余人に及んだにとどまらず、洛外の原野や溝叡にも死体がるいるいとしていたという。都は屍《しかばね》と死臭で満延していた。

都の死臭を前にやがて施行と施餓鬼が始まった。寛正二年正月二十二日、将軍義政の相国寺勝定院御成の場で、願阿弥らによる非人・乞食施行が披露され許可された。この決定が飯尾左衛門大夫から願阿弥に命じられ、二月六日に至って実際に願阿弥の施行が始まった。まず、流民のための小屋が建てられ、そこに収容した。病気のため足腰の立たない者は、竹輿で運んだという。食事を与えるのに、一度に米飯を与えると死ぬため、まず粟粥を与えたという。しかし、死者が多く、穴を掘ってこれを埋め、塚を造ってその霊を供養したともいう。これらの作業にあたったのが、願阿弥らの勧進僧集団であった。勧進僧集団は、流民のための小屋作事や施粥の仕事から、死者の続発に追われて次第に、死体の埋葬や塚の造営、その霊の供養のための念仏という仕事へと変化して行かざるを得なかったのである。

三月二十九日、建仁寺が五条橋の上で施餓鬼を行なったのに始まり、以後義政の命により五山の施餓鬼があいついで営まれた。洛中には死体が充満し、その死臭が鼻をついていた。施餓鬼会は、四月に相国寺・東福寺・万寿寺・南禅寺・天龍寺によって実施されたことが、『雑事記』の記述からわかる。

『雑事記』寛正二年五月六日条には、この大飢饉の様子が詳しく記されている。

同じく伝説に云く、去冬より三月比に至り、京中人民飢死の輩毎日五百人、或は三百人、或は六七百人、惣じて、其《その》数を知らずと云々。仍って勧進聖願阿弥に仰せ付け、六角堂前に於いて毎日施行なわると雖も、飢死の輩猶以って止まざるの間、力無くこれを略され了んぬ。先代未聞の事也。彼の死人悉く以って四条、五条の橋の下にこれを埋める。一穴に千人、二千人と云々。此の外東西所々に死人取り埋める分に及ばず、又其数を知らずと云々。五山に仰せられ、四条、五条橋上に於いて、大施餓鬼これを行なわる。橋上大行道一山迷惑又これに過ぎず、供具以下の代下行無きに依り、大衆各《おのおの》出銭せしむ、相国寺分二百貫文に及ぶと云々。追善を成すべき条如何、去年諸旱魃并に河内、紀州、越中、越前等兵乱の故、彼の国人寺京都に於いて悉く以って飢死し了んぬ。兵乱に於いては、御成敗不足の故也、歎くべし、歎くべし。

尋尊は、大飢饉について聞いたことを詳しく記し、願阿弥の施行、五山の施餓鬼会についても書いている。尋尊の推定では、この大飢饉は、前年の旱魃の上に、河内・紀州・越中・越前等で兵乱が続発し、それらの国々の人々が京都に逃れて来たものの、飢死する者が多かったためであるとしている。「御成敗不足の故也。歎くべし、歎くべし」と幕政を批判している。この大飢饉は、残された食料や領地の争奪のため、応仁の乱の一因ともなったと考えられる。

嶽山城の攻防

畠山持国は室町中期の幕府で権勢をふるった人物である。嘉吉元年（一四四一）、赤松満祐が将軍義政を暗殺する事件が起こったが、これを播磨の白旗城に攻め滅ぼしたのも持国である。翌年管領となったが、赤松氏の旧功を思い、家督を再興せしめんとして山名宗全と争った。嘉吉三年将軍義勝が夭折すると、その弟義政を擁立し、文安二年（一四四五）には管領を辞した。幕府の中心人物として、宝徳元年（一四四九）には再び管領となったが、享徳元年（一四五二）にはこれを辞した。この持国の後継をめぐる抗争が畠山家に勃発する。

享徳三年（一四五四）四月三日、持国の部下神保越中守等が、持国後継の義就を廃して故尾張守（畠山持富）の子弥三郎を擁立せんとした。この両畠山の合戦は、応仁の乱の一因ともなる戦で、河内はもちろん、畿内一円の国人・土豪をもまき込んだ合戦となり、中央の幕府・将軍権力とも密接に関連した展開をみせる。

『雑事記』享徳四年七月余に、

一日、畠山伊予守と同弥三郎合戦の事、近日度々に及ぶ。弥三郎方理運の合戦と云々。仍って光宣(成身院)律師田舎に下向し了んぬ。弥三郎方引汲む故也。

二日、弥三郎合戦に負けると云々。光宣・筒井・箸尾・片岡以下迷惑せしむと云々。

とあり、享徳四年（一四五五）七月になると、畠山弥三郎と同義就の合戦が激しくなった。

この合戦には、弥三郎方として官府衆徒の棟梁成身院光宣や筒井・箸尾・片岡の国人が参加していた。この畠山弥三郎と義就の後継争いは、次第に大和・河内の国人を引き込んで拡大して行った。

しかし、長禄三年（一四五九）六月頃、弥三郎が死去し、抗争はその弟政長が引き継いだことが、『大乗院日記目録』に書かれている。

寛正元年（一四六〇）六月十五日、畠山政長は成身院光宣や島中務丞という大和の軍勢を引き具して若江城に入城した。追われた畠山義就は南河内の誉田・古市から寛弘寺を経て嶽山城にたて籠もった。同年十二月十九日頃から翌寛正二年正月にかけて、嶽山城をめぐる攻防戦が展開された。この畠山政長軍の主力は、成身院光宣・筒井順永・箸尾といった大和勢であった。

『雑事記』寛正二年正月七日条は次のように記している。

去る二日河内嶽山城衆と次郎（畠山政長）衆合戦、城衆十三人首共、京都に昨日これを上す。仍って四日光宣僧都又郡山へ陣立せしめ了んぬ。筒井・箸尾以下当国の面々、彼の国弘河寺に於いて越年、嶽山を責めるためと云々。

正月二日、嶽山城の畠山義就方と攻撃の畠山政長方が合戦、十三人の首をとったという。光宣は郡山へ出陣、筒井・箸尾等の大和勢は、攻撃のため南河内の弘河寺で越年したという。

両畠山の河内における合戦は、寛正四年（一四六三）まで膠着状態が続き、四月になって義就は紀州へ逃亡した。

この両畠山の合戦は、その後も続行、応仁元年（一四六七）京都で山名宗全を味方に容れた義就と、細川勝元の後援を得た政長の合戦が激しくなり、応仁、文明の乱の主因となって行ったのである。

御霊林の合戦

文正元年（一四六六）も暮れようとする十二月、京都の町には、大乱勃発の緊張がみなぎっていた。それと言うのは、管領細川勝元と畠山政長の連合に対し、山名持豊が密かに畠山義就の上洛をはかり、義就が千本地蔵堂に陣を置いたからであった。

年が明けた正月十七日未明、畠山政長が自邸に放火して上御霊の森に陣を構えると、これに山名持豊・畠山義就勢が攻撃をしかけたのであった。

文正二年（一四六七）正月十九日条・二十日条は、次のように記している。

> 十九日、昨日京都合戦と云々。十七日畠山政弘（長）屋形自放火、人勢を率い上御霊ニ陣これを取る。公方ニ義就（畠山）・山名入道宗全・一色等閉籠の故也。京極入道等今出川辺ニ罷り上り陣取り、政弘合力のため也。
>
> 二十日、昨日御霊合戦の事、義就・山名入道両人沙汰として政弘責め戦うの間、政弘打負け退散、不便無極の次第也と云々。

文正二年（一四六七）正月十七日未明、政長は自邸に火を放ち、相国寺の北、上御霊社に陣を張った。義就との合戦は翌十八日に開始されたが、政長の期待する細川勝元は動かなかった。終日合戦が展開したが、山名宗全の支援を受けた義就の軍勢の前に政長は敗れ、夜陰にまぎれて逃亡した。天下の大乱―応仁の乱の勃発であった。

京都　上御霊の森

京都　上御霊神社

池田氏と池田城

摂津国豊島郡に居住した国人池田氏は、戦国期畿内国人の一典型であった。興福寺垂水荘の代官である一方、五月山に居城を構え、池田の市庭（場）を支配するなど、すでに戦国領主としての台頭をみせていた。池田の地は、猪名川の扇状地にあり、上流の能勢方面からの物資の集荷地でもあり、猪名川を通して尼崎の港津とも結ばれ、さらに西国街道も城下を横断して、この当時すでに都市化していたとみられる。

『雑事記』によると、寛正二年（一四六一）二月から五月にかけて、春日社神供料所原田郷について池田氏と興福寺で堺抗争論が行なわれた。原田郷では長禄三年（一四五九）から長禄四年にかけて、大旱のため神供料が欠如したので、垂水牧南郷牧務職大東氏がこの欠如を満たすため、原田郷内の所領を抵当として、池田氏から数百貫文を借り入れた。この長禄年間の大飢饉は、畿内で多数の死者があり、年貢未進や逃散、水争いが各地に頻発した。ところが「池田方数年知行大略私領ニ成了」とあるように、池田氏は私領化してしまったのである。同様に、春日神社供料所桜井郷についても、池田氏の質入地となっていたが、池田氏の私領化が進んでいる。

応仁の乱が勃発すると、摂津守護細川勝元の配下にあった池田氏は、野武士千人計を従えて東軍に入った。しかし、文明元年（一四六九）七月、兵庫から上陸した大内政弘軍の猛攻撃を受けた。

『雑事記』には、この池田城をめぐる政防の様子が記されている。

文明元年七月二十八日条には、

摂州池田城一昨日没落、大内方より責め落し了んぬ。細川方難義と云々。此の如きの間、摂州の事正躰無きと云々。

とある。しかし、文明元年十月二十二日条では、

摂州池田城責め衆、大内手の物共夜前悉く以って引退し了んぬ。行方知れず、或は乗船、或は上洛かと云々。兵庫の陣正躰無きの故也。京都西方迷惑以っての外の次第と云々。

とあり、兵庫の大内方の陣が敗れたのか、池田城を攻めた軍勢も、乗船する者、京都に向う者に分れ、撤退したとの情報を得ている。

摂津国人池田氏は、応仁の乱で東西両軍に味方につきながら、巧みに自己の領域を拡大し、大乱以後は興福寺領垂水牧などに代官として年貢の横領などを繰り返している。

大和国　龍田城址

龍田城

大和国龍田城は、国人龍田氏の居城であり、龍田（斑鳩町）の集落から川を隔てた丘陵上にあった。

文明九年（一四七七）九月、京を発した畠山義就は、河内・大和両国の畠山政長派の城郭を攻撃した。『雑事記』文明九年十月十日条に、

龍田城発向あるべきの由、右衛門佐（畠山義就）披官遊佐・甲斐庄以下訴えこれを申入れる。先年神南山合戦、父敵在所筒井・龍田也と云々。越智・小泉・片岡申し入れこれを支う。此の事に依り今日当国発向これ無しと云々。

とあり、畠山義就方が龍田城を攻撃しようとしたという。この頃すでに、龍田氏の居城が存在したことがわかる。

高屋城

高屋城は、河内国古市（羽曳野市）にあった安閑天皇陵を中心とする城郭である。すでに南北朝期に城郭として利用されたと思われるが、これを本格的に築城したのは、文明十一年（一四七九）、京都から河内に下国した畠山義就であった。

義就に対して、幕府や畠山政長は攻撃を続けるが、この後、実質的に

河内国を支配したのは、誉田城・高屋城に本拠を置いた義就であった。

『雑事記』文明十二年正月十三日条には、次の一文がある。

> 来る十四日・五日河内屋形に於いて猿楽これ在り、内の者共座敷これを庄（粧）す。平申すと云々。越智方より古市磨き付けるの屏風一双につきこれを申す。則ちこれを遣わす。

河内屋形の座敷で猿楽の宴があり、家臣らが座敷飾りを行ったという。古市氏が表装させた屏風一双が、越智氏を通じて河内に送られてもいる。これはおそらく竣工の宴と考えられ、完成なった河内屋形座敷において、猿楽の宴が催されたことがわかる。

高屋城址（安閑天皇陵）

高屋城本丸には畠山屋形が、二の丸には、守護代遊佐氏の屋敷が、城郭内部には重臣の屋敷が設けられたことが、近世の絵図類からわかる。

ここに畠山義就、その子基家が居城したが、以後、畠山政長その子尚順方との抗争に明け暮れる。延徳元年（一四八九）八月二十一日条には、

> 畠山右衛門助（佐）（義就）屋形一見、馬屋十一間也。

と、尋尊が見た広大な高屋城の様子が記される。

落城したのは、天正三年（一五七五）四月のことであった。「信長公記」には、

高屋に楯籠る三好笑岩、友閑を以て御佗言、御赦免候なり、塙九郎佐衛門抑付けられ、河内国中高屋の城初として悉く破却、大坂一城落去幾程あるべからず、

と、記している。

城郭は三つの郭からなり、第一郭は畠山氏当主の居住区、第二郭は有力家臣の居住区、第三郭は下級武士および町人の居住区から成っていたと考えられる。第三郭がいわゆる城下町であり、町屋群を取り込む惣構えがあったと考えられる中世城郭であり、内部を高野街道が貫通していた。

高屋城周辺は河内国の実質的な守護所として、城下町を形成していたと思われる。それ故に、畠山義就がその城下を形成して以来、河内国争奪の中心地として、しばしば戦場ともなった。

次に『雑事記』に現われる高屋城関連の記事を見てみよう。

明応六年（一四九七）十月になると、畠山尚順は紀州から河内に入り、高屋城の畠山基家を攻めた。『雑事記』明応六年十月条に、

七日、河内高屋城これを責める。越智一族共これを焼払いこれを責める。

八日、夜前高屋城没落す。小弼（畠山基家）並びに遊佐等上洛と云々。夜前より大焼也。越智郷大焼也。

とある。畠山尚順勢の攻撃を受けた、高屋城・大和越智郷は大焼し、落城したのである。

この後、高屋城に入った畠山尚順勢に対し、畠山基家勢が反撃に出て、河内国を中心に大合戦が展開された。『雑事記』明応六年十一月十八日条は、次のように記している。

河内の国の事、畠山小弼（基家）・遊佐・誉田・平以下打入る。尾帳守（畠山尚順）俄に高屋城に入る。一国の儀蜂起珍事の処、紀州勢共出向の間、小弼又退き了んぬ。今に於いては殊なる事有るべからずと云々。誉田・

平・尾帳守方に参らしむ。遊佐代官服《はとり》の頸（首）これを取り参り申すこと云々。随いて当国衆共蜂起の処、此の如く成り下るの間、皆以って引退し了んぬ。

明応七年にも両者の合戦は続く。畠山基家の子義英は、尚順を攻撃し、尚順は河内から山城木津に陣を移し、敗れた義英は石清水に退いている。しかし、明応八年（一四九九）正月三十日、河内合戦に敗れた基家は、河内十七ヶ所で自殺した。子息義英は、淀川から船で逃亡したという。

長谷寺と畠山義就

牡丹で名高い大和長谷寺は、古来の観音霊場であった。清少納言の『枕草子』にも、名刹として長谷寺の名がある。応保元年（一一六一）三井寺の僧覚忠が選定したとされる西国三十三番札所巡りの観音霊場にも入っている（『寺門高僧記』）。

戦国の猛将畠山義就の名が歴史上の舞台から消えかけたころ、『雑事記』は大和長谷寺に現われた彼の動静を伝えている。

晩年、彼は何らかの重病に陥ったらしく、『雑事記』延徳元年（一四八九）十月七日条は、

畠山右衛門佐義就、近日下の風病以っての外也。灌頂とやらん其の聞え有り。

と記しており、「痔」であろうか、「腸の失患」であろうか、下の風病の報が入っている。

それから約一年後、義就は死去する。

延徳二年（一四九〇）十二月、畠山義就が死去して、家督はその子基家に受け継がれた。

『雑事記』延徳二年十二月条に、

十五日、泰九郎来る。畠山右衛門佐入滅の事色々申す、一決せず、此の方と同篇也。不思議〳〵。

二十九日、畠山右衛門佐他界、去る廿四日必定と云々。如何。

晦日、畠山右衛門佐義就去る十一日入滅必定と云々。仏法・王法の敵此の仁に過ぎるべからざるの者也。

とあり、十二月十五日頃から義就入滅の風聞が起こっている。大衆院尋尊は、義就のことを仏法・王法の敵その者であると敵視しているのが興味深い。

「北野社家日記」延徳三年二月二十六日条では、死因は悪瘡が出来たためで、十二月十三日自ら切腹したと伝えている。この悪瘡説の裏付けとして注目されるのが、『雑事記』延徳二年九月二十九日条である。

長谷寺

長谷寺回廊

今度畠山右衛門佐長谷寺参籠の次第色々懃行す。布施は百貫これを出す。懃行衆これを配分す。執行小袖、織物これを給う。見参と云々。礼堂に至り輿に乗る、一向下輿せずと云々。礼堂甲乙人悉く以ってこれを払う。孫これに同道す。仍って魚物等井坊に於いてこれを用意す。上下二千人計宿屋共ニこれ在り。口粁等皆これを持つ。山木等これを切り焼く。以っての外の珍事共これ在りと云々。

そもそも、畠山義就が長谷寺に参籠したのは、病気のためであり、死期が近いことを悟ったのか、はたまた病気平愈の祈願であったのかはわからない。尋尊の驚いたのは、前代未聞の傍若無人ぶりであった。長谷寺執行や勤行衆に金銭物品を配ったのは良いが、礼堂まで輿に乗り一向に下輿しなかった。一般の参詣人を追い払い、魚物等を井坊で調理した。上下二千人の家来が付添い、山林竹木を切り焼く等の狼藉を行ったのである。

河内国の実質的守護として河内・大和両国に君臨し、大和国人のほとんどを被官化していた畠山義就は、やはり武士であり、貴族や寺社門跡から見れば、野蛮極りない人物であったのである。

孫（義英カ）を同道した義就は、極楽往生を長谷寺観音に託したかも知れない。百戦を錬磨した武将の最後の善行が、この乱暴な長谷寺参籠であったのである。

槇島城

槇島城は、天正元年（一五七三）、将軍足利義昭が籠城して反織田信長の兵を挙げたことで名高い。

もともとここは、国人槇島氏の居館の地であったが、細川政元によって城郭とされる。

宇治市槇島の平坦な地であるが、当時は巨椋池の中程にあった島であり、水城として利用されていた。

『雑事記』の各所に、この槇島の地が現われる。

文明元年（一四六九）十月二十六日条に、

光宣法印辰の下剋出陣、法性寺に発向せしむため、当国衆徒・国民等並びに山城国人を引率し了んぬ。今日宇治蒔（槇）嶋館に着すべしと云々。光宣は当寺二臈法印也。満八十歳の老僧也。今度一天之大乱は此仁申す沙汰也。

とある。官符衆徒の棟梁成身院光宣が、応仁の乱に出陣した時、蒔（槇）嶋館に、兵を引率して入っている。すでに、南山城の要害の地として利用されていたと考えられる。

次に槇島城が脚光をあびるのは、明応年間（一四九二〜一五〇〇）である。

明応八年（一四九九）九月になると、細川政元と畠山尚順の戦が激しくなり、赤沢朝経が山城・大和で活動することになる。畠山尚順は、北陸に逃避中の前将軍足利義尹と連絡をとりながら細川政元と敵対するが、この年九月三日には、畠山尚順上洛の報が入り、京都では将軍義澄を斯波義寛の館に移している。このため、政元は、宇治へ赤沢朝経以下、上野某・遊佐中務を、淀へ薬師寺備後兄弟・香西元長・内藤某を配し、摂津へは薬師寺兄弟の子を配置した。一方畠山尚順方の大和では、白土・秋篠・宝来・超昇寺・坂上等の国人がいた。大乗院尋尊は、この戦を「応仁以来の大変事」としている。

槇島城址

『雑事記』明応八年九月五日条に、

河州尾張守（畠山尚順）今日出陣、北国公方御方として細川を責めるべしと云々。山城・中嶋・カケ（闕）郡に入るべしと云々。尾張守は今日八以後出陣、前陣は昨日・今日罷り立ち了んぬ。当国衆白土・秋篠・宝来・超昇寺・坂上山城飯岡に発行と云々。希代の大変事也。応仁以来此の如きの事これ無し。一方は公方、一方は細川也。

とある。ついで、同年九月晦日条に次のようにある。

山城の国の事、宗益（赤沢朝経）を大将として、披官内堀以下京都の足軽以下召し具し、所々において合戦。槇嶋迎え参り申す、御牧没落、御厨(子)(水主)衆済(斎)藤・相楽新相共に河内に没落、三十六人山城衆各帰国し了んぬ。一国皆以って平均に成る者也。仍って当国秋篠・宝来・越(超)昇寺以下の進退如何の旨風聞す。且《かつがつ》如何、所々仰天と云々。河内合戦は尾張守方其理を得ると云々。

九月末になると、山城においては赤沢朝経が大将として被官内堀以下京都の軍勢を率い、御牧・御厨子（水主）の諸城をぬいて、槇島氏も朝経の配下に入った。これ以降、槇島館は細川方の居城として利用される。

ところで、『雑事記』九月晦日条末尾に、

槇木島先日事は、足軽共比興大船に乗りて、苅田ヰネ(稲)共ヲ船につみて大風に合て船かえる、人二十人計死に了んぬ。

とあって、槇島が島であったこと、軍勢が苅田狼藉を働いたが、その船が転覆してしまったことなどがわかる。

その後は、文亀二年（一五〇二）四月二十三日条をはじめとして、公方（足利義澄）が槇島城にたびたび入城したことが記されている。たとえば、『雑事記』文亀二年四月二十三日条に、

公方(足利義澄)宇治真木嶋御成と云々、細川(政元)迎也と云々。

とあって、風光明媚な槇島城が将軍の遊覧所となっていたことがうかがえる。

細川—畠山の合戦でたびたび戦場となった槇島城は、細川政元の山城国制圧で、しばし平安な時代を送ることになった。

若江城の攻防

長禄四年（一四六〇）閏九月から十月の両畠山の合戦は、若江城の争奪戦となった。若江城にたて籠る畠山義就

に対し、畠山政長は大和龍田に陣を敷いて、これと戦ったが、義就方が敗れ、河内寛弘寺から嶽山城へ退いた。代って十月十五日、畠山政長が若江城に入城した。

若江城は、東大阪市若江本町にあった平城で、旧大和川の本流と支流に囲まれた地にあった。現在は市街地の中になり、何処が城郭であるかは定かにわからぬが、若江公民館の建てられた辺が城郭の中心部であった。一九八〇年代に数次の発掘調査が行なわれ、遺物・遺跡が発見されている。この地は畠山時代の城郭であると共に、織豊期の若江三人衆の居城した地でもあった。

若江城址（若江公民館）

『新撰長禄寛正記』の中に、「若江城の周囲は皆深田であり、城に口を二つ造り、所々に堀を切って掻楯《かいだて》をかき、逆茂木《さかもぎ》を引き待ちかけていた」様子が記されている。若江城は旧大和川本流とその支流に囲まれた低湿地の中央の低い台地にあり、囲りが深田であったことは、現在の地形からも推定できる。

周囲に堀がめぐらされていたことは、発掘調査の結果その一部と考えられる大溝がこれまでに各所で発見されていることからも裏付けられる。注目すべきは、一九八〇年度発掘調査遺構の一部に杭列十四本が発見されていることである。『新撰長禄寛正記』の「逆茂木ヲ引待カケ」という記述は、「堀の水中に逆茂木を打ちそれに綱を張って敵の堀への進入を妨害する」ものであるが、大溝の中に打たれた十四本の木杭はこのような逆茂木の一部ではないかと考えられる。又、城には二つの口があったと記されているが、これは若江の村を南北に通った街道に連なるものではなかったかと推測される。

応仁の乱が勃発すると、若江城は、東軍畠山政長方が拠点としていたらしいが、若江城をめぐる攻防戦が展開される。

『雑事記』文明二年（一四七〇）八月五日条には、

　昨日より河内国に於いて合戦これあり、東方畠山若江城西方武家これを責める。東方誉田城西方武家並びに越智これを責める。今度大乱以後越智自身出陣の始也。

とある。

文明九年（一四七七）に至ると、若江城は畠山義就方に奪還された。『雑事記』に次のような記事がある。

　九月二十三日、畠山右衛門佐義就二十一日京を立ち進発、三百五十騎並びに甲二千余、東方の陣これを見物す、東方御勢一人として向い出ずと云々。希有の事也。河内国牧を差すと云々。大和・河内両国勢共これを狩り催すと云々。河内国若江城は左衛門佐（督）政長方遊佐河内守これを持つ城也。

　九月二十七日、河内国に於いて合戦これあり。生駒山の西並びに山田辺これを焼くか。煙共見了んむ。如何様若江辺かと云々。若江は東方遊佐の陣也。

　十月二日、去月二十一日畠山右衛門佐義就河内国入部、先陣遊佐中務、（中略）畠山佐衛門督政長は京都公方御陣に在り、手の物遊佐長直若江城に在り。仍って連々合戦、誉田城・往生院城・客坊城合わせて四ヶ所の内客坊城ハ去月二十七日これを責め落し了んぬ。

　十月九日、嶽山洛落、責め手大和吐田勢と云々。昨日の事と云々。往生院城これを責め落す。若江城没落遊佐河内守長直天王寺より乗船せしめ没落し了んぬ。

この合戦によって、若江城・客坊城・嶽山城等が畠山義就によって改め落され、畠山政長方の若江城守将遊佐長直は、天王寺より逃亡した。応仁の乱で京都を追われた畠山義就であるが、河内国では守護畠山政長方を排除して、実質的には強大な勢力を持つに至った。

鈎陣と将軍足利義尚

滋賀県栗東町上鈎の山際に安養寺という寺が残る。かつて安養寺十二坊といわれる坊舎が存在し、その内の中之坊に、将軍足利義尚が陣を張ったのは、長享元年（一四八七）十月四日のことであった。

今は、本堂のみが木立の中に残り、往時の面影はない。付近を名神高速道路が走り、行き交う自動車群が、五百年余の歳月の経過を感じさせる。

ここは、足利義尚の近江鈎の陣が置かれたことで有名である。義尚は父足利義政と母日野富子の愛情を得て成長し、応仁・文明の大乱も終りようやく平和をとり戻しつつあった中、青年将軍として幕政を執った。長享元年（一四八七）九月、二十三歳となった義尚は、近江六角高頼追討のため出陣した。その勇姿は、義政と富子を感無量にせしめたであろう。紅金襴の鎧直垂に梨打烏帽子姿の義尚は、さっそうと馬にまたがり、多くの軍勢を率いて出陣した。

長享元年九月十二日、将軍義尚が坂本まで進出すると、六角高頼は観音寺城に拠って抵抗した。しかし、義尚方の攻撃を受けて、九月二十四日には、高頼は甲賀城にまで逃れた。

義尚の出陣を応援すべく、細川政元、細川元有や斯波義寛も近江に陣を進めた。十月四日には義尚は近江鈎の安養寺にまで軍を進めて甲賀郡を攻撃した。義尚の奮闘中のちょうどこの頃は、東山殿会所が完成し、十一月四日義政がこれに移っている。

十二月に入ると、六角高頼方も反撃に転じ、鈎の陣とにらみあったまま膠着状態に入った。長享二年の正月を、義尚は鈎の陣で迎えることとなった。都の公家達は、鈎の陣まで参賀に出かけた。しかし、この年の初めには、義尚の身体は病魔に蝕まれていたようで、三月には一時病床に倒れ、幕府は五山に命じてその回復を祈禱している。

五月には痢を患っている。痢とは間欠熱で隔日または毎日一定時間に発熱する病で多くはマラリアを指すが、この時の義尚の病気が何であったかは定かではない。

六月三十日には、鈎の陣に将士を会して歌会をし、自ら判定を行っている。七月七日には、同じく鈎の陣中で犬追物を張行した。義尚が内大臣に任じられた九月には、二十日に鈎の陣で諸将から祝物を受けている。日野富子が鈎の陣に義尚を訪れたのは、長享二年もおし詰まった十二月十九日であった。

明けて延徳元年（一四八九）の正月を、義尚は再び鈎の陣で迎えた。しかし三月、急速に病が悪化する。三月十八日、富子は急ぎ鈎の陣に向かった。が、それから八日後の三月二十六日、義尚は死去する。おそらく富子に看とられてであろう。

『雑事記』は、都からもたらされた将軍死去の報を次のように記している。

長享三年（延徳元年）三月二十一日条

勾《(鈎)》御所御違例以ての外、悉く以って御下向と云々。今日東山殿御下向あるべきの由と云々。大略御事治定か、御物等京都へ渡らせるの由これを聞くと云々。

同年三月晦日条

辰の剋江州より還御、其の次第難波注進す、御陣は悉く開かれ了んぬ。一番細川、二番御小袖唐櫃以下、三番御台御方、四番江州御所御輿、常の如し、四番畠山、土岐、武田、小川御所に入れ奉るべき也。東山殿渡御し御覧せられるべしと云々。以っての外の事也。御葬礼十日比と云々。其以後惣訪あるべき也。色々雑説これありと誰も、一定せざるの間、記すに及ばざる者也。

三月二十一日、大乗院尋奪のもとには、義尚危篤の報が入っている。三月二十六日に死去した義尚の遺体は、三月三十日都に帰還している。それはさながら生きた将軍の凱施の如く隊列を組んでの帰京であったという。

公家衆が先陣を勤め、番衆、母日野富子ほか女房衆が行列する中で、義尚の遺体は一条より等持院に向った。

『山科家礼記』によると、「一条にて御台御こし（輿）の内にて、こえもおしまずむつかりけり、しるもしらぬもなみだながしけり。」とある。母富子には、こらえていた悲しみがどっとあふれ出した。輿の内にて、あたりかまわず声をあげて慟哭した。まわりの人々も見物の民衆ももらい泣きせずにはおれなかったという。

五　山城国一揆

山城国一揆の真相

文明十七年（一四八五）十二月から明応二年（一四九三）九月まで、約八年にわたって南山城地域を支配した山城国一揆は、『大乗院寺社雑事記』を主要史料とした歴史上名高い。

山城国一揆は、南山城で合戦を続けていた畠山政長・畠山義就両派の軍隊に対して、国人らが、両軍撤退の要求を突きつけて一揆を起こしたととらえがちである。

ところが『雑事記』延徳三年（一四九一）七月二十五日条に、次の文がある。

昨日より山城道の事、越智方よりこれを停止す。先年山城国に於いて両陣の事引退の子細岸田計略也。彼の国人礼物の内二百貫文未納の間、催促のため也と云々。

すなわち、先年の両畠山の撤退は、国人らが越智氏の被官岸田氏に礼銭を出して、実現したものであるという。しかも礼銭二百貫文が未納のため、越智方が山城の通路を塞いで、要求したと書いている。

国人らが一揆したとされる山城国一揆も、礼銭を出すことによって、両畠山軍の撤退を計ったのであった。この事実は、一般にはあまり知られていない。

ただし、軍勢の乱暴狼藉に礼銭を出してその撤退要求をはかることは、この時代の史料をよくよく見て行くと、戦国時代のしきたりでもあったことがわかる。土一揆とは異る国人・土豪の連合政権としての山城国一揆の特色を現わす史実ではなかろうか。

普賢寺谷

普賢寺谷は京都府綴喜郡田辺町の山あいにある。その中心地にある観音寺は山号を息長山といい、継体天皇綴喜宮の時代に創建されたという。本尊は国宝十一面観音で平安時代の作である。

『経覚私要鈔』には、普賢寺殿原衆の名が見える。『経覚私要鈔』宝徳三年（一四五一）二月八日条によると、「山城普賢寺殿原七十余人一烈（列）して守護に背き天王畑に立籠ると云々。」とあり、守護畠山特国に背いた普賢寺の土豪七十余人が天王畑城にたて籠った。天王畑城は、綴喜郡普賢寺谷川上流にある天王山（標高三〇五・五メートル）の山頂付近にあった。山頂には式内社朱智神社があり、城郭はその北側にあった。『雑事記』文明十七年十一月十四日条にも、天王畑城が記されている。

この谷あいには、居館を構えた地侍が多くいたらしい。今も長屋門と石垣を構えた地侍の屋敷を思わせる建物が

普賢寺谷　観音寺

普賢寺谷の旧家

存在する。山城国一揆に参加した地侍は、このような居館を構えた人々であったのだろうか。

宇治平等院

この世の極楽と歌われた宇治平等院は、永承七年（一〇五二）建立された。

摂関政治の栄華を極めた藤原道長・頼通の二代にわたる別荘として、宇治殿が営まれたが、末法思想と浄土教の教えは、貴族たちに大なる影響を与えた。末法に入るといわれた永承七年、頼通は自らの別荘を改めて寺となし、宇治平等院と号した。

平等院鳳凰堂

鳳凰堂は天喜元年（一〇五三）建立された阿弥陀堂で、平等院創建当時の唯一の建物である。鳳凰堂の名は、屋根上の鳳凰にちなむとも、その建物の造形が鳳凰が羽根を開いた形ともいわれるが、鳳凰堂扉絵の中に描かれる極楽の阿弥陀如来の居館と瓜二つの形をしている。すなわち鳳凰堂とは、この世に出現した阿弥陀如来の居館たる極楽の建物の再現そのものなのである。

往時は、阿弥陀堂の他に、金堂・講堂・法華堂・不動堂・経蔵・宝蔵など堂塔が建ち並びその境内は旧宇治町の大半にわたり実に広大なものであった。しかし建武三年（一三三六）楠・足利の戦に建物の大半が焼失して、現在は鳳凰堂と呼ばれる阿弥陀堂と鎌倉時代再建の観音堂と鐘楼が残るのみとなった。庭園は史蹟名勝庭園に指定されている平安時代庭園の遺構で、御堂と阿字池を中心に宇治川の清流、前の山々を取入れた雄大な貴族好みの借景庭園である。

中世には、興福寺との関連が強く、尋尊も上洛の際にはたびたび立ち寄っている。

文明十七年十二月十一日条に、有名な次の一文がある。

今日山城国人集会す。上は六十歳、下は十五六歳と云々。同じく一国中の土民等群集す。今度《このたび》両軍の時宜申し定めんがための故と云々、然るべきか。但し、又下極(剋)上の至也。両陣の返事問答の様如何《いかが》、未だ聞かず。

文明十七年十二月、山城国一揆が勃発した。南山城地域の国人・土豪らが集会を開いて、両畠山軍への撤退要求などを決めた。この場所は、あるいは平等院の可能性もある。

文明十八年二月十三日条には次の文がある。

今日山城国人平等院において会合す。国中の掟法なおもってこれを定むべしと云々。凡そ神妙、但し興成せしめば、天下のため然るべからざる事か。

翌文明十八年二月十三日の山城国人らの集会が平等院で催されている。この集会では、国中の掟法が定められた。尋尊は、国人らの行動を神妙と評価しながらも、このような国人一揆は、天下のために然るべからざる事かと疑問を呈している。

山城国一揆は、この後明応二年（一四九三）九月に、幕府伊勢氏と大和古市澄胤によって攻撃されるまで、南山城地域に自治的政治を展開した。

文明十八年（一四八六）の『後法興院雑事要録』によると、「伊勢田郷、十二月五日伊勢田郷年貢代三貫文、当年国衆半済」の記載があり、この年山城国衆によって、寺社本領に半済が実施されたことが裏付けられる。

文明十九年正月二十五日には、人を殺害して雑物を奪取した春日社符坂油神人が、国一揆の自検断によって斬刑に処せられている。

これらは、国中掟法の制定と共に、自治的政治が展開したことを示している。

山城国　高神社

高神社

宇治と木津の中間、山城綴喜郡にある高神社は、古くは文永年間（一二六四―七四）の神事猿楽で有名である。

この地が『雑事記』に現われるのは、山城国一揆が自治的支配を行い、罪人を処罰した時であった。

『雑事記』文明十九年（一四八七）二月二日条に、次の事件が記されている。

去る月廿五・六日の事也。箸尾金剛寺披官人坂油売、山城高に於いて人を殺害して雑物を取り了んぬ。仍って山城国人検断してこれを召し取り切り捨て了んぬ。山城の沙汰の次第神妙也。

すなわち、高において油売が人を殺害して雑物を奪い取る事件が起こり、山城国一揆方の検断で切り捨てられたという。

南山城の自治的支配を行なって国一揆が、罪人を処罰する検断権を行使した事例であった。

狛　城

京都から奈良に向う街道の木津川のほとりに狛里がある。中世にも交通の要衝として関が設けられ、「狛関」の名もある。

ここが何よりも有名なのは、山城国一揆の一拠点狛城の地であるからだ。狛城とは、狛里をとり込んだ国人狛氏の城郭をいう。現在も大里集落をとり囲む環濠や、狛城内の大井戸が残っている。『雑事記』には、「狛下司の跡の城」の名が現われる。

『雑事記』文明十七年十一月十四日条に、次のようにある。

近日の時宣何共見る所毎事不覚悟の者也、山城国ニ右衛門佐（畠山義就）方の城共十ヶ所計これあり。

狛下司之跡之城　　本人 椿井城
本人 高之林城　　伊賀国人 御厨子之跡之城
本人 稲屋ツマ之城　　伊賀国人 外野城
同 寺田城　　河内国人 天王畑城

狛城跡

狛関跡

ここには畠山義就方であった城が書かれており、「本人」は義就方、それ以外は被官らの守る城であったことを示している。

「狛下司の城」は、相楽郡上狛の大里集落にあった城郭で環濠集落と考えられる。大里集落は、沖積平地上の微高地を利用していて、狛氏の館を中心として集落の周囲に環濠をめぐらし、その内側に竹藪を設けるなど防禦を目的とした環濠集落と考えられる。

現在でも環濠の一部や竹薮が残っている。狛里は、かつて山城国一揆の一拠点であったことを語るこの辺りの中世遺跡の代表である。

稲屋妻城

文明十七年（一四八五）に始まった山城国一揆は、南山城地域の国人・土豪の連合一揆であった。彼らは、平等院で集会を開いた他、国の掟法を定めたり、自ら半済を実施したり、罪人の処罰などを行なった。しかし、明応二年（一四九三）九月には、伊勢貞陸が守護に任じられ、その代官古市澄胤が山城国へ入部した。反対派の国人・土豪らは山城国相楽郡稲屋妻城にたて籠り抵抗した。

稲屋妻城跡

『雑事記』明応二年九月十一日条に次のようにある。

古市今日辰剋、山城国に入部、相楽郡・ツヾキ《（綴喜）》両郡知行すべき用と云々、国衆共数百人稲屋妻城に閉籠の処、井上九郎手と合戦せしむ。両方大勢打死之由風聞す、井上九郎ハハウソ《（祝園）》にこれあり、二陣スカヰ《（菅井）》に古市これあり、誉田衆甲五十人近所にこれあり、古市自身は一の坂辺にこれあり、大勢也。今日越智勢は一人もこれを出さず、古市と不和と云々。

稲屋妻（稲八間）城は、明応二年（一四九三）の国一揆方と古市澄胤方の合戦で、あまりにも有名である。『雑事記』によると、九月十一日、古市澄胤は細川方国人衆を討つため、大和から大軍を率いて山城に入り、当城を攻撃した。この戦いで双方多数が討死し、数日後の九月十七日、当城は落城したといわれる。

この稲屋妻城の跡と考えられる城跡は、北稲八間城と南稲八妻城の二カ所があるが、いずれが国一揆のたて籠った城郭かは不詳である。

北稲八間小字城山は、本丸と考えられる山頂の平坦部と、いくつかの郭跡らしきものが検出されるが、土塁や空堀といった防禦施設が見当らず城郭としての雰囲気に乏しい。しかし城山という地名の残っている以上、何らかの軍事施設が存在したであろう。

南稲八妻城は、精華町南稲八妻集落の西方の山城であり、その交通上の位置・規模からして「稲屋妻城」の可能性が高い。ここには伊勢氏の守護所が置かれたと考えられる。

山城国一揆が「稲屋妻城」にたて籠ったのは、南稲八妻城か北稲八間城かは不詳であるが、何れにしても、守護所がその付近を拠点としており、守護伊勢貞陸方に抵抗した細川政元方国人のたて籠った場所が稲屋妻城である。

六　戦国の動乱

一乗谷

一乗谷遺跡は、福井市からバスで三十分程の郊外にある。バスが一乗谷遺跡に入ると、まず城下の入口にあたる木戸口跡を通る。やがて集落の間を流れる一乗谷川を遡ると、朝倉館跡に到着する。土塁と堀を残し、建物こそないが領主館の雰囲気を感じさせる。領主館の対岸には、かつての武家屋敷と町屋が数軒復元された。復元屋敷の町通りを歩くと、四百年前の一乗谷城下に居るような錯覚を覚える。

『雑事記』文明十四年（一四八二）閏七月十二日条は、この一乗谷の火災を伝えている。

去る三日昼八時より、朝倉館一乗大焼亡、自火也と云々。随分の者共焼死と云々。但し屋形並びに朝倉城は無為と云々。甲斐方屋形以下牢人、加州より又打入るべきの由近日支度と云々。

すなわち文明十四年段階で朝倉氏の一乗谷城下町が完成し、山城と館、それに重臣の屋敷などがあったことがうかがえる。

朝倉氏がいつ一乗谷に入ったかは確証はない。しかしこの『雑事記』の記事により、遅くとも文明十四年閏七月までには、城下町が成立していたことが明らかとなる。

朝倉館は、朝倉氏の城下町である一乗谷の中心部に、東の城山を背にし、その山裾の約一〇〇メートル四方の平

朝倉氏館跡

朝倉氏館跡庭園

一乗谷城下町の復元

坦地に造営されたもので、東を除く三方に、高さ一・二メートル〜三メートル程の土塁を廻し、その周りに幅約八メートル、深さ約三メートルの濠をめぐらしている。三方の土塁にはそれぞれ門を開き、西を正門としている。まだ濠を経だてた南には、関連屋敷の拡がりも予想され、西方には馬場が存在したと記録されている。東の山裾は、一部がこの館に取り込まれ、一段上った平坦部には、「湯殿跡」と伝称される庭園等も残っている。

周辺には武家屋敷群や町屋群が発見されており、朝倉館を中心とする城下町の存在が確認できる。

城下町一乗谷が滅亡したのは、その主朝倉義景が織田信長の攻撃に滅亡した天正元年（一五七三）八月のことであった。

八月十三日、朝倉義景は敦賀刀禰坂の戦いで織田信長に大敗し、十五日に本拠地である越前一乗谷に命からがら逃げ返った。しかしながら、一乗谷も義景にとっては安住の地ではなく、翌十六日には大野東雲寺に逃れた。ところが、二十日、同族の式部大輔景鏡の反逆にあい、ついに義景は東雲寺で自害するに至った。一方八月十六日から織田軍は朝倉氏の城下町一乗谷を焼き払ったため、町は二十日まで炎上し続けたといわれる。

「朝倉始末記」は焼土に草むした一乗谷を見て、「古の鶴ノ間・猿猴の間・数奇の座敷」や「館を始め、館々家々、仏閣僧坊」をしのんでいる。

宇治郷と三室戸郷の抗争

文明十一年（一四七九）五月、宇治橋寺が焼き打ちされる事件が起こった。

『雑事記』同年五月二日条に、

宇治橋寺放生寺、悉く以って焼失、塔ばかり相残ると云々。御《（三）》室戸より押し寄せ、これを焼くと云々。去る十七日、御台（日野富子）御成の道掃治《（除）》の堺相論の事ゆえと云々。希有の事也。

とある。

橋寺放生院

宇治神明社

三室戸寺

話は、この年四月十七日に遡る。将軍正室日野富子は、文明十一年四月十七日、宇治離宮八幡社に参詣し、ついで四月二十二日に同社ならびに宇治神明社に参詣している。宇治離宮八幡社とは、現在の宇治上神社・宇治神社のことで、古代の応神天皇の宇治離宮址といわれている。神明社は、伊勢神宮を祀ったもので、宇治離宮社から宇治川を渡って奈良へ向う栗隈越の途上にある。

この御成道を近郷が清掃することになったが、その境界を巡って宇治郷と三室戸郷の間に争論が生じたのである。掃除の区割は少ない方が良いと現代人は考えがちであるが、両郷にとっては、その掃除境界が両郷の境界でもあるので、権益を巡って争論に発展したのである。

宇治橋

ところが文明十一年十月二十九日条に、

昨日宇治より御室戸に押し寄す、観音堂以下悉く以ってこれを焼き払い了んぬ。一宇残るべからずと云々。仏法破滅也。先度御室戸より橋寺焼く返報也。

と書かれている。すなわち十月二十八日、今度は宇治郷から三室戸郷への焼き打ちであった。平安以来の古刹であった三室戸寺は、この時全山悉く焼亡した。翌文明十二年正月十八日には、三室戸住民が宇治橋を五間焼き落したため、往来の人々は舟を利用して槇島を通行した。

幕府は、宇治衆、東福寺領地下人などに対し、橋を焼いた張本人の追放および橋の再建を命じた。

このように、日野富子の宇治離宮社・神明社参詣は、地元の住民に一大争論をもたらした。もとより、将軍夫人の参詣にあたり、その通路の清掃が民衆に命じられたため、道路の権益をめぐる郷民の紛争をまねき、三室戸寺・橋寺ともに放火されるという一大災難をもたらしたのであった。

犬田城

大阪府枚方市印田町にあった犬田城は。牧の犬田城、牧野城とも呼ばれ、両畠山合戦の河内における争奪の場となった。城は、枚方の水田や荒野の中央部にある小高い丘を利用したものであった。

河内国　犬田城址

犬田城での合戦は、『雑事記』文明十五年（一四八三）九月条に現われる。前年来衝突を続けていた畠山政長・畠山義就両軍は、犬田城の争奪を懸けて決戦に及んだ。

『雑事記』文明十五年九月九日条に次のようにある。

越中椎名出陣の様室町殿（足利義尚）御見物あるべきの由の間、夜中に京都を罷り通ると云々。甲二百ニ過ぎるべからずの由聞く者也。相加うるに遊佐の手として楠葉辺ニ出陣也。惣じて左衛門督（畠山政長）方勢三千計これ在り。悉く以って近日楠葉辺ニ陣を取り了んぬ。牧の犬田城の加力用也と云々。城中ニ楯籠る衆甲七十計、惣じて百五十人計これ在りと云々。

犬田城を守っていた畠山政長に対し、畠山義就が総攻撃をかけた。そのため、援軍椎名勢をはじめ、遊佐勢等約三千の政長勢が犬田城勢に合力しようとした。

同じく文明十五年九月十八日条は、次のように続ける。

昨日河内国マキノ犬田城ノ後ツメ衆と責め手ト合戦す。後ツメ衆遊佐長直・椎名以下大勢打負け了んぬ。椎名打たると云々。遊佐ハ淀川ノスソ楠葉ノ川ニ落ち入り見えずと云々。数百人頸（首）共畠山右衛門佐方実検に及ぶと云々。古市衆井上等高名是非なし、少々手負死人これ在り。敵方死人其の数を知らずと云々。犬田城ハ未だ落ちず、侍百人計、惣じては三百人計閉籠す、今に於いては、生涯に及ぶべしと云々。

九月十七日、両者の合戦があったが、遊佐長直・椎名勢らが敗れ、義就方が数百人の首を実検したという。三百人計籠城した犬田城は落城寸前となり、九月二十七日落城、守将野尻某は自害したという。

正覚寺城と畠山政長

大阪市平野区加美町にある正覚寺一帯は、『雑事記』に「正覚寺城」と現われる。

特に明応二年（一四九三）、細川政元の起こしたクーデター事件では、畠山政長の敗死した場所となった。「橘嶋正覚寺城」とも記されるこの地は、旧大和川の中洲橘嶋にあった水城と推定される。今この地は正覚寺を中心とする旧集落が、住宅地の中に埋もれている。かつての古戦場の面影は、現況には残していない。

『雑事記』明応二年閏四月二十四日条には、次のように書かれる。

正覚寺城跡（中央が現在の正覚寺）

辰の時正覚寺御陣破れ了んぬ。畠山左衛門督（政長）自害、子息尾張守（尚順）没落す、遊佐父子打死、城中死人二十人と云々。公方（足利義材）・葉室大納言以下数十人上原手にこれを取り奉る。御小袖定めてこれを取るべきかと云々。御小袖奉行一色代吉原、越智の手にこれを取る。松殿中将古市の手にこれを取るの条無為、在々所々死人生け取りこれあり。一合戦に及ばずして破れ了んぬ。左衛門督不覚也。

『蔭凉軒日録』明応二年五月五日条は、正覚寺において、畠山政長と共に切腹した被官の名を記している。それによれば、主な戦死者は、政長のほか守護代遊佐河内守長直・同息又太郎・河内守弟兵庫助・遊佐加賀守・平三郎左衛門尉・丹下三郎右衛門尉・土肥六郎右衛門尉・長井某であった。畠山尚順と共に紀州に逃れた有力被官は、遊佐九郎次郎・遊佐又五郎・斎藤兵庫助・三宅四郎次郎・相楽新・拓殖次郎左衛門尉・同右京亮・同弥太郎などであった。

クーデターは管領細川政元と畠山基家（義就の子）の周到な計画によって実行された。明応二年二月十五日に、将軍足利義材・畠山政長らの基家討伐の出陣が行なわれ、正覚寺に陣取った将軍らを攻撃したのであった。

攻撃軍の主将上原元秀は、畠山基家方より河内十七ケ所等の代官職を与えられた。上原元秀について、大乗院尋尊は、「次郎（基家）のため随分の忠節、公方（義材）ならびに屋形（政長）のため随分不忠者也」と記している。

閏四月二十四日、細川政元方の軍勢が正覚寺城を攻撃し、政長はその子尚順を紀伊に逃れさせ、火を放って自殺した。将軍義材をはじめ、葉室光忠・妙法院僧正等が捕えられた。

上原元秀は、義材を伴い京都に入った。政元は義材を龍安寺に幽閉し、ついで上原元秀邸に移した。政元は、義材を讃岐小豆島に流さんとしたが、七月一日深夜、義材は脱出に成功した。新将軍には、足利義澄（香厳院清晃）が擁立されたのであった。

野崎城

「野崎参りは、屋形船で参ろ」と歌われた野崎観音は、ＪＲ野崎駅近くの山腹にある。この山は野崎城跡で、『雑事記』にその名が見られる。

対立を続けた畠山政長と畠山義就は、明応二年（一四九三）に政長が討死、延徳二年（一四九〇）に義就が病死、それぞれの後裔となった尚順と基家の対立となった。

『雑事記』明応七年八月九日条に、

　河内野崎城これを責めらぬ、事成らずして引退し了んぬ。惣勝殿（畠山義英）摂州方へ没落、古市山城方へ没落、手の者共数千人生涯、以っての外の作法也。

とあって、畠山基家の息義英が、尚順方の野崎城を攻撃した。しかし、この時は攻撃方が敗れ、数千人の戦死者を出し、義英は摂津へ没落したという。

明けて明応八年正月十一日条によると、

　野崎城昨日七時分責め落し了んぬ。小弼（畠山基家）方大慶と云々。高山之西に相当る者也。戌亥脇衆迷惑也。如何成るべき哉。嶽山城も小弼方にこれを打ち取る。所々合戦理也と云々。

とあり、畠山基家方の野崎城攻略が成功し、この時、河内嶽山城も攻め取っている。

河内国　野崎城址（前方の山）を望む

河内国　野崎城址

しかし、この月末河内十七ケ所の戦で再び基家方が敗れ、基家が自害するに至っている。

すなわち『雑事記』明応八年二月二日条に次のように書かれる。

一、一昨日河内国に於いて合戦これ在り、毛穴打死、小弼基家切腹、子息前官領は、乗船没落し了んぬ。打死自害衆済々これ在り、十七ケ所以下在々所々成敗すべき子細これ在り、群勢未だ引退せずと云々、今度宝来、秋篠・超昇寺・布施・伴堂と云々、其の余は手者共これを出すと云々。

ここに、畠山基家は切腹自害するが、その子義英は逃亡し、その後も畠山尚順との合戦を続けた。

比叡山炎上

明応八年（一四九九）七月二十日に比叡山延暦寺根本中堂が炎上している。この事件はあまり世に知られていない。

比叡山根本中堂

『雑事記』明応八年七月二十一日条によると、

昨日早朝根本中堂炎上す。本尊並びに動座の神輿焼失すべし也。閉籠衆は西坊城顕長卿・桃井殿・東蔵坊師弟四人、惣じて山徒十人打たれ了んぬ。寄手大将方ケ部（波々伯部）と云々。十人打たれ了んぬ。尚々天下殊に京都滅亡すべきの基也。細川方悦び大慶これに過ぎるべからずと云々。三上書状には諸堂炎え了んぬと云々。常行堂・法花堂・神興・三社炎上と云々。

『雑事記』によると、比叡山に閉籠した西坊顕長・桃井某・東蔵坊師弟等を攻撃するため大軍が派遣され、根本中堂等が炎上したという。寄手の大将は、細川政元内聚の波々伯部宗量で、『後法興院記』によると、これに同じく内衆の赤沢朝経軍が加わっている。

織田信長の叡山焼打ち百年以前にあったこの事件は、あまり知られていないが、『雑事記』に重要な史実が記載されている例である。

明応二年（一四九三）四月の細川政元による政変で都を追われた足利義尹（材）は、越中に滞在して再起を期していたが、明応八年七月、上洛を企てた。比叡山における延暦寺僧徒の一部が西坊城顕長や桃井某らとともに寺中に閉籠したのは、義尹の上洛に呼応としたものであったが、七月二十日には、細川政元被官の赤沢宗益・波々伯部宗量らによって攻められ、根本中堂・大講堂などの炎上を招くに至ったのであった。

西大寺炎上

文亀二年（一五〇二）五月七日、西大寺が戦火で炎上した。これは赤沢朝経軍の大和進撃に伴うものであった。四月二十日、赤沢朝経が被官籾井・依利の両名を派遣して揚本荘への攻撃を行なった。この戦いに敗れると、五月二日、山城以下の合力勢が大和に派遣され、赤沢朝経は狛に陣し、古市澄胤もこれに加わった。この戦いの中で、西大寺に戦火がかかったのである。

赤沢朝経は管領細川政元の有力内衆の一人で、四国出身の国人ではなく、信濃小笠原氏の一族であったが、延徳三年（一四九一）八月の将軍足利義材の近江六角高頼征討の軍で相遇してその被官となった人物である。「無双の鷹狩の名手」といわれ、政元がその手腕にほれこんだという。

明応八年（一四九九）九月になると、細川政元と畠山尚順の戦いが激しくなり、赤沢朝経が山城・大和で活動することとなる。

一回目の大和攻撃は、明応八年十一月で、赤沢朝経は数千の兵を率いて山城から大和に向い、途中山城狛に陣して、十二月十八日には奈良中にまで乱入している。翌十九日、西大寺・法華寺・菅原寺で合戦となり、大和をほぼ制圧した。

この後も大和国人の抵抗は続き、文亀二年（一五〇二）五月、二回目の大和攻撃が行なわれた。五月二日、山城

西大寺

以下の合力勢が大和に派遣され、赤沢朝経は狛に陣し、古市澄胤もこれに加わった。

西大寺炎上の火災は、この合戦で起ったのである。

文亀二年五月七日条に、次のように書いている。

> 今夜西大寺焼失、相残る分四王堂の中門・石塔院・地蔵院・東大門、其の余一切残らず、以っての外の次第、去る二日以来陣を成す、女人・魚等の不浄中々是非に及ばざる事共、定めて炎上すべきの由、各相存ずる処、此の如き儀出来、還りて仏法の厳重也。

西大寺は、四王堂の中門・石塔院・地蔵門・東大門を残した外は、すべて焼失してしまったという。五月二日以来戦陣となり、女人・魚食等の不浄があったので炎上してしまったのは、仏法の厳重であると述べている。

赤沢朝経軍の大和掃討とこれに敵対する大和国人との合戦の結果、大和の古刹が次々と戦火に懸かっていった。

多武峯合戦

大和桜井の山の手に多武峰談山神社がある。大織冠藤原鎌足を祀り、藤原氏一族の祖神として、都の貴族の崇敬を集めた。

多武峯衆徒も興福寺の支配下にあり、『雑事記』にしばしば現われる。

多武峯談山神社

永正二年（一五〇五）から永正四年にわたる細川政元被官赤沢朝経の河内・大和攻撃は、畠山氏と大和国人連合を対象としたものであった。永正三年正月に、赤沢朝経は河内に畠山義英を攻撃している。ついで大和へ畠山義英方を追うわけであるが、赤沢軍の乱入を恐れて興福寺は、三月に礼銭を送って奈良中無為を要求している。それにもかかわらず、七月二十四日、赤沢朝経の大和攻撃が始まった。

八月に入ると、赤沢軍は三日には西大寺に布陣して、郡山や西の京に焼き打ちをかけ、四月には大和郡山に入った。それに対し、筒井・越智・箸尾・十市等の国人は逃亡した。八月五日には、赤沢軍によって法華寺が焼かれている。八月七日には、赤沢軍は菩提山に放火して、大和盆地の中央部にまで軍を進めた。八月十一日、戒重城が滅亡し、越智は大窪、十市・箸尾は多武峯、筒井は東山内へ逃亡した。八月十七日、赤沢朝経は、十市の天神山（耳成山）に本陣を置いて、大和国人との全面対決になった。八月二十六日に至ること、赤沢方の援軍として、三好之長が千余の軍勢を率いて出京し、二十八日に大合戦が展開された。

『雑事記』永正三年八月～九月条に次のようにある。

八月二十八日条

昨日多武峯に於いて合戦これあり。宗益（赤沢朝経）方不吉。

九月三日条

廿八日合戦に三吉（好）負ける。大事の手近日死去し了んぬ。仍って其の後合戦これ無し。宗益の迷惑と云々。細川の儀と云い、不快たるべし。宗益生涯と云々。藤原大祖の御計也。珍重々々。諸陣穏密。

九月五日条

去後夜以後七時より多武峯焼亡、吉野百人衆の所行と云々。

一時は、赤沢朝経敗死の誤報が入り、尋尊は「藤原大祖（藤原鎌足）の御計也。」と手放しで喜んでいる。しかし、実際には、この後、赤沢・三好連合軍が巻き返し、九月五日多武峯が焼失し、国人側多数が敗死することとなった。多武峯談山神社も、戦国の争乱の中で炎上するという悲劇に見舞われている。九月九日、残軍追討のため、赤沢軍は竜門郷へ放火するが、これで大半の戦は終了し、赤沢朝経は春日社へ参詣している。九月十一日には東山内で残軍との戦が行なわれ、赤沢朝経は釜口にまで出陣したが、その夕方、法貴寺においた本陣へ帰着した。しかし、畠山方や越智・筒井・十市・箸尾などの国人の抵抗はこの後も続いた。

七　戦国の芸能

古市城

大和国人古市民は、尋尊の時代胤栄・澄胤が権勢を振った。古市民はその名の通り、大和古市に本拠を置き、城郭を構えた。

古市城では、淋汗茶の湯とよばれる風呂・茶会を組み合わせた催しが後世有名である。『雑事記』文明元年（一四六九）八月九日条には、「古市林間風呂これ在り、随心院殿（厳宝）入らしめ給う。」とあり、実際林間（淋汗）茶の湯が行なわれていたことがわかる。

淋汗とは風呂のことで、湯あがりに酒や茶が好まれたので、「淋汗」あるいは「風呂茶屋」の称がみられる。古市胤栄の時代、古市郷に隠居していた安位寺経覚が侍僧や遁世者に座敷飾りをさせ、風呂焼きや茶会の経費は、胤栄ならびに一族、殿原らが頭人として負担した。文明元年の淋汗茶の湯は特に盛大で、五月に二回、七月に四回、八月に六回を数えた。五月の例では、古市胤栄が頭人、経覚従者らが浴室や茶席をしつらえた。浴室を屛風で画して茶の湯が経覚らに供され、荷葉（蓮の葉の形の菓子）を副えて素麵も餐された。古市一族の他、郷民ら二百人も入浴している（『経覚私要鈔』）。

文明五年（一四七三）七月十七日条には、

古市より風流、門跡に於いてこれ在り。種々芸能の内古市胤栄自身大黒に成る者也。非一其興の者也。門前兵士・上下北面若衆並びに吉田道祐、沙汰衆中坊懐尊、夜中の間御前面九間簾を上げ、丁灯十五これを懸ける。

とある。古市郷民の風流踊が大乗院門跡を訪れたが、そこには古市院栄自身が大黒に紛したという。七月十七日のことで宇蘭盆の風流であったのだろう。

文明十五年（一四八三）五月十六日条には、

古市城に於いて久世舞これ在り、

とあり、久世舞が招かれて上演した場所として、「古市城」があげられている。久世舞は謡いと舞を組みあわせた曲舞のことである。

前期の曲舞は白拍子舞と著しい共通点があり、白拍子舞から派生したと考えられている。後期曲舞は、幸若舞あるいは舞と呼ばれる。十五世記になると、曲舞を業とする座ができたようで、越前の幸若大夫がその代表であった。また声聞師とか千秋万歳とかの芸能民も、曲舞を演じている。また女曲舞も出現している。

古市城址（東市小学校）

文明十七年（一四八五）閏三月二十七日条には、次のように記されている。

> 今日古市鞠会巡次これを初む。丼舜人数を入るべきの由申すと云々。大儀也。修学者以下これありと云々。事の外の繁昌也。且如何、（中略）古市河内に行向う、其法共説の如しと云々。凡そ出立以下目を驚かすと云々。随分の馬疋屋形よりこれを給う。名馬也と云々。古市の本城の馬屋五間也。此一両年の内これを新造せしむ。一国の見物也。又城の西に馬屋二間・風呂等去年これを新造す。近日又故母儀の在所に近日作事これを初む。馬屋三間これを立つ。内者共また思い〳〵也。希代の不思儀、天道一大事也。過分〳〵、珍事〳〵。

この文から、古市城の繁栄ぶりがうかがえる。本城の馬屋は五間あり、城の西も馬屋二間・風呂等があったことがわかる。さらに亡母の在所にも馬屋三間が建てられていた。

明応二年（一四九三）閏四月十三日条には、次のようにある。

> 今暁古市本城火事出来す、女中方雑舎焼け了んぬ。本屋無為珍重の事也。仍て今日河州出陣これを止め了んぬ。衆徒・国民分として将軍（足利義材）退治ニハ相応せざる事也。先ず以って延引然るべし〳〵。

明応二年は、細川政元による将軍足利義材追捕のクーデターの起こった年であるが、その戦陣出立の日、古市本城で火事が起こったため、古市澄胤の出陣は中止された。尋尊は、衆徒・国人の分在で将軍退治は不相応のことであると批難している。

　ところで、「女中方雑舎焼け了んぬ。」とあることにより、城中に女性らの住まう雑舎のあったこともわかる。

薪猿楽

　興福寺で行なわれた薪猿楽は、『雑事記』を通じて書き留められている。薪猿楽は、毎年二月十二日に行なわれるのが恒例であった。

　古くは、修二会に付随した行事で、「薪の神事」とも呼ばれた。東西金堂に用いる神聖な薪を迎え、それを燃やした中で余興の芸能が演じられたのがはじまりといわれ、『若宮神主中臣祐定日記』建長七年（一二五五）二月条にみえるのが史料上の初見とされている。

興福寺内　薪能発祥の地

　室町時代には、観世・宝生・金春・金剛の大和四座が参勤の義務を負い、修二会とは切り離されて、二月五日〜十二日の定日に行われている。『雑事記』には、毎年の薪猿楽が記録されている。例えば、文明十九年（一四八七）二月十二日条には、

> 金晴・金剛両座参り申す。古市以下寺中衆・学侶・六方等裏頭《かとう》例の如し、猿楽の後に北面に立ち了んぬ。衆中の左右に方・学侶は立ち了んぬ。（中略）今日芸能十六番也。脇能例の如く金晴也。毎時無為、珍重々々。

と記されており、この日は金晴・金剛の二座が参勤、寺中衆・学侶・六方衆等がこれを見物している。このように『雑事記』には毎年二月五日～十二日に薪猿楽の記事があり、大和四座が奉仕した中世薪能の実態を記録している。

宇治猿楽

　宇治において猿楽が演能されたことは、遠く平安時代に遡る。宇治には古来宇治離宮八幡があり、王朝貴族の崇敬を集めた。ことに、平等院を建立した藤原氏は、対岸にあった宇治離宮八幡にも美麗な社殿を造営し、その祭礼は宇治離宮祭としてにぎわいを極めた。

観世（結崎）座発祥の地面塚

　宇治猿楽は、室町期の応仁元年（一四六七）になっても宇治離宮祭に演能していることが、『雑事記』応仁元年五月九日条にも記されている。

　榎本小五月会の事、今日沙汰すべきの処、宇治利（離）宮祭礼ニ猿楽参勤の子細これ在り。仍って来る十二日榎本においてこれを沙汰すべきの由、衆中において衆辺に沙汰す。猿楽等これを申し延ぶ。衆儀子細有るべからずと云々。則ち猿楽等宇治に下向し了んぬ。十二日は必々参勤すべしと云々。

　この史料は、次の二点で注目される。一つは、応仁元年（一四六七）になっても宇治離宮祭への猿楽演能が続行され、宇治猿楽座が奉仕していることである。もう一つは、その宇治猿楽座が、大和榎本の小五月会にも猿楽を奉仕していることである。

　宇治猿楽座が大和国に出任したことは『雑事記』に現われる。たとえ

奈良天満天神社

ば、長禄三年（一四五九）四月一日条には、

今日大和《ヨウヤマト》　社神事也。宇治猿楽と大和猿楽と大和猿楽立合所ナリ。大和猿楽においては、当寺より当国の出入を止め了んぬ。去年若宮の神事に緩怠致す故也。他国の猿楽においては、緩怠無きの間、今日の神事其の沙汰を致すべき旨、下知を加え了んぬ。宇治猿楽の事、当門跡自専の故也。衆中又子細有るべからすと云々。

とあり、大和猿楽が緩怠の故に出仕を停められたが、宇治猿楽が大和社神事に出仕している例が見られる。

文明六年（一四七四）八月条には、

十六日、宇治猿楽明日参るべきの由伺い申す、子細有るべからずの旨仰せ了んぬ。大安寺以下在々所々神事相支う故迷惑と云々。
十七日、宇治猿楽共皆参。梅松・守菊・藤次郎・七郎次郎、芸能八番、仍って大安寺以下神事これを免除して了んぬ。

とあって天満社神事に、宇治猿楽座の梅松・守菊・藤次郎・七郎次郎の四大夫がそろって出仕している。

このように、『雑事記』に大和への出仕が記録された宇治猿楽座であるが、戦国時代になると、次第に衰退、近世には姿を消してしまう。大和四座の猿楽は後世にその名を伝えたが、宇治猿楽座のように姿を消してしまう群小猿楽座が存在したのである。

桂女

応永年間（一三九四〜一四二八）頃成立と推定される「三十二番職人歌合」に、

春風にわかゆの桶をいただきて
たもともつじが花を折るかな

とある桂女は、都の鮎売りの女として有名である。

桂女はもと鵜飼の女で宮中に鮎を献上したり、禁裏のかがり火などに携わっていた供御人であった。この桂女が『雑事記』に現われる。

長禄四年二月十二日条に、

桂女参る、榼以下例の如く持参、百疋これを給い了んぬ。

とあり、桂女が榼以下を献上して、百疋の金銭を受け取っている。

大乗院経覚の『経覚私要鈔』でも、宝徳三年（一四五一）二月五日、享徳二年（一四五三）二月六日に、桂女が榼一つや勝栗・昆布等を持参しているので、ほぼ毎年のように、南都を訪れていたことがわかる。

文明十年九月十七日条にも次のように書いている。

桂女来る、榼一双・二種持参、百疋例の如くこれを給う、母姫夜叉去年六月他界と云々。息女当年初め也。不便〳〵。吉野参詣の次《ついで》立ち寄り了んぬ。

姫夜叉という桂女が吉野参詣の途次、大乗院を訪れ、榼一双と二種を献上して、百疋の金銭を与えられている。

この時期に南都を訪れた桂女は、榼や勝栗、昆布を持参している。榼の中味が不明であるが、同時期、和泉国日根荘にも来訪することから、（政基公旅引付）、もはや生の若鮎ではなかろうと推定される。鮎ずしの可能性もあろう。

それよりも、ここでは勝栗や昆布等の縁起物を持参していることに注目しよう。勝栗は合戦の勝利や出陣の縁起物、昆布は誕生や長寿の縁起物と考えられる。すなわち、桂女は鵜飼であり鮎売りであったが故に、何らかの呪力が期待されていたと考えられる。ことに二月初旬の来訪は、新年の祈禱のためではなかろうかと推定できる。

文明十二年二月十七日条には、

桂女参り申す、百疋これを下行す、此の正月五日より河内国屋形に候と云々。

と書いて次の系図を載せている。

姫夜叉（八十計ニテ入滅。）
―土用（姫夜叉の子、今に存生、七十計に成ると云々。畠山の桂也。隠居、孫子ニこれを与う。）
―姫夜叉（此二三年ニ入滅、早世、土用の子也。）
―姫夜叉（姫夜叉の子也。畠山においては土用と号す。）

ここで来訪している姫夜叉は、系図の最後にある女性で、畠山屋形（高屋城か）にも滞在して「土用」と号していたという。この系図により、桂女が代々女系相続であり、「姫夜叉」などの名を襲名していたこともわかる。『雑事記』に記された十五世紀、桂女は新年の祈禱などの呪能者として、南都に迎えられていたことが理解できる。

のちに豊臣秀吉の朝鮮出兵や、徳川将軍家の代替りに、桂女が招かれたのは、呪能者としての桂女の性格に基くものであったといえよう。

毛利元就の雄高山城に招かれた桂女は、城主の側に近侍し、宴会等にも列座している。しかし、これは遊女として招かれたのではなく、「戦勝祈願」、「家督祝」などの祈禱を行なうために招かれたと考えられる。『雑事記』に記される畠山氏の高屋城に近侍した「土用」という桂女もまた、「戦勝祈願」や「家督祝」の祈禱を行なったと推定できよう。

八　大和の寺々

大乗院門跡

鎌倉・室町時代に各国々に守護が置かれたことは、多くの方がご存知であろう。しかし、こと大和国について見る場合、守護何の何がしという武将の名前は見られない。

これは、大和に於ける興福寺―春日社勢力の強大さを見た幕府が、大和には守護を置かなかったからである。大和の守護にあたる権限を興福寺―春日社勢力に与えたからである。

この興福寺の長官＝別当の地位を独占したのが、大乗院・一乗院という両門跡であった。大乗院は一条家、一乗院は近衛家を家門とする門跡が法流を継いだのである。

門跡の下には諸院家があり、僧侶は大別して学侶と衆徒（僧兵）に分れていた。興福寺の武力は、この衆徒がにない官符衆徒ともいわれた。

『雑事記』康正三年（一四五七）四月二十九日条には、

大乗院家末寺自然ノ所用ヲ仰付る寺の事、

長谷寺 此寺ハ藤氏長者房前ヨリ始め而代々氏の長者別当たり、康和年中か大乗院の本願法印隆禅にこれを仰せ付けて後、代々僧中の職として当門跡相伝也。

菩提山寺 此寺ハ開山信円大僧正弟実尊大僧正相伝、其の後代々当門跡の知行也。

内山永久寺 此寺ハ鳥羽院御願として永久年中建立す、本願二人アリ、尋範大僧正・頼実僧都□□□□也、尋範ヨリ菩提山本願信円ニ相伝、其後代々当門跡知行也。

とあって、長谷寺・菩提山寺・内山永久寺が大乗院門跡の知行（支配）する寺院であることを記している。他に

『雑事記』は、次のような寺を末寺としてあげている。

信貴山、安位寺、長岡寺《釜口》、円楽寺《萱尾》、平等寺《三輪》、随願寺《東小田原》、橘寺《橘岡寺》、中山寺《興法寺》、

以上料足・材木・竹等仰せ付ける在所ナリ。

己心寺 孝覚大僧正の御所西方院を以ってこれを建立す。大安寺の内也。

心禅院 東大寺の内。

極楽坊 此寺は本来聖道の住持の在所也。然りて明教法橋質物に取り流して孝覚僧正に進上、孝覚僧正始めて律院に成され了んぬ。

正法寺《市本》、新浄土寺、極楽寺《長川》

竹林寺《ヰコマノミメウ》

以上相伝える子細ある寺也。次《ついで》を以ってこれを記す。

菩提山正暦寺

菩提山正暦寺は、菩提山川上流に、正暦年間（九九〇〜九九五）に建立された古刹である。今、菩提山を訪ねると、谷川の清流沿いに、子院坊舎の跡と伝える石垣が残り、山上に本堂が存在する。

ここでは、中世を通じて酒が製造され、菩提山酒として各地に出荷された。興福寺には、末寺菩提山の壺銭としての収入があり、『雑事記』にしばしば記される。

たとえば、明応七年（一四九八）七月十八日条に、

菩提山壺銭且九貫文到来し了んぬ。

とあり、ほぼ毎年、大量の壺銭が献上され、興福寺の財政を支えていたことがわかる。

菩提仙正暦寺本堂

菩提仙正暦寺寺内

長禄三年（一四五九）八月三日条には、次のようにある。

菩提山御酒を召す事、重ねて奉書到来し了んぬ。

菩提山坊中交名別紙在り、進上の御樽の事、度々に及びこれを触れ仰らると雖も、今にこれを収納能わずと云々。頗る其の咎を招くか、所詮異儀之輩は、速かに厳科に処せらるべきの上は、是非の左右を尋ね究め、交名を註申せらるべき之由仰せ出さる也。仍って執達件の如し。

長禄三

八月三日

為数判
秀興判

菩提山酒は、京の幕府にも献上されていたが、長禄三年には、それがとどこおったため、幕府からとがめられている。

長禄二年（一四五八）七月六日条には、次のようにある。

菩提山大門坊殺害人事両人これ在り。一人ハ打留め、一人ハ遂電之由、年預これを注進す。大門坊之部屋検断すべき事か如何、才学に付すべし、惣山として公を計る所也。昨日これを注進し了んぬ。

菩提山の寺務は年頭である寺僧が当り、事件が起きると本寺大乗院に報告して来た。長禄二年七月には、子院大門坊での殺人事件について注進して来ている。

釜口山長岳寺

興福寺末寺の中に釜口山長岳寺という寺があった。この寺は山の辺の道沿いの龍王山の山裾に現存する。『雑事記』康正三年（一四五七）四月二十九日条の末寺の一覧に、「釜口長岡寺」とある寺である。

興福寺はこれらの末寺から御用銭と称する金銭を徴収していたことが、『雑事記』の各所に現われる。たとえば、次の通りである。

文明三年（一四七一）閏八月二十四日条

釜口方料足且《かつが》つ百貫文、十市方より代官又七を以ってこれを進む。釜口使同じく来り了んぬ。

文明十七年（一四八五）二月十六日条

釜口去年用銭学衆方七百疋之内二百疋これを進む。相残る五百疋の事、今に無沙汰、連々催促を加う、同篇の

釜口山　長岳寺

申状共也。古市に仰せ合せ返事到来し了んぬ。

文明三年の釜口方用銭百貫文は、十市民より代官又七を以って納入されている。

しかし、文明十七年頃になると、前年の御用銭が未納となっており、七百疋の内二百疋が納入されたが、五百疋は沙汰無しの状態であった。興福寺では、古市民に頼んで催促をしていることがわかる。

内山永久寺

奈良県天理市石上神宮の近くに、内山永久寺という寺のあったことは知る人は、今はもうほとんどいない。『雑事記』には、末寺であったこの寺の記事がよく出て来る。

永久年間（一一一三〜七）、鳥羽天皇授戒の師であった高恵上人の開基と伝える。石上神宮の神宮寺として、明治の廃仏毀釈までは栄えていた。今この地を訪れると、数個の墓石群が静かに佇んでいるだけである。

文明二年（一四七〇）四月九日条には次の文がある。

内山智恵光院新茶五袋、勧進所よりこれを進む。名主成就院方三袋これを送ると云々。此の智恵光院は本名は清浄光院也。尋覚僧正のための送号、これを智恵光院と改めらる。覚昭僧正送号同名の故也。

内山永久寺には、いくつかの子院があり、中に知恵光院のあったことがわかる。付近でとれた新茶が、毎年興福寺へ献上されていたらしい。

文明三年（一四七二）十月二十二日条には、

内山永久寺址

内山永久寺址墓石群

木津港津跡

内山御用銭の事、学衆四貫五百文、禅徒三貫五百文請け申入れ了んぬ。

とあって、御用銭が、やはり興福寺から集められている。

文明十六年（一四八四）十月二日条にも、

内山学衆三十貫、禅徒二十貫これを仰せ付ける、罷り帰り披露すべしと云々。

とあって、学衆方・禅徒方から御用銭が徴収されていたこともわかる。

木津と奈良坂

中世の京都―奈良間の往来は、京都―木幡―宇治―木津―奈良という経路を通った。途中には、宇治川・巨椋池・木津川があり、これを迂回しなければならなかったからである。京や奈良を早朝出発した場合、中間点は宇治で、ここで昼食を取ることが多く、尋尊はしばしば平等院に入っている。

木津は、奈良の港津で、古くから木材や物資は木津で陸揚げされ、奈良坂を越えて南都に運ばれた。

木津には木津執行が置かれ、この地域を管理していた。木津執行も又、興福寺の支配下にあった。

木津から奈良坂に入ると般若寺や北山十八間戸がある。

奈良坂

般若寺

般若寺は飛鳥時代に高句麗僧慧灌《えかん》法師によって開創され、そののち天平十八年（七四六）に至り、聖武天皇が平城京の繁栄と平和を願うため当寺に大般若経を奉納して卒塔婆を立し、鬼門鎮護の定額寺に定められたという。ところが源平の争乱に際しては、治承四年（一一八〇）平重衡《しげひら》の南都焼討にあい伽藍は全て灰燼に帰し、礎石のみが草むらに散在する悲運に見舞れた。鎌倉時代に入って般若町の再建がはかられ、建長五年（一二五三）頃、南宋の石工伊行末によって十三重石宝塔が、続いて良恵《りょうえ》上人が本願となって十方勧進し、金堂・講堂・僧坊をはじ

北山十八間戸

めとする講堂の復興造営が進んでいった。

奈良坂の中腹近くの坂道の傍らに、北山一八間戸が残る。鎌倉時代の僧忍性が、病人救済のために建てた日本最古の病院遺構。部屋が十八の房に区切られており、板戸には「北山十八門戸」の刻書がある。僧侶達がここで病人の世話をし、死者をみとったのであろうか。前庭には古井戸を残し、別に仏間もある。数百年の歳月を経て、その存在が人々から忘れられたが、本瓦葺きの建物はその歴史を物語っている。

『雑事記』文正二年三月二十八日条には、

一昨夜廿七日、土民般若寺の文殊院以下坊三宇並びに戒外在家新造堂以下放火す、大略木津馬借の沙汰と云々。以っての外の次第也。

馬借の般若寺襲撃が記されている。馬借は木津の港湾の荷物を馬を使って奈良まで運んだ人々で、この頃徳政を要求する馬借一揆を起こしている。奈良を襲撃する場合、奈良坂にあった般若寺周辺がその標的とされたのであろう。

II 国人・侍

中世後期畿内国人層の動向と家臣団編成

――大和国古市氏を中心に――

田中慶治

はじめに

一九七〇年代以前の戦国期の研究は、戦国大名論が中心であった。この戦国大名論では、地域的には東国の後北条氏・武田氏・今川氏、西国の毛利氏等をとりあつかい、時期的には十六世紀中頃以降を分析対象としている。つまりこれらにおいては大名検地や貫高制の成立及びその貫徹という戦国大名権力の到達点を明らかにしようとする研究が中心であり、(1) このような研究視角で戦国期はすべて説明されてきたのである。そこでは特殊な地域といわれる畿内近国の研究をはじめとし、等閑視されてきたものが数多くある。

しかし一九七〇年代以降、このような状況は克服されつつあり、畿内近国に関しても様々な視角から研究が行われている。宮島敬一氏は、「検地―貫高制」の設定・貫徹をもって戦国大名とする従来の戦国大名論では畿内近国には戦国大名は存在しないことになる、とされた。その上で、「中世社会における先進地域であり、その歴史的諸矛盾が総括的にあらわれ、統一政権が形成された地域である」ところの畿内近国における戦国大名を中心とする戦国大名論の必要を説かれ、六角氏の分析を行われた。また同氏は同様の研究視角から、戦国大名のみでなく畿内近国の小領主連合である「甲賀郡中惣」にも注目された。[2] また今谷明氏は応仁の乱以降ひたすら崩壊してゆく室町幕府という従来の見解に異議を唱え、応仁の乱以降の室町幕府の存在形態を明らかにされた。[3] さらに、今谷氏の研究をうけた森田恭二氏は、幕府や細川政権という中央権力を支えた畿内国人の存在形態、あるいは幕府と在地構造との関連を明らかにされた。[4]

また視点を変えてみるならば、一九八〇年代には戦国大名と守護職の関わりを論じた研究も進展をみせた。これらの研究により、戦国大名にとって守護職は実効あるものであったということが明らかにされている。[5]

このような状況のなか、大和国においても戦国期の研究が進んだ。村田修三氏による戦国期大和の城郭研究と、そこからの大和国人層の実態的把握、[6] 安国陽子氏による興福寺の荘園支配とそれに有機的に関連する大和国人の姿の究明、[7] 等がその代表的なものである。これらの諸研究により戦国期大和の研究は進んだ。しかしこれらの研究の多くは、その分析対象の中心を十六世紀においており、その前段階である十五世紀における大和国人の権力の形成過程に関する研究は少ない。わずかに熱田公氏の一連の研究が目につく程度である。[8]

熱田氏は十五世紀における大和国人について、被官関係からみると、国人と被官との関係は強度な隷属関係ではなく、一種の契約関係であり、このような関係にとどまるかぎり、分属常なき場合も発生し、いまだ強力な主従関係ではなかった、とされた。また有力国人とその一族の関係をみると、国人の一族（庶家）は独立の衆徒・国民として興福寺より取り立てられており、そのため、一族とは独立の衆徒・国民の党的結合以上のものではない、とされた。つまり熱田氏は、十五世紀の大和国人は領主制形成がいまだ脆弱で、一族・被官の結集も弱く、その内部構成も甚だ脆いものであった、と把握されたのである。

熱田氏のこの見解は、十五世紀の大和国人の存在形態として通説化しているようである。しかしながら、熱田氏のこの把握では、まがりなりとはいえ戦国大名化を果たした筒井氏をはじめ、戦国大名化をめざした大和の有力国人たちの姿は説明しきれないものがある。[9] 熱田氏も述べられているように、興福寺の強力な荘園支配体制の残る大和では、興福寺の支配体制を打破する国人の存地支配はむつかしく、[10]「一族・一派をより強く組織し拡大すること」こそが大和国人が戦国大名へ前進するための唯一の方法だったのである。[11] またそれが成功したからこそ、筒井氏は戦国大名化が果たせたのであろう。熱田氏の見解には、まだ再考の余地が残されているのではないかと考えられる。そこで本稿は、大和国人古市氏の十五世紀における家臣団編成およびその内部構造をあきらかにすることにより、大和国人の存在形態を描いてみようとするものである。

一　古市氏の一族結合の強化

興福寺の一衆徒であった古市氏は十四世紀の二〇年代に史料上にその名を見せるようになり、八〇年代には大乗院家坊人の代表的存在となった。[12] 古市氏は十五世紀の半ば胤仙の代より国人としての領主的行動をおこす。[13] それに応じて古市氏はその家臣団を強力に編成してゆく。本節および次節では古市氏が進めた家臣団の形成過程について述べる。家臣団の形成過程を扱うのは、家臣団の形成過程が古市氏権力の形成過程を、より直接的にあらわすものと考えるからである。

鎌倉時代中期以降、武士団では庶家の惣領からの独立傾向が強まり、惣領制が解体の方向へと進む。熱田氏が明らかにされたように大和でも事態は同様であった。[14] このことはもちろん、古市氏も例外ではなかった。そこで古市氏が、いかにして独立しようとする庶家を抑え、一族結合を強力なものにしていったかを、本節では考察してゆく。

1　古市氏庶家の独立への傾向

嘉吉年間、古市氏惣領胤仙は、大和の有力国人筒井氏と「五ケ関務代官」・「官符衆徒棟梁」の地位を争っていた。

この争いは、筒井一族の家督・五ケ関務代官をめぐる内紛に乗じて、前大乗院門跡経覚が胤仙や有力衆徒豊田頼英とはかり、筒井一族を五ケ関務代官職から召し放とうとしたことが事の発端であった(15)。この争いは胤仙の死まで続くことになる。この筒井氏との争いでは当初、古市氏の一族結合はいまだ強くなかった。このことは、『大乗院日記目録(16)』嘉吉二年（一四四二）十一月十一日条より確認できる。

①十一日、前筒井順弘令レ引二率立野衆以下一、夜前金堂ニ引籠、相違子細在レ之間、則楯二籠眉間寺一、可レ責二光宣之坊弥勒院一支度云々、則筒井順永以下手者、光宣手者等、打二寄眉間寺一、順弘以下責洛(落)了、定宗房并立野衆以下十方没落事畢以後為二合力一、木津襲二来般若寺坂辺二一、木津父子、狛下司以下被レ打了、光宣方ニハ山村・郡山辰巳等打死了、修(終)日合戦也、

この記事より、古市氏の一族であった山村氏が、古市氏方筒井順弘の敵方である筒井順永・光宣方の一員として戦死していることがわかる。山村氏は、胤仙子息の胤栄が官符衆徒棟梁に就任した時に、その代官をつとめ、また代々の当主の実名に古市氏と同じ「胤」の通字を用いるほどの最有力一族である。ところが、嘉吉二年（一四四二）十一月段階では、その山村氏ですら惣領家である古市氏に逆らい、自己の利害を優先して行動しているのである(17)。このことより、古市一族内部での庶家の独立的傾向を指摘できる(18)。

当然古市氏にとっては、このような事態は克服せねばならないことであった。胤仙は克服の手段として興福寺の官符衆徒棟梁及び奈良中雑務検断職に就任するという方法をとった。彼は嘉吉三年（一四四三）九月十六日に、昨年より争っていた官符衆徒筒井順弘・成身院光宣兄弟を豊田頼英父子らとともに攻めて、南都から追い落とすことに成功した(19)。この結果、胤仙は豊田頼英・小泉重弘とともに官符衆徒棟梁及び奈良中雑務検断職に就任した。

2　胤仙による一族結合の強化

官符衆徒とは、どういう地位であったのか。『大乗院寺社雑事記』[20]文明十年（一四七八）五月十五日条の説明によると、寺務（別当）・権別当・三綱という宣下職を官符と号する。その官符の被官であるから「官符衆徒」と号する、とあり、そしてその職務としては、寺務領の奉行、興福寺七郷及び寺社の諸検断、神事、法会の奉行があげられている。

次に、古市胤仙の官符衆徒棟梁就任に関する史料をあげる。

②奈良中雑務事、小泉重弘・豊田頼英・古市胤仙此三人、自二前大僧正経―(覚)一被レ仰三合徳本(畠山持国)一被レ仰三付之二了、（後略）[21]

③入レ夜実意僧正、清祐法眼以下少々仰三談之一、其故ハ、当門跡事、自二日比一光宣以下如レ所レ敵、結句今度令二没落一之刻、令レ破三却沙汰衆一、又官符衆徒事申三次京都一、仰二小泉・古市・豊田一了（後略）[22]

史料②では、経覚が幕府管領畠山持国と相談して胤仙と他二人に「奈良中雑務」を仰せつけた、とある。一方史料③では、（経覚が）「官符衆徒」のことを京都に申次をして胤仙と他二人に仰せた、とある。いずれにしても、経覚と持国の力により胤仙が官符衆徒棟梁及び奈良中雑務検断職に就任できたことは明らかである。[23]胤仙はこの職を手中にしたことにより大きく発展するきっかけを作った。

胤仙にとって、官符衆徒棟梁への就任は古市惣領家からの独立を指向する庶家に対しても有効であった。胤仙の官符衆徒棟梁就任直後の文安元年（一四四四）二月二十八日に、胤仙は筒井方の窪城氏と合戦を行う。

④自二奈良一飛脚到来、昨日筒井勢為レ責二井戸一、二百余上二櫟本一之処、豊田衆馳合、致二合戦一之間、追散了、其刻、為レ支二古市一、森本より窪城衆上野へ出之処、山村(胤慶)・見塔院(吉田通祐)伊豆・鞆田室并南都方衆少々馳合、令二合戦一之間、窪城一族奥、若党二人・中間一人打取了、（後略）[24]

この合戦では、嘉吉二年（一四四二）十一月段階で、惣領家古市氏に逆らい独立を指向していた有力庶家の山村氏をはじめ、古市一族の見塔院（吉田）氏、鞆田室氏らが古市惣領家のために戦っている。これ以後の合戦では、原則的に一族は一貫して古市惣領家のもとで戦うようになる。よってこの一族結合は熱田氏のいわれるような脆い結合ではなく、むしろ強力であった、というべきであろう。

胤仙にとっては、庶家とはいえ独立した衆徒・国民である一族の結合維持のためには、彼ら一族を公的に支配することのできる官符衆徒棟梁の地位は必須のものであった。また、この地位に就任するということは、当然のことながら、興福寺や幕府の権威を背負うことにもなり、一族結合維持には好ましい方向に作用した。

胤仙は官符衆徒棟梁に就任することにより、庶家の独立指向のため解体の危機にあった一族結合を強化することに成功した。そしてこの一族結合の強化は、庶家を家臣団化するための第一歩でもあった。

ところが、胤仙はせっかく手中にした官符衆徒棟梁の地位を、わずか二年で手放すことになる。これは、一度は南都から追い落とすことに成功した筒井順永・成身院光宣兄弟が復活を果たし、逆に胤仙が南都から逐われてしまったためである。これより後、胤仙は失った官符衆徒棟梁のかわりに、新しい権威のシンボルとして前大乗院門跡経覚を推戴し、一族結合の維持につとめた。

経覚は九条経教の子として応永二年（一三九五）に誕生した。彼は生まれながらにして興福寺内において昇進・待遇等が特別扱いをされる貴種出身の貴族僧であった。経覚は応永十四年（一四〇七）に出家し、応永十七年（一四一〇）に大乗院門跡、応永三十三年（一四二六）に興福寺別当に就任した。彼はその後、永享十年（一四三八）に恐怖政治を行ったことで有名な六代将軍足利義教の手により大乗院から追放される[25]。経覚追放後の大乗院門跡には、一条家出身の少年僧の尋尊が就任した。しかし、あまりの恐怖政治の結果、嘉吉元年（一四四一）に義教は赤松満祐の手により暗殺される。この義教の横死により経覚は復活を果たした。胤仙は、経覚が大乗院に帰住した直後から、積極的に経覚に接近をはじめる。『雑事記』文明七年十一月九日条によると、元来、古市氏は大乗院家坊人の中では、小泉氏とならび、門跡のもとで出家をすることのできる特別な家である。この坊人としての特別な地位が胤仙の経覚接近を有利にしたことは想像に難くない。経覚に深く接近しだした胤仙は、経覚から衆徒・国民の中で特別扱いされるようになってくる。[26]この特別扱いの結果が、胤仙の官符衆徒棟梁への就任であった。

ところが先述したように、胤仙は宿敵筒井順永・成身院光宣兄弟の復活とともに没落を余儀無くされる。胤仙とともに順永らと戦ってきた経覚もまた、再び大乗院を逐われ大和葛上郡の安位寺まで落ちのびる。文安二年（一四四五）九月のことである。その後文安四年（一四四七）まで経覚は安位寺ですごす。文安四年四月十三日、経覚は安位寺を出て古市へ移る。

永島福太郎氏は、経覚が大乗院門跡の膝下にある古市を隠居の地にえらんだのは当然である、とされる。[27]しかしそうは思えない。経覚は、彼を手中にしようとする胤仙の強い意志によって半ば強引に古市に連れてこられた、といってよい。『経覚私要鈔』によると、四月十三日に経覚は「為二中風療治一」古市にやってくる。当初は、ほんの短期間の逗留の予定であった。経覚は五月二十三日に安位寺へ帰ろうとする。ところが、「今明可二帰山一之処、寺門事有二籌策之姿一、其間可レ移レ座由、方衆等申之間、先延引了、[28]」とあるように、経覚は安位寺帰山を延期する。経覚の帰山をとめた「方衆」とは、古市氏とともに筒井氏と戦っていた「古市止住六方衆」のことであろう。『経覚私要鈔』によると、それから約一ヵ月後の六月二十七日、再び経覚は帰山しようとする。ところが前回と同じく「寺門事籌策子細在レ之間」という理由で「まけて今暫如レ比ニテアルヘキ之由、六方衆并古市(胤仙)申之間、無力令二逗留一了」となり、経覚はしかたなく逗留を続けている。この後、経覚は安位寺に帰るとは言わなくなり、文明五年（一四七三）の死まで、実に二十七年間を古市迎福寺ですごすことになる。

経覚は隠居したとはいえ、わずか十七才の尋尊の代官であり、[29]古市移住後も二度にわたって興福寺別当をつとめている。彼は興福寺内・大和国内においても、また中央においても、いまだ権威・実力ともに十分であった。この経覚を半ば強引に手中にしたことは、胤仙にとっては当然大きな意味をもった。先述したように、一族結合の維持のためのシンボルとなったのはもちろん、宿敵筒井対策としても有効であった。また、中央権力との関係を深めることもできた。

胤仙は、官符衆徒棟梁に就任したり、経覚を推戴したりして自己の勢力を伸ばそうとした。このことは一見、胤仙が幕府・興福寺・経覚という旧勢力にたよっているようにみえる。しかし川岡勉氏が明らかにされたように、胤仙の活躍した十五世紀中葉とは、畿内近国に限っていえば、幕府支配が強化された時期である(30)。また、胤仙より約一世紀後の戦国大名にとってですら、幕府より任じられる守護職の掌握——大和でいえば、官符衆徒棟梁就任——は重要であった(31)。それに隠居したとはいえ、前大乗院門跡を半ば強引に連れてくるなどということも、彼の並外れた手腕を示しているといえる。したがって、胤仙はいちがいに旧勢力にたよった古いタイプの人間とはいい切れないのである。

二 古市氏による家臣団統制の強化

胤仙は官符衆徒棟梁に就任し、それを失ってからは経覚を推戴することにより、一族結合の強化をなしとげ、一族を家臣化するための第一歩をなした。その胤仙は享徳二年(一四五三)五月、「傷寒」(熱病・チフスの類)にかかり、同年六月二十四日に没した。胤仙のあと、古市氏家督を継いだのはいまだ年少の嫡子、春藤丸(のち胤栄)であった。

胤仙の死により、古市氏の勢力は一時的に減退し筒井氏と和睦を行う。ところが筒井氏は、両畠山氏の争いに巻き込まれ康正元年(一四五五)八月十九日、南部からの没落を余儀無くされる。

筒井氏の没落の結果、古市氏には大和国人のリーダーに再び返り咲くチャンスがめぐってきた。古市氏は筒井氏の没落の約一カ月後の九月十六日に官符衆徒棟梁に復帰する。『雑事記』の九月十六日条に「筒井退散間官務衆徒事五人自二京都一被レ定レ之」とあり、『日記目録』同日条には、「九月十六日、官符事、豊田頼英・古市春藤丸代官山村胤慶・小泉今力丸代官同新重栄・高山奥頼弘・秋篠尾崎、」と記されている。幕府より任命された五人の中に、古市春藤丸がいることがわかる。古市春藤丸の代官として有力一族の山村胤慶の名があげられているのは、春藤丸はいまだ元服（出家）前であり、公的には一人前の「人」として認められていないからである。[32] 春藤丸は寛正六年（一四六五）八月二十八日に出家をし胤栄となった。この場合、僧侶である衆徒の出家は俗人の元服にあたるであろう。

1　胤栄による家臣の自力救済権の否定

胤栄期の古市氏とは、一口にいって家臣団の統制を推進した時期といえる。以下、胤栄の行った家臣団統制について述べる。

長禄二年（一四五八）段階までに胤栄は、古市家中の裁判権を掌握し、被官の自力救済権を否定する。『経覚私要鈔』長禄二年七月二日条を記す。

⑤申刻於二古市城一若党弥八被レ殺了、討手鹿野薗源三郎弓負也、子細ハ弥八兄(×弟)堂聖、此間細々令レ乱二入源三郎屋一、申二懸煩一之間、其子細古市ニ申処、左様致二無法沙汰一者、無力可レ討之由令二許可一処、(×之間)今日又令二乱入一致二無法一之間、無力令二殺害一了、仍為レ申二其子細一、源三郎同類十人計相具、古市所へ出テ、申二此子細一之処、弟弥八《堂聖》無二左右一罷出源三郎ヲ突之間、又弥八ヲ討了、於二堂聖討事一者、古市許可之間雖レ無二其科一、於レ城又討二弥八一事者、親類致二訴訟一之間、源三郎可二生涯一旨治定之処、鹿野苑善忍父子罷出、無二左右一源三郎ヲ切伏了、其外若党共

手副云々、仍当座両人失命可レ謂二不便一、（後略）

右の史料は、大変興味深い史料である。まず、古市氏の家臣であった鹿野薗源三郎が堂聖を殺害したという第一の事件に注目してみる。この事件の発端は、堂聖が源三郎の家にさいさい乱入し「申二懸煩一」けたことにあった。これに対し源三郎は、私闘によって事の決着をつけるのではなく、主人古市氏に訴えでて、古市氏の許可をとってから堂聖を殺害している。またその後、古市氏に対し報告を行っている。つまりこの事件から、古市家中においては私闘による自力救済は認められていないし、許可をとった殺人であっても報告義務がある、ということがうかがえる。

次に、兄堂聖の敵を討とうとした古市若党の弥八が源三郎に返り討ちにされた、という第二の事件と、この事件に関する古市氏の裁判に注目してみる。まず事件の後、被害者弥八の親類が古市氏に訴訟を行っている。ここでも第一の事件と同じく、私闘によって事の解決をはかろうとはせず、訴訟によって事件の解決をはかろうとしている。これも自力救済の禁止をあらわしている、といえる。つまり、被害者の親類には事件がおこった時に訴訟を行う義務があったのではないか、と思われるのである。次に古市氏による裁判の判決をみてみる。まず、この裁判の結果が、ちょうど官符衆徒が南都において行うような職権的な「判決」であることに注目したい(33)。けっして和解をすすめるような裁判ではない(34)。またこの判決では、堂聖を殺したことについては、古市氏の許可済みであるから無罪、しかし弥八を殺したことについては有罪として、死刑の判決を下し、源三郎はその場で処刑されている。つまりこの判決は、たとえ正当防衛であっても殺人を犯せば死刑になるという、近世の「喧嘩両成敗法」の先駆的な形態をとっている。この古市氏の判決では、源三郎の自力救済権は完全に否定されている。

次に注目すべきことは、この事件の一部始終を記した前大乗院門跡経覚は、源三郎と弥八の両人を「不便」とはしているものの、古市氏の判決については何ら異議をはさんでいない。また当時、興福寺別当であった大乗院門跡尋尊をはじめとして、興福寺権力も、古市氏のとった処置に対して異議をはさんだ形跡はない。これだけの事件が南都や興福寺末寺でおこっていれば、興福寺権力は沈黙しているはずがない。すなわち、興福寺権力は古市氏家臣団内部での出来事にはまったく口出しはできず、寺家被官であるはずの古市氏の検断権が、古市氏家臣団の中に限っていえば貫徹しているのである。古市氏は強力な家臣団統制を行いつつあったと考えることができるのではないか。

ここで、古市氏と家臣の関係を考えてみる。熱田公氏は、大和国人と被官の関係は強度な隷属関係ではなく、一種の契約関係である、とされた[35]。しかし、この事件からもわかるように、古市氏と家臣の関係は、家臣からすれば古市氏にその生命すら奪われるほどの強い支配・統制をうけていたことがわかる。つまり契約関係というよりも、むしろ支配・被支配の関係にあったといえるのではないか。

次に『経覚私要鈔』応仁元年（一四六七）七月十四日条をみてみる。

⑥西頬三郎次郎子、依下無二正体一子細上、十年計憑二布施一奉公、其時依下有二見目一事上歟、成レ侍了、然布施ヲ出テ憑二長鞆(柄カ)一、此四五年令二奉公一了、而昨日為二主人一令二生涯一了、仍古市下人條無二子細一之間、可レ寄二長鞆(柄カ)一由、令二支度一之処、豊田相州長鞆(柄カ)南罷出折中之間、城中立レ煙、本人罷出、下二主人一之間無力閣云々、

この史料によると、西頬三郎次郎の子は、布施氏に仕えたり、長柄氏に仕えたりと、一見熱田氏のいわれるような、分属常なき状態にあるようにみえる。しかし、彼が長柄氏に殺されたとたん、古市氏は三郎次郎の子は自分の下人である、との理由で長柄氏を攻撃しようとしたのである[36]。このことより、一見分属常なき状態にみえる被官にも、実は「本主」とでもいうべき、一番重要な主人が常にいたのではないかと思われるのである。

2 胤栄による家臣団の統制強化

文正元年（一四六六）段階になると、胤栄の統制力は有力一族の山村胤慶にまで及んでくる。『雑事記』の同年七月十三日条では、「山村武蔵(胤慶)公遂(逐)電、与二古市丹後公(胤栄)一不和故也、」と記されている。ここでいう「逐電」とは、胤栄による追放という意味である。[37] ことの原因は、『雑事記』の記事によると、興福寺東北院と国人椿尾が菩提山の発志院という僧の被官化をめぐって争っていたことにある。その争いの最中に、発志院が山村をたよったため、山村では発志院のために椿尾と争うことを決定した。しかしこれを「惣預(領カ)方」、すなわち胤栄が承服しなかったのである。山村は約半年後の翌文正二年（一四六七）二月十九日、胤栄により許される。『経覚私要鈔』の同日条によると、「山村武蔵(胤慶)房事、依二芣山発心(志)院事一、古市(胤栄)令二勘当一了、然今日免除之間為レ礼来云々、」とある。この半年の間、尋尊もまったくこの問題には関与していない。山村氏とは興福寺の官符衆徒になれる家であり、[38] また大乗院家坊人でもあった。[39] ところが惣領家であるとはいえ、興福寺からみれば同格の衆徒であり、大乗院からみても、これまた同格の坊人にすぎない古市氏が、山村氏を独自に処分しても興福寺も大乗院も沈黙したままであった。すなわち文正元年段階では、興福寺は公的機関として古市氏の山村氏への私的制裁をとめることができず、古市氏による一族統制は強いものであったと考えられる。

文明二年（一四七〇）六月には、もっと大きな事件がおこる。『雑事記』の同年同月十二日条では、次のとおり記している。「古市被官人二人切レ頭了、不便、此外若党一族等三十人遂(逐)電、就二伊勢高荷事一相乱子細在レ之故也、無力次第不便々々、」この記事にみえる「伊勢高荷」の相乱とは、寺門や六方をも巻き込んだ大事件であったようである。[40] それはともかく、古市氏が被官二人を処刑し、一族・若党を三十人も処分したことについて、尋尊は「不便々々」としながらも「無力次第」、つまり、どうすることもできないこと、としている。ここでは、古市氏が一族や被官を処分することは、当然であるといった尋尊の意識がみられる。しかし、この処分された一族の中には、興福寺内では古市氏と同格の官符衆徒にまでなれる家である有力一族の室氏まで含まれていたのである。[41]その後尋尊は、『雑事記』六月十七日条に、「古市参申、今度被官人共事内々仰レ之、」と記すように、古市氏に被官人のことを「内々仰レ之」している。つまり、門跡として公式に命令するのではなく、あくまで「内々」に命令しているのである。尋尊はこの後も古市氏の一族・被官のために取りなしを続け、[42]事件のおこった翌文明三年（一四七一）四月十九日に、「今夜大乗院僧正《(尋尊)》来、古市勘当一族若党共事、色々侘事之間、免除云々、」と『経覚私要鈔』の同日条にあるように、一族・被官の勘当は解かれた。事件がおこってから十カ月の間、興福寺も経覚も沈黙を続けた。唯一動いた尋尊も「内々」、つまり私的に行動したのである。古市氏の一族・被官統制に対し、山村氏の時と同じく、興福寺も尋尊も公的には何もできなかったのである。

熱田公氏は文正元年（一四六六）の山村氏の一件も、文明二年（一四七〇）の一件も、若い胤栄のもとで、一族・被官の結集は乱れがちで、その結合が強固でなかった証左である、とされた。[43]しかし先述した長禄二年（一四五八）の古市氏の家中での裁判権の掌握および家臣の自力救済権の否定と、これらの事件をあわせ考えるならば、これらの事件は、むしろ古市氏による家臣団の統制力強化と考えたい。古市氏が大和国人のリーダーになるためには、強力な家臣団編成は必須のことであった。またそのために、一族や被官の独立を否定し、家臣化することは当然必要であった。胤栄の幼少期に代官をつとめた山村胤慶が、胤栄の出家（元服）後すぐに勘当されているのは象徴的な事件といえる。この一件は、最有力一族の山村氏でさえ、惣領の古市氏に逆らえば、処分されるということと、胤栄が、名実ともに古市一族の惣領になったことを、家臣団内外に示したものと思われる。本節でとりあげた諸事件は、毛利氏の戦国大名化の指標とされる天文十九年（一五五〇）の井上氏誅滅[44]と同じ性格をもっているものと思う。また、毛利氏が永享六年（一四三四）階段で、庶家の統制に苦労し、その統制のために室町幕府の権威を必要にしたの[45]に対し、古市氏は庶家の勘当を幕府や興福寺の力を借りることなしに、それどころかむしろ、興福寺に介入をさせずに行っていることも、古市氏の家臣団統制の進展を物語っているものと思われる。とすれば、古市氏はきわめて小規模ながら家臣団統制に限っていえば、毛利氏ら戦国大名に先行していたといえるのではないか。

なぜ古市氏が、このような強力な家臣団編成・統制をすすめたのかについて述べる。熱田氏もいわれるように、興福寺の支配が強固に残存する大和では、大和国人にとり、一族・一派をより強く組織し拡大することが、大和の政局における主導権を掌握し、戦国大名化するための唯一の方法だったのである。[46] 故に古市氏は強力に家臣団編成をすすめた。なお古市氏には、他の国人以上に家臣団編成を強力にすすめなければならない、もうひとつの理由があった。それは古市氏のもつ大和国人としての新興性である。古市氏は春日若宮の願主人の党組織である「六党」のいずれにも所属していない。大和の有力国人で「六党」に所属していないのは、古市氏のみである。このことは古市氏の新興性を物語っているものと思われる。[47] また「六党」の頭領であることに深い関連をもつといわれる大和国人の私的な勢力圏である「郷」が、文明年間に成立してくる。筒井・越智・十市・箸尾といった大和を代表する有力国人はみな、文明年間にそれぞれの「郷」を形成する。[48] しかしながら、有力国人の中で古市氏のみは「郷」を形成しない。このように大和における新興性のために、在地支配の点では他の国人に遅れをとらざるをえなかった古市氏が、他の有力国人と比肩し、それを凌駕してゆくためには、他の国人にもまして強力な家臣団編成が必要だったのである。

但し、古市氏権力を支えていたのは、一族であり若党達であった。その権力の基盤を否定することは、自らの否定につながるというジレンマを胤栄はかかえていた。文明七年(一四七五)、胤栄は突然に隠居をする。この隠居を熱田公氏は、胤栄の弟澄胤の人望が高まり、胤栄では一族・若党の統率が十分ではなかったのではないか、とされた。[49] 私は、なぜ胤栄に人望がなかったかを考える必要があると思う。胤栄に人望がなかったのは、強力な家臣団統制を進め、家臣団強化を急いだ胤栄への一族・被官からの反発が原因であったかもしれない。しかしながら、胤栄の隠居は形ばかりのものであった。家督こそ弟澄胤に譲ったものの、この後も澄胤に協力し活発に活動している。あれだけの家臣団統制を進めながらも、形式的な隠居でことがすんでいることの方に注目すべきであろう。いいかえれば、古市惣領家の権力がそれだけ強力なものであった、といえる。古市惣領家の権力が強力なものであったことは、例えば、先述したように家臣の自力救済権を否定していることからもわかる。自力救済権の否定を行うためには、権力側はよほど強力でなければならなかった。例えば、室町幕府ですら、自力救済権の否定はなしえなかったのである。(50) 古市氏が家臣団内部で自力救済権を否定し、検断権を行使していることは、その惣領家の権力が強力なものであったと評価できる。すなわち、古市氏が家臣団編成を推進してゆくためには、自力救済権を否定し検断権を掌握することが、古市氏にとって不可欠なものであり、それをある程度実現したといえるのである。

古市氏が胤栄期に強力に家臣団統制を進めることができたのは、ちょうど胤栄期が一種の対外的安定期にあったからである。胤栄期の古市氏は大和の二大勢力である筒井・越智両氏と概ね良好な関係にあった。その分、胤栄は家臣団統制に力が注げたのである。

三　古市氏家臣団の内部構造

一節及び二節でみたように大和国人古市氏は、十五世紀四〇年代の胤仙の代より家臣団編成の推進をめざした。胤仙の息子の胤栄の代には、一族や被官の独立の否定を指向し、興福寺の介入を許さないくらいの強力な家臣団編成を行った。

本節では古市氏家臣団の内部構造を明らかにしたい。熱田公氏は、衆徒・国民の武力構成の解明の必要性を説かれている。(51) しかしながら、そのような研究は管見のかぎり見当たらない。私は衆徒・国民の家臣団の内部構造を明らかにすることによって、衆徒・国民の存在形態の新たな一面を描けるのではないか、と考えている。そのような意味からも、古市氏家臣団の内部構造を明らかにする意義はあると考えられる。

以下、胤仙期から澄胤期まで一環して古市氏家臣団の中核を担ったところの、一族・若党について述べる。

1 一族

古市氏の一族は、大きくわけて二種類に分類できる。まず一つは、仮に「伝統的一族」とでも呼べるような一族である。いま一つは、「擬制的一族」とでも呼ぶべき一族である。

まず、「伝統的一族」について述べることにする。伝統的一族のほとんどは、嘉吉二年（一四四三）の胤仙の官符衆徒棟梁就任以後、澄胤期に至るまで原則的には古市氏に従う。彼らは古市山村[52]・古市長田[53]・古市室[54]・古市井上[55]等、古市某と称することを惣領家より許されている者が中心である[56]。また惣領家と同じく、実名に「胤」の通字の使用を許された者も多い[57]。官途・僧位僧官としては筑前守・近江守・兵庫助・法橋などに任じられている。

彼ら伝統的一族と古市惣領家との関係について若干述べる。彼らの多くは先述したとおり、古市某と二重名字を名乗っていた。この二重名字についてまず考察してみる。ここでは大和国人の豊田氏・鳥屋氏を例にみてみる。豊田氏は『経覚私要鈔』文明三年六月九日条に「吐田豊田」と二重名字で登場する。この豊田氏は、『寺門条々聞書』応永二十一年条の衆徒・国民交名では「豊田吐田庶子」とあり、吐田氏より分出した庶家であることがわかる。鳥屋氏は『雑事記』長禄二年十二月二十四日条に「越智鳥屋」と二重名字で登場する。この鳥屋氏もまた、『寺門条々聞書』では「鳥屋同（越智ソ子）」とあり、越智氏より分出した庶家であることがわかる。

次に、古市の二重名字を名乗る一族と、古市惣領家との婚姻関係の有無についてみてみる。次頁にあげた〔古市氏系図〕からみると、古市氏は大和国人間で網の目のような婚姻関係をめぐらしている。しかしながら二重名字を名乗る山村・長田・室・井上氏らと古市惣領家との間には婚姻関係はみられない。よって二重名字を名乗る一族は

〔古市氏系図〕

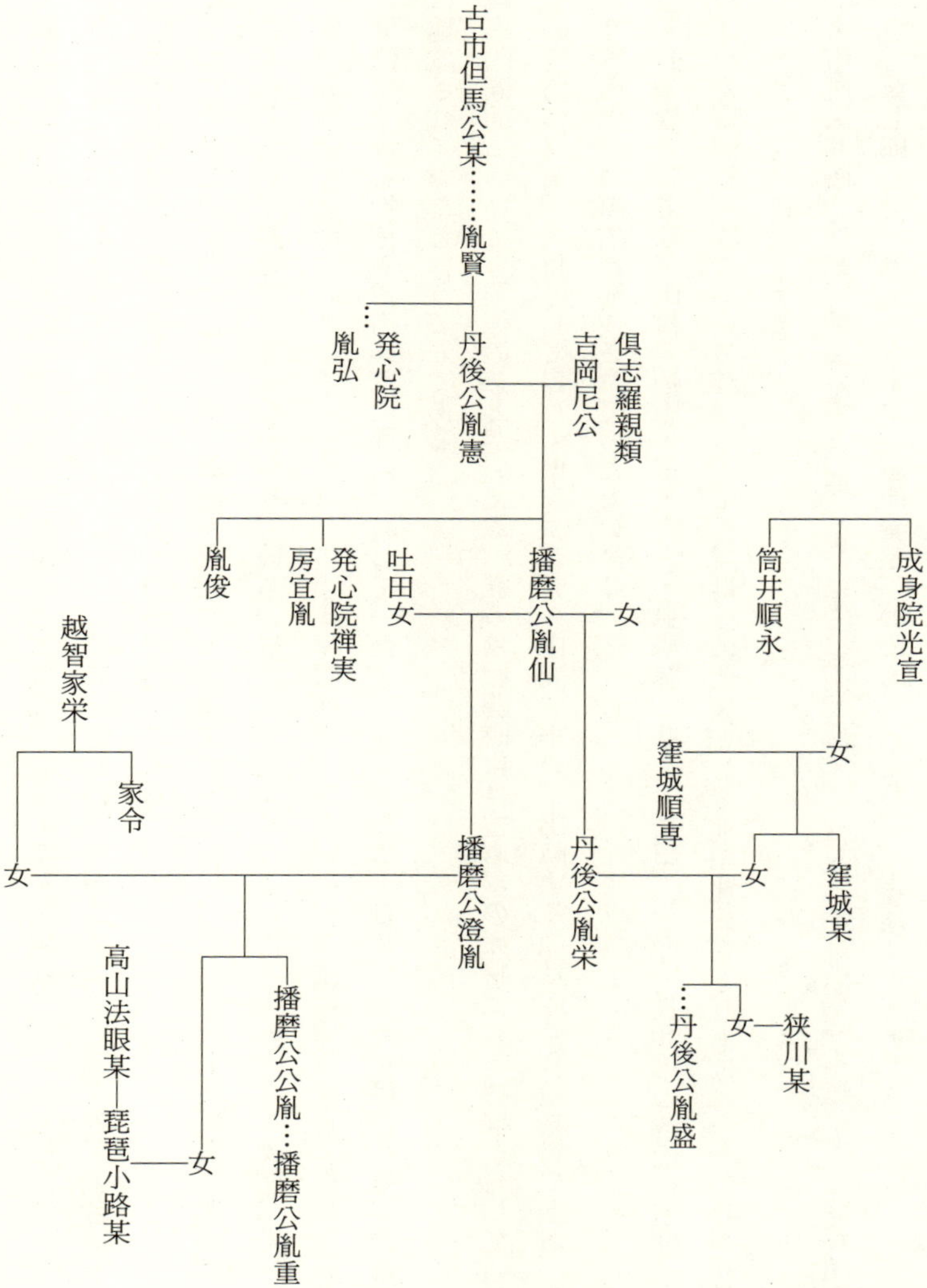

・この系図は『経覚私要鈔』・『大乗院寺社雑事記』の記事をもとに作成したものである。
・……は推測をあらわす。

古市氏との婚姻関係によって一族化されたのではないことがわかる。

大和国人の庶家が惣領家の名字を自らの名字の上につけ、二重名字を名乗ること、古市惣領家と二重名字をつけた古市一族との間に婚姻関係がみられないこと、この二点をあわせ考えるならば、二重名字を名乗る古市一族は、古市惣領家より分出した庶家であると推測するのが妥当であろう。

彼らは古市氏の庶家ではあったが、興福寺衆徒・大乗院家坊人として、興福寺や大乗院家に直接つながる独立した存在でもあった。前節でも述べたとおり、彼らの独立を否定することは古市氏の大きな課題であった。

一族の政治的な側面をみてみる。彼らは、古市氏家督代官、あるいは官符衆徒棟梁代官、郡代という政治的に重要な地位につける特権を古市氏家臣団内で有していた。しかしこのことはいいかえれば、一族が古市惣領家に政治的に編成されていたということである。

軍事的側面についても同様のことがいえる。彼らは戦闘時には古市軍の大将となる特権を有していた。これもまたその特権の反面、大将として自らの庶家や若党・中間を率いて出陣するのは、彼らの義務でもあったはずである。つまり古市氏に軍事的に編成されていたといえる。

伝統的一族としては、山村・鞆田・室・吉田・見塔院・井上・長田（稲垣）・長井等の各氏があげられる。つづいて擬制的一族について述べる。ここではその代表として池田北氏をとりあげる。『経覚私要鈔』文明四年（一四七二）一月一日条をよると、

⑦古市胤栄并藤千代来、能《（与）》二酒盃一、杉原一束、扇一本遣二胤栄一、於二藤千代一者扇一本遣了、一族長田筑前《（家則）》、藤岡、室、萩七郎左衛、源《平清水》七、今市東、藤原春童、池田北、以上八人、（後略）

とあり、正月一日に経覚のもとにあいさつに来た一族八人の中に池田北氏の名があり、池田北氏が古市一族であることが確認される。ところが、池田北氏は本来は古市一族ではなかった。『雑事記』文明六年（一四七四）七月一

日条よりそのことが確認できる。

⑧井殿庄与池田庄溝相論事、巨細令レ記二去月分帖一者也、今日筒井律師并堯善遣二十市方一了、無為計略可レ致二其沙汰一之由仰二付之一、池田庄者一乗院御家領、下司ハ池田之北、当時之給主ハ今市新也、井殿庄ハ三ケ所共ニ当門跡領也、下司・給主相共ニ十市也、仍両庄相論事ハ、池田之北与十市懸二生涯一致二其沙汰一者也、池田之北ハ本来系図窪城之一族也、近来或相二憑筒井一・或相二憑古市一、此条無二勿体一之間、如二本々一窪城与和与、去月廿五日罷二出于窪城方一、是併古市計略故也、此間者相二憑古市一之故、此溝相論事、為二池田之北方一古市請二身上一、可レ及二合戦一之由支度也、（後略）

すなわち、池田北氏は本来窪城一族であった。ところが、有力国人十市氏との間で溝相論が発生し「懸二生涯一」けた争いとなった。この争いを有利に戦うため、池田北氏は古市氏の一族となり、その武力に頼った。やがて相論は尋尊や筒井氏らの尽力により解決した。よって、池田北氏も古市氏のとりなしにより「如二本々一」く窪城氏の一族にもどった、ということが右の史料より確認できる。

すなわち「擬制的一族」とは、中小の国人が自らが危機に陥るなどの、なんらかのきっかけで古市氏の威勢をたよって、新しく一族に加わった者、ということができる。ここでは、古市氏の中小国人に対する保護を指摘できる。この古市氏の行う保護こそが、古市氏が家臣団編成を推進させる上での重要な要因のひとつであった。[58] 但し、「擬制的一族」は池田北氏もそうであるように、関係は一時的な場合もあった。[59]

また、一族とは別に、縁者と称する者もいた。[60] 古市氏の場合、『雑事記』文明十三年九月二十九日条によると、「古市西ト番条ト縁者也」「古市ト吹田ト縁者也」「西《（古市西）》ト窪庄《（城）》ト縁也」「古市ト越智ト秋山ト也」「西《（古市西）》ト佐《（狭）》川ト縁也」「倶志ラト古市兄弟遠縁者也」とある。このうち前掲の〔古市氏系図〕より、窪城女が胤栄の妻、越智家栄女が澄胤の妻、胤栄女が狭川の妻、胤栄・澄胤兄弟の祖母が倶志羅親類であることが確認できる。この縁者との関係は、婚姻関係による同盟にすぎず、古市氏への求心性はみられない。むしろこの縁者達の姿こそ、熱田氏のいわれた「もろい結合による一族・被官」の姿であろう。(61)

2　若党

古市氏家臣団にあって、一族についで重要な地位を占め、家臣団の中核にあったのが若党である。諸先学の研究では、若党とは被支配身分の百姓であり、侍・凡下身分でいえば凡下身分に属するもの、との見解になるようである。(62) ところが、大和国（古市氏）の若党は、右のような見解ではとらえられない。

『経覚私要鈔』康正三年（一四五七）七月二十日条に、古市胤栄結婚の記事がある。そこでは花嫁を請取に行った若党は「古市若党十騎」と記されるような騎乗身分であることがわかる。同じ記事で中間は「六人」と記される徒歩身分であり、若党と中間の間には、明らかな身分差があることもわかる。

『雑事記』長享元年（一四八七）八月二十七日条の古市惣社遷宮の記事をみてみる。

⑨今日古市惣社之宮遷也、金晴芸能在レ之、各為ニ見物一罷向云々、能十一番云々、拝殿正面修学者座、簾懸レ之、其南方女中衆、簾懸レ之、拝殿北ハ衆徒・国人以下奈良・田舎衆・若党等一所也、地下人共南西ニ仮屋在レ之、

（後略）

古市惣社遷宮の時に行われた能の見物の際に、若党は衆徒・国人とともに拝殿北に座しており、南西の仮屋にいる地下人(63)とは、明確に地位・身分が異なることがわかる。

『雑事記』文明十二年（一四八〇）十一月五日条に、土一揆が南都を攻めた時、南都防衛にあたった者の交名が記されている。

⑩一北面衆以下今日出陣、

明恩　善賢　堯善　堯順　寛明　宗順　宗禅　舜恩　木阿　春阿　立阿成就院之内　三郎多聞院内　青侍因幡之内

若党二人堯善之内

以上侍分

小法御童子　千松同　松菊同　入道丸子同　太郎同　鶴若同　晴菊同　菊若《ツハイ》同　宿院春藤同　伊勢屋春若同　北鵈孫三郎同

孫六牛飼　菊松同　小南院春松同

以上御童子等、此外力者三人慶力、慶万、徳力

交名のうち、北面衆とともに「若党二人」が侍分に入っており、若党が侍身分であることがわかる。しかもここでは、興福寺のトップである尋尊の日記に「侍」と記されているのである。これは、事実上の大和守護ともいえる興福寺権力が若党を侍と認めていることを意味している、といえる。ちなみに、御童子の小法以下は凡下身分である。(64)以上のことより、大和（古市氏）の若党は凡下身分でないことは明らかである。大和の若党は騎乗身分であり、衆徒・国民と同じく侍身分である。(65)そして常に、凡下身分とは異なった扱いを受けていたこともわかる。

それでは古市氏の若党とは、いかなる家の出身であったのか。古市氏の若党の出自は、大きくわけて四つに分類できる。

まず一番目のものは、長井与四郎や長井九郎左衛門に代表されるような、古市一族の庶家の出身のグループである。

二番目のものは、松岡孫三郎近忠に代表されるような、古市一族以外の衆徒・国民の庶家の出身のグループである。

三番目のものは、鹿野薗三郎左衛門や村井彦次郎に代表されるような、土豪出身のグループである。(66)最後の四番目のものが、北野山主計入道に代表されるような、凡下身分から登用されたものである。

一番目と二番目のグループ、すなわち古市一族、あるいは独立の衆徒・国民の庶家の者が、古市氏の若党になるということは、彼らの本家からすれば避けたかったはずである。なぜならば、本家にとっては自らの権力基盤である庶家の者が、本家をすて古市氏に仕えるということは、本家の独立をあやうくさせるものであったからである。しかし。古市氏の庶家（若党）に対する保護[67]の前には、本家のこの願いは功を奏さず、古市一族や衆徒・国民の庶家の者は、古市氏の若党化し古市氏に直接、把握されていった。このような若党編成が、古市氏の一族・家臣統制の強化を可能にした一要因である。

また、古市氏の若党編成の中に、寄親・寄子制の萌芽的形態もみられ、古市氏の家臣団編成の先進性がうかがわれるので、それについて若干述べる。

古市氏の有力一族である長井胤円の庶家であった長井与四郎は、胤円が神殿庄において買得した作主職を知行していた。[68]すなわち、与四郎は本家である胤円の扶持を受けていたのである。と同時に与四郎は古市胤仙の若党（古市氏直臣）でもあった。[69]その結果、古市氏直臣である与四郎は、惣領である胤円にも属することになる。このことはいいかえれば、古市氏は長井氏の惣庶関係を認めたうえで、与四郎を自らの直臣として直接把握し、長井氏の惣庶関係をそのまま寄親・寄子関係に転換している、といえる。すなわち、与四郎は胤円の「同名の与力」化しているのである。[70]このような寄親・寄子制の萌芽的形態は、古市氏の先進性を示すものとして評価できる。[71]また当然、この施策は古市氏の一族・家臣統制の強化を進める施策の一つであった。

本節では古市氏家臣団の内部構造について述べてきた。古市氏は一族の独立の否定を指向し、一族を政治的・軍事的に編成していった。それが行いえた理由の一つは、古市氏が一族を徹底して保護したためである。古市氏の保護のもとで、中小の国人も「擬制的一族」となっていった。また古市氏は、若党編成において一族や衆徒・国民の庶家を直接把握していった。その若党編成の中には戦国大名化のメルクマールのひとつとされている寄親・寄子制の萌芽的形態もみられる。古市氏が前節において述べたような強力な家臣団編成・統制を行い、かつ大和国人の中での新興性という理由から在地支配の点では、他の有力国人に遅れをとりながらも大和国人の中で主導権が掌握できたのは、本節で述べたような家臣団の内部構造が背景にあったからである。

四　古市氏の限界

一節から三節にかけて、古市氏の家臣団編成とその内部構造について注目してきた。前述したように、古市氏は強力な家臣団編成・統制を行っていた。しかしながら古市氏は、これほどの家臣団編成・統制を行いながら生き残ることはできなかった。本節では、古市氏はなぜ生き残ることができなかったのか、古市氏の限界とは何であったのかを、一族吉田・見塔院氏の離反を素材に考察してみる。

古市氏が胤栄から家督を譲られた澄胤の代になってから、胤仙期以来古市氏とともに戦ってきた有力一族であり、常に惣領家に忠実であった吉田・見塔院兄弟が澄胤から離れてゆく。

まず文明十二年（一四八〇）頃より吉田氏と澄胤や他の一族との対立が表面化してくる。この年の四月二十二日に、吉田通祐は古市が「一向無二正体一」いので、このままでは筒井方が復活すると惣領家を批判している。(72)そして六月一日には、ついに古市氏と吉田氏の間で武力衝突がおこった。(73)

文明十二年から明応六年（一四九七）までは、何事もなくすぎた。ところが、明応六年八月頃より、没落中であった筒井氏に復活の動きが出てくる。(74)十月一日から十一月半ばにかけて古市氏と筒井氏は合戦を行う。その結果、古市氏は筒井氏に惨敗を喫し、胤仙期以来の有力一族の山村氏をはじめ、鹿野薗氏・山本氏といった有力家臣を次々と討死させ、一族・家臣もろとも笠置寺まで落ちた。(75)古市氏が笠置寺まで落ちることができたのは、古市氏の支配領域と家臣団分布に理由があるので、若干述べておく。家臣団の分布については、まず本拠地古市周辺に山

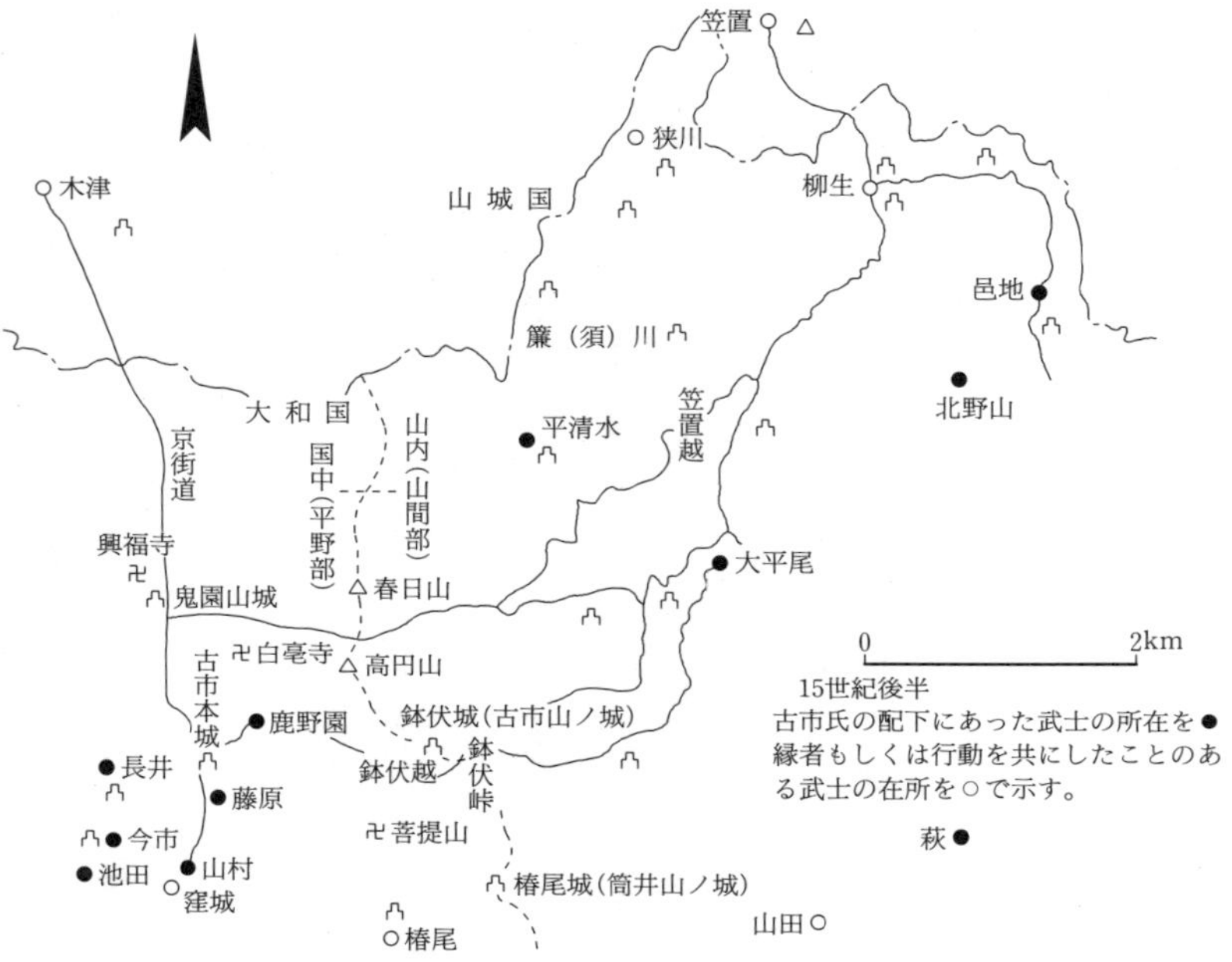

古市氏の勢力関係地図

村田修三氏『古市氏と古市城』68頁掲載地図に一部加筆したものである。

村・長井・藤原・今市・鹿野薗といった諸氏がいる。古市から鉢伏山をこえ、南山城へ至る東山内北部一帯のルートには、平清水・北野山・萩といった諸氏がいる。つまり古市氏は、国中の平野部の本拠地周辺と、山間部の東山内北部から南山城へ至るルートを確保していたのである(76)。よって古市氏は南山城の笠置寺まで落ちたのである。

話を本論に戻す。このように古市氏とその一族・家臣が自らの命運をかけて筒井氏と戦っていたさなかの十月三日、通祐の甥の見塔院祐成は、興福寺において自らの衆徒としての昇進のために法華会の竪者を勤めていた(77)。また、古市氏とその一族・家臣がみな没落したなか、通祐と子息の祐重は南都に残っていた。

この吉田・見塔院氏の裏切りについて、以下に考察をしてみる。

まず、離反の理由として最初にあげること

ができるのは、古市氏の筒井氏に対する軍事的敗北である。文明十二年（一四八〇）の澄胤と通祐の武力衝突の前後には、当時没落中であった筒井氏が積極的に復活をめざし、南都に乱入したり、古市氏が新しく築いた西方院山城を落城させたりしている。一時は吉田氏も古市に避難したほどであった。このような古市氏にとっての危機的状況の中での武力衝突であった。また明応六年（一四九七）の段階は対筒井戦の敗北により、まさに古市一族が滅亡の危機にまで陥った時であった。

古市氏は、家臣団統制・編成の強化を推進していた。これと同じく大和国人の第一勢力ともいえる筒井氏や第二勢力ともいうべき越智氏は、当然古市氏と同様の家臣団編成を行っていたと考えられる。このことは、村田修三氏が明らかにされたように、大和国人の「山ノ城」や郷の形成に関して、国人相互に共通性が伺われること[78]からも推測できる。

筒井氏が古市氏と同様の家臣団編成を行っていたのであれば、大和の第三勢力にすぎない古市氏は筒井氏の敵ではなくなる。その結果、このように軍事的敗北を喫することになる。そして、軍事的敗北により一族を保護できなくなった時、澄胤は惣領としての資格を失い、庶家である吉田・見塔院氏に見限られるのである。

離反の理由として二番目にあげられるのが、興福寺の存在である。この時期の興福寺は、諸先学が明らかにされたように、もはや往年の実力は持ちえていない[79]。ただし、興福寺の持つ権威のみは、いまだ十分であった。この権威という虚像は大和国人の動向を規定し続けており、大和国人は興福寺を否定できなかった。その結果、惣領家の危機的状況が露になると、吉田・見塔院氏は自らが生き延びるために、法華会の堅者になるなどして忠実な寺家被官となり、惣領家を見捨てるのである。つまり、吉田・見塔院氏は古市氏に危機的状況がおとずれると、古市一族という私的な立場をすて、興福寺衆徒という公的な立場を前面に押し出してくるのである。もちろんこの興福寺に関する問題は、吉田・見塔院氏の離反の理由というよりは、大和国人全体に共通した問題であったことはいうまでもない。また付け加えておくならば、吉田・見塔院氏は惣領家から離反したといっても、敵方の筒井氏に寝返ったわけではなく、興福寺を頼ったのである。ここにもまた、大和のもつ特殊性をみることができる。

では何故、数多い一族の中で、吉田・見塔院兄弟のみが古市氏を裏切ったのかを、以下に考察してみる。

吉田・見塔院氏が惣領家から離れていったことの理由は、まず、通祐が文明十一年（一四七九）九月十六日に法橋に叙せられ、(80)平衆徒である澄胤や他の一族より興福寺内での地位が上昇したことがあげられる。(81)ここに澄胤と通祐の間には、一族としては惣領と庶家、興福寺僧としては立場が逆転して僧綱位と平衆徒、という複雑な関係ができあがったのである。澄胤と通祐の関係は、ぎくしゃくとしたものになったことであろう。また通祐は、胤仙死後、古市氏が筒井氏と和睦をしたとき以来、興福寺に復帰し、寺住衆徒（官符衆徒）として寺家に忠実な被官としての活動を数多くみせるようになる。この寺家被官としての忠実な姿の反面、古市一族としての活動は少なくなっていったのであろう。このように、吉田・見塔院氏は他の一族とは異なり、興福寺権力との関係が特に強い特殊な一族であった、といえる。

古市氏は家臣団編成・統制を強力に推進したものの、(82)筒井氏に対する軍事的敗北、及び興福寺権力という中世大和のもつ特殊性のために生き残ることができなかったと考えられるのである。

おわりに

本稿では、従来検討されることの少なかった十五世紀における大和国人の権力の形成過程と、その内部構造について、古市氏を素材にして考察してきた。

興福寺の強力な支配体制の残る大和国では、荘薗体制を打破する国人の在地支配はむつかしかった。特に古市氏は大和国人としての新興性と、興福寺の膝下ともいえる古市が本拠地であるという理由から、他の大和国人とくらべて在地支配はむつかしかったと考えられる。もちろん在地支配がむつかしいのは大和国人共通の問題である。熱田氏も述べられているように、このような大和国人が成長し戦国大名化するためには、強力な家臣団編成が必要であった。新興勢力の古市氏の場合、特にこれが必要であった。

但し古市氏は、強力な家臣団編成は行いえたものの、在地支配は伴っていなかった。古市氏権力とは、いわば強力な家臣団編成のみが突出したかたちのいびつな権力となった。結果的に古市氏は、興福寺の権威を否定することはかなわず、また筒井氏に対する軍事的敗北のため、そして大和の国人一揆からも除外されたことにより[83]、生き残ることはできなかった。しかしながら古市氏は以下に述べるような強力な家臣団編成・統制を行い大和国人の間で主導権を掌握し、戦国大名化への行動を示しえた。

鎌倉中期以降、武士団では惣領制が解体の方向へとむかい、庶家は独立する傾向にあった。このことは、古市氏ら大和国人にとっても同様のことであった。古市氏は解体の危機にあった一族結合を、興福寺・幕府・経覚の権威を利用することで乗り切り、一族結合の強化に成功した。その後、古市氏は家中の裁判権を掌握し、家臣の自力救済権を否定するなどして、家臣団の統制・編成を強力に推進した。一族の家臣化も、一族の庶家を直接、古市氏直臣に編成するなどして進めた。これらの古市氏のとった諸施策は、十六世紀に登場する戦国大名に共通するものがあると考えられる。

本稿では、古市権力自体の考察にばかり重点をおいたため、古市氏と上級権力との関係、あるいは古市氏の在地支配に関する問題をとりあげることができなかった。また、古市氏権力の成長を経済的に支えたと思われる古市氏の商業活動[84]についても考察することができなかった。それに筒井氏をはじめ他の大和国人についても述べることができなかった。今後の課題としたい。

註

(1) このような研究が中心であったという批判は、宮島敬一氏「荘園体制と『地域的一揆体制』」(『歴史学研究』別冊特集「歴史における民族の形成」一九七五年)、同氏「戦国期における在地法秩序の考察」(『史学雑誌』八七—一一九七八年)、同氏「戦国期における六角氏権力の性格」(『史潮』新五号一九七九年)、川岡勉氏「大内氏の軍事編成と御家人制」(『ヒストリア』九七 一九八二年)、池上裕子氏「織豊検地論」(永原慶二氏・佐々木潤之介氏編『日本中世史研究の軌跡』一九八〇年)、等によってなされている。

(2) 前掲註(1)宮島氏諸論文

(3) 今谷明氏『室町幕府解体過程の研究』(一九八五年)

(4) 森田恭二氏「応仁の乱と国人の動向」(『ヒストリア』六四 一九七三年)、同氏「細川高国と畿内国人層」(『ヒストリア』七九 一九七八年)、同氏「細川政元政権と内衆赤沢朝経」(『ヒストリア』八四 一九七九年)、同氏「戦国期畿内における守護代・国人層の動向」(『ヒストリア』九〇 一九八一年)、特に「細川政元政権と内衆赤沢朝経」では、大和の状況もくわしく述べておられる。

(5) 前掲註(1)川岡勉氏「大内氏の軍事編成と御家人制」、同氏「中世後期の守護と国人」(有光友学氏編『戦国期権力と地域社会』一九八六年)、今岡典和氏「戦国期の幕府と守護」(『ヒストリア』九九 一九八三年)、同氏「戦国期の守護権力」(『史林』六六—四 一九八三年)、今岡典和氏・川岡勉氏・矢田俊文氏「戦国期研究の課題と展望」『日本史研究』二七八 一九八五年)、等が代表的な研究としてあげられる。また本稿の構成上、触れることは少ないが、「移行期村落論」の研究が進展したのも、一九八〇年以降の研究の大きな成果であり、特徴である。ただこれらの研究は、村落共同体を重視しており、本稿であつかうような権力側の動向があまり論じられていないように思う。そういった意味からも本稿は古市氏という一国人領主権力の動向に注目したものである。

(6) 村田修三氏「城跡調査と戦国史研究」(『日本史研究』二一一 一九八〇年)、同氏「大和の『山ノ城』」(岸俊男教授退官記念会編『日本政治社会史研究下』一九八五年)

(7) 安国陽子氏「戦国期大和国の権力と在地構造」(『日本史研究』三四一 一九九一年)

(8)　熱田公氏「筒井順永とその時代」（日本史研究会史料研究部会編『中世社会の基本構造』一九五八年）、同氏「古市澄胤の登場」（日本史研究会史料研究部会編『中世日本の歴史像』一九七八年）

(9)　村田修三氏は、「古市氏と古市城」（『奈良市埋蔵文化財調査報告書』昭和五十五年度版　一九八一年）において、筒井・古市・越智・箸尾・十市の五氏は戦国大名化する可能性をもっていた、と指摘されている。

(10)　大和国人の在地支配のむつかしさとその限界については、前掲註(8)熱田氏諸論文と、前掲註(7)安国氏「戦国期大和国の権力と在地構造」にくわしい。

(11)　但し熱田氏は、大和国人の家臣団編成は脆弱であったとされる。

(12)　永島福太郎氏「古市澄胤」（高柳光寿博士頌寿記念会編『戦乱と人物』一九六八年）、村田修三氏、前掲註(9)「古市氏と古市城」

(13)　熱田公氏、前掲註(8)「古市澄胤の登場」

(14)　熱田公氏、前掲註(8)「筒井順永とその時代」

(15)　この五ケ関務をめぐる争いについては、熱田公氏、前掲註(8)「筒井順永とその時代」にくわしい。

(16)　以下『日記目録』と略す。

(17)　この事件のおり、古市氏を裏切った「山村」という人物は、古くからの古市氏一族であり、大宅寺庄の下司であった。『大乗院寺社雑事記』文明二年四月十七日条によると、この人物は経覚が大乗院門跡（在任期間一四一〇～一四三八）であった時に、種々緩怠をして大宅寺庄の下司職を改替された。この時に、経覚と山村の間をとりなしたのが古市氏である。古市氏の日頃からのこのような努力もこの時期には効果がなく、山村氏は自らの利害を優先して行動している。なお、山村氏等一族については第三節において詳述する。

(18)　この五ケ関務をめぐる争いは、同時に筒井氏の内紛でもあった。このことから、この時期の大和国人の一般的状況として一族結合が解体の危機にあったことがわかる。

(19)　熱田公氏、前掲註(8)「筒井順永とその時代」

(20)　以下『雑事記』と略す。

(21) 『日記目録』嘉吉三年九月十六日条

(22) 『経覚私要鈔』文安元年二月二十七日条

(23) 史料②・③より胤仙が「奈良中雑務」と「官符衆徒」に同時に就任したことがわかる。この件に関しては説明が必要であろう。永島福太郎氏は、前掲註(12)「古市澄胤」において、室町幕府六代将軍義教は筒井氏を幕府御家人とし、いわば守護代として興福寺に認めさせ、その職名を奈良中雑務検断職とした。そしてこの検断職を官符衆徒が握った、と説明された。この説明は首肯できる。また、史料上「官符衆徒」とのみ記されてある場合でも、実際は「棟梁」を指している場合が通常である。よって本稿では、「官符衆徒棟梁及び奈良中雑務検断職」と記した。ちなみに、「官符衆徒」は定員二十名であり、そのうちから一名ないし五名くらいが棟梁に就任する。

(24) 『経覚私要鈔』文安元年二月二十九日条

(25) 永島福太郎氏「大乗院寺社雑事記について」(日本史研究会史料研究部会編『中世社会の基本構造』一九五八年)

(26) 『経覚私要鈔』より例をあげると、嘉吉三年四月六日に、興福寺成就院で経覚の出席する月次連歌が行われた時、胤仙は衆徒として、ただ一人出席が許されている。同年四月九日の経覚の龍田詣の際にも、衆徒・国民の中で経覚の警護を命ぜられたのは、古市氏のみであった。嘉吉四年正月には、他の衆徒・国民とは別扱いで経覚に年始の挨拶を行う、等がある。

(27) 永島福太郎氏、前掲註(12)「古市澄胤」

(28) 『経覚私要鈔』文安四年五月二十三日条

(29) 『日記目録』嘉吉元年十一月十五日条

(30) 今岡氏・川岡氏・矢田氏、前掲註(5)「戦国期研究の課題と展望」、川岡勉氏執筆部分。

(31) 前掲註(5)であげた諸研究により、戦国大名が守護職を重要視していたことが明らかにされている。また前述したように官符衆徒棟梁に就任するということは、幕府御家人たる奈良中雑務検断職につくことでもあった。つまり官符衆徒棟梁就任とは寺家被官として興福寺につながるだけでなく、幕府にも直接つながる存在になるという意味をもっていた。また安国陽子氏が前掲註(7)「戦国期大和国の権力と在地構造」で明らかにされたように、筒井順慶が大和国守護に就任したとき、興福寺側ではこれを官符衆徒と認識していた。このことからも大和国人にとって官符衆徒棟梁就任とは、他国の武家が守護、あるいは守護代に就任することと同じ意味をもっていたことがわかる。古市氏が官符衆徒棟梁に就任するということは、一見寺家権力依存のようにも見えるが、単に寺家権力依存であるとは言い切れないと思われる。

(32)　高橋昌明氏「中世の身分制」（歴史学研究会・日本史研究会編『講座日本歴史3中世一』一九八四年）によれば、丸号は元服前の童名であり、元服前の童子は「人ナラヌモノ」である。

(33)　官符衆徒の検断については、青木（安国）陽子氏「中世後期の大和における村落と検断」（『奈良歴史通信』二二一九八四年）参照。なお、青木氏は官符衆徒による職権主義に基づく犯人逮捕から処刑という検断は、守護権に基づいたものである、とされる。

(34)　宮島敬一氏は、前掲註(1)「戦国期における在地法秩序の考察」において、甲賀郡中惣の裁判は相論の和解をすすめるものであった、とされる。それに比べて、古市氏の裁判は、はるかに強権的であった、といえる。

(35)　熱田公氏、前掲註(8)「筒井順永とその時代」

(36)　この種の事件は、『経覚私要鈔』・『雑事記』に数多くみることができる。

(37)　逐電と追放が同意味に使われるということは、藤木久志氏「逐電と放状」（『戦国の作法』一九八七年）、参照。

(38)　『雑事記』文明十二年　後付に記載されている官符衆徒のメンバーの中に山村の名がある。

(39)　『三箇院家抄』の坊人給分のうちに山村の名がある。

(40)　この事件の具体的な様子を尋尊は記していない。ただ、この事件をめぐり寺門方が伊勢荷を落取したり（『雑事記』文明二年六月十四日条）、六方衆が荷をだした「伊勢屋」というところに進発している。（『雑事記』文明二年六月十八日条）ことがわかる。

(41)　『雑事記』文明二年十一月十一日条

(42)　『雑事記』文明二年七月二十日、十一月十一日条

(43)　熱田公氏、前掲註(8)「古市澄胤の登場」

(44) 井上氏誅滅については、村田修三氏「戦国大名毛利氏の権力構造」(『日本史研究』七三 一九六四年)、参照。
(45) 河合正治氏「戦国大名としての毛利氏の性格」(『史学研究』五四 一九五四年)
(46) 熱田公氏、前掲註(8)「筒井順永とその時代」
(47) 「六党」の成立について安田次郎氏は、「祭礼をめぐる負担と贈与」(『歴史学研究』六五二 一九九三年)において、十三世紀前半とされている。「六党」に所属していないということは、古市氏の登場が、他の有力国人に比して遅いということを表していると考えられる。
(48) 国人の「郷」については、村田修三氏、前掲註(6)「大和の『山ノ城』」、参照。
(49) 熱田公氏、前掲註(8)「古市澄胤の登場」
(50) 羽下徳彦氏「故戦防戦をめぐって」(『論集中世の窓』一九七七年)、参照。
(51) 熱田公氏、前掲註(8)「筒井順永とその時代」
(52) 『雑事記』明応二年一月晦日条に「同《(古市)》山村」とある。
(53) 『経覚私要鈔』康正二年三月二十六日条に「古市長田兵庫助」とある。
(54) 『雑事記』文明二年一月五日条に「同《(古市)》室」とある。
(55) 『経覚私要鈔』寛正二年四月二十七日条に「古市井上」とある。
(56) 伝統的一族の多くは、古市某と重箱読みながら、古市姓を名乗ることができる。しかし、古市一族において、単に古市とのみ名乗ることができるのは、惣領ただ一人である。また、たとえ惣領であった者でも隠居後は胤仙の父胤憲が吉岡と名乗り、胤栄が古市西と名乗ったように、古市とのみは名乗れなくなる。このことは、毛利惣領家が十五世紀半ばに、一族内で毛利を名乗れず、吉田と名乗っていたこと(矢田俊文氏「戦国期毛利権力における家来の成立」〈『ヒストリア』九五 一九八二年〉)、また、甲賀郡中惣の山中惣領家が応仁期に宇田と名乗り、惣領を決定するのに庶家の承認を得る必要があったこと(宮島敬一氏、前掲註(1)「戦国期における在地法秩序の考察」)などと比べて、惣領の強さを示すものであると思う。このことからも、大和国人の惣領家は、熱田氏のいわれるようなひ弱なものではなく、庶家に比べて強い力をもっていたと考える。

(57) 例えば山村氏の胤慶・清胤・胤宅・兼胤等、長井氏の胤円・胤憲・胤乗等があげられる。
(58) 当然この保護は、伝統的一族にも行われた。古市氏に一族が結集した理由の一つは、当然のことながら、古市惣領家の庶家に対するきわめて強力な保護があったからである。古市一族が他の国人や寺社と紛争をおこした時、古市氏が庶家のために武力援助等のあらゆる援助を行うことは日常茶飯事であった。一例のみをあげるならば、一族山村氏の下人が打擲されたという、ほんのささいなできごとにさえ、古市氏は報復の軍勢を出している（『経覚私要鈔』文正二年二月二十三日条）。

また、古市氏の庶家に対する保護は、紛争の時だけでなく、一族の寺僧としての昇進等にも働いた。山村胤慶の子息兼胤が、興福寺淄洲会のメンバーとして新入しようとした時、「山村事種姓不足」との理由で新入が拒否された。この時に、惣領の澄胤は「山村事左様ニ嫤(種)姓未練之者ニハ非也」との晧文を提出し、兼胤の淄洲会新入は許された（『雑事記』文明十四年十二月九日条）。この晧文の提出は、あるいは一族の興福寺内での寺僧としての昇進を一手に握ろうとする古市氏の意図があったのかもしれない。

また当然のことながら、庶家の所領を守るのも惣領家古市氏の役割であった。山村氏が下司をつとめた大宅寺庄を例にみてみる。第一節で述べたように、経覚が山村氏の緩怠を理由に山村氏の下司職を改替しようとした時、古市氏は経覚と山村氏の間をとりもち、古市氏が下司、山村氏がその代官というかたちでことを収めている（『雑事記』文明二年四月十七日条）。また文正元年に山村氏が大宅寺庄の夫賃を無沙汰したときにも、古市氏が夫賃の支払いを尋尊に請け負っている（『雑事記』文正元年十二月二日）。このように庶家の所領を守るのも惣領家の重要な役割であった。

古市氏は一族に対する徹底的な保護を行ったからこそ、一族の家臣化への方向が可能であった。事実、文明四年正月には、一族と呼ばれていた今市東氏（前掲史料⑦参照）は、『雑事記』文明四年十一月二十七日条では被官と呼ばれている。大和国では一族か被官かということは大きな問題であった。例えば吐田長有は山城椿井方より被官であると申し懸けられたことに憤慨して逐電している。その後この紛争は、吐田長有が椿井の一族分であるという申合せをして落着した（『雑事記』文明四年八月十日、十二月十四日、文明五年十月四日条）。このように一族か被官かということは大きな問題だったのである。今市東氏が一族から被官へと呼びかえられているということは、一族の家臣化が確実に進展していたことを物語っている。

(59)　胤栄の妻は窪城氏の娘であった。そのような関係もあり、池田北氏は窪城一族にもどったのかもしれない。

(60)　尋尊は『雑事記』のなかで、一族と縁者は明確に使いわけている。

(61)　例えば、前掲の〔古市氏系図〕からわかるように、古市氏の宿敵である筒井順永・成身院光宣は古市胤栄にとっては義理の叔父と伯父であり、古市氏の一族と言ってもよい。これは中小国人であった窪城氏が有力国人の古市・筒井氏とそれぞれに婚姻関係を結んだ結果である。しかし、筒井氏が古市氏の一族とされたことはない。一族と縁者は明らかに違った概念でとらえられていると言えよう。

(62)　吉川弘文館刊『国史大辞典』の「若党」の項（福田豊彦氏執筆部分）、横山晴夫氏「戦国大名の支配権力の形成過程」（『国学院雑誌』五五―二　一九五四年）、宮島敬一氏、前掲註(1)「荘園体制と『地域的一揆体制』」「戦国期における在地法秩序の考察」、久留島典子氏「中世後期在地領主の一動向」（『歴史学研究』四九七　一九八一年）等。

(63)　田中稔氏は、地下人とは位階・官職などを持たないもので、洛中などの庶人、諸国庄郷保の在地に住する地頭・領主層以外の名主・百姓などがこれに含まれる。この用法は中世後期にしばしば史料上にみられるようになったが、凡下・甲乙人と呼ばれる者もそこに包括される、とされている（吉川弘文館刊『国史大辞典』「地下人」の項）。ここでは、田中氏の見解に従い、地下人を凡下身分の者として考える。

(64)　田中稔氏「侍・凡下考」（『史林』五九―四　一九七六年）によると、牛飼や力者は凡下身分である。また、入道丸子という人物が交名の中にみえるが、入道丸とは、大乗院門跡の御童子であった。彼の子息が西金堂衆になろうとした時、凡下身分の者は堂衆になれない、とのクレームがついた（『雑事記』文明十一年五月五日条）。このことより入道丸が凡下身分であったことがわかる。

(65)　なかには、越智氏若党岸田新右衛門尉のように山城守にまで任じられた者もいた（『雑事記』明応二年十二月後付「今度受領輩」）。

(66)　尋尊は『雑事記』文明十七年八月十二日条で、北野山主計入道のことを、「地下凡下成上之故、毎事無道者也」と評している。

(67)　これは、前項で述べた一族に対する保護とまったく同様である。一例のみ記す。『雑事記』文明十九年七月十四日条によると、古市若党村井の下人が、寺住衆（宮符衆徒）に殺された。これに対し、古市氏は寺住衆と紛争をおこした。尋尊はこの件に関し、官符衆徒棟梁でありながら、私事を優先し、寺住衆と紛争をおこした古市氏を非難している。古市氏は、若党の下人という凡下身分の者のことに対しても、保護しようとする姿をみせている。このような例は数多くある。

(68)　『雑事記』文明九年六月十一日条

(69)　『経覚私要鈔』宝徳元年六月二十六日条に、長井与四郎は古市若党としてでてくる。

(70)　「同名の与力」については、下村效氏「『今川仮名目録』よりみた寄親寄子制」（『日本歴史』二五五　一九六九年）がくわしい。

(71)　寄親寄子制は各地の戦国大名により普遍的に行われた家臣団編成であり、寄親寄子制の成立は、戦国大名化のメルクマールの一つとされている。

(72)　『雑事記』文明十二年四月二十二日条

(73)　『雑事記』文明十二年六月一日条。この武力衝突の理由は、講衆の一部が古市一族の長井氏と対立したことに原因があった。講衆と長井氏が交戦したときに古市氏は当然、庶家の長井氏を扶けた。ところが吉田通祐は講衆方に加勢したのである。

(74)　『雑事記』明応六年八月十九日条

(75)　『雑事記』明応六年十一月十四日条

(76)　このように国中と山間部の両地域にかけて勢力圏を確保するのは古市氏に限ったことではない。このことについては村田修三氏が明らかにされているように、筒井氏は筒井と東山内の福住を結ぶルート、十市氏は十市と東山内の小山戸・小夫を結ぶルート、越智氏は越智と吉野を結ぶルートをそれぞれ確保していた。以上のことについては、村田修三氏、前掲註（6）「大和の『山ノ城』」参照。

(77) 『雑事記』明応六年十月三日条
(78) 村田修三氏、前掲註(6)「大和の『山ノ城』」
(79) 永島福太郎氏『奈良文化の伝流』(一九四四年)、鈴木良一氏『大乗院寺社雑事記』(一九八三年)等。
(80) 『雑事記』文明十一年閏九月六日条
(81) この当時澄胤は、官符衆徒棟梁ではあったものの、興福寺僧としては下臈分であった。なお尋尊は、通祐が法橋に叙せられた理由を、通祐の父が永享五年に法橋に叙せられた例に任せた、と記す(『雑事記』文明十四年三月二十六日条)。また、応長元年十一月の慈恩会の堅義の中に「見塔院法印」の名がある(『春日大社文書』一九二号)。これらのことをあわせ考えてみると、吉田・見塔院氏は、惣領家よりも興福寺内での家格が高い、という意識をもっていたのかもしれない。いずれにしても、吉田・見塔院氏は古市一族としては、特殊な一族であった、といえる。
(82) 在地支配の面では他の国人より弱い古市氏が、大和国人の中で主導権を握ろうとすれば、家臣団編成・統制を強引に推進せざるをえなかったのであろう。その強引さにも無理があったのかもしれない。
(83) 古市氏は、その新興性と在地支配の弱さを補うために、京都政権に積極的に接近してゆく。しかしこれが裏目にでて、大和国人一揆からも除外され生き残ることができなかったのである。
(84) 新興勢力であった古市氏は南北朝頃より商業活動によって急速に勢力を伸ばしたのではないか。古市氏が商業に力を入れた国人であったことは、馬借とのつながりが深いことや、国際商人楠葉西忍と深い交流があったことからもわかる。

室町・戦国期大和国東山内北部の政治構造

――狭川・簀川氏の動向を中心に――

永井隆之

はじめに

戦国期畿内周辺の地域（伊賀・甲賀・大和東山内等）は、在地領主の小規模な城館趾が広く分布することで知られる。これらの城館趾の位置付けに関しては種々の説が出されているが、主に城館とその立地する在地や村落との関係が重視される。このような研究法は一揆史とりわけ「地域一揆体制」論と密接にかかわっている。宮島敬一氏は甲賀「郡中惣」を、小領主が在地法秩序の下で「加地子保証体制」を実現するために形成されたもの、とされた。(1)これは「郡中惣」が集団として領主的機能を掌握した地域権力であると規定された、村田修三氏の説を継承したものである。村田氏は「郡中惣」の構成員を「小領主」と規定し、地主活動を行いながらも領主化の志向と契機を有する主体とされ、(2)後に小規模城館の築城主体として究明された。畿内周辺地域の在地領主の小規模城館群の研究は、当初から一揆史的課題を担っていたといえる。

この後、「地域一揆体制」論は石田晴男氏によって政治史的背景が明らかにされた。氏は「郡中惣」を「地域一揆体制」としてではなく、「惣国一揆」として把握し、山中氏を中心とした構成員の身分（御家人や奉公衆）や政治状況又は対外的契機から、公権力推戴形態の一種・在地領主間の一揆として位置付けられた。それは戦国期の国家・中央権力の秩序・制度存続の実効性を証明されたものであり、従来の「上級権力との関係を捨象した概念構成」をもっていた一揆史像への批判となった。(3) 近年、この説は体制論特有の硬直性、特に在地からの反動を無視した点で批判が出されている。(4) しかし、私は武力を含めた地域軍事力をいかに序列化させ、規定したかという国家機能の側面——特に中世では文化と政治の二元性(5)による中央と地方の問題——を考える際、欠くことのできない視角であると考える。

前近代における中央(国家)の生み出した「『文』が『武』に勝るとも劣らない支配の道具であった(6)」とされる通り、国家は、軍事力の拡散せざるを得ない世界において秩序を保つために、周辺から中央への求心構造を前提とした「権利」と「服従」の方法を必要としていた。その意味で地域の自律社会は、常に中央による再編の可能性に満ちていたといえる。本稿もこれに学び、地域軍事力の象徴である城館が、上級権力とのかかわりの中でいかに序列化され、地域権力のあり方に影響を及ぼしたのか、を問題としたい。

ところで、従来の城郭史の城館研究における在地構造の分析の場合、上級権力とのかかわりから論じた研究は少ない。その対象が史料不足によるのだろうか、また、城郭と城郭とを結ぶ物理的なネットワークを中心に考察されたきたからであろうか、特に在地の内部矛盾から直接に政治史を解こうとする傾向があり、総合的に諸史料を解釈しようとする試みに実証的なズレを生じさせている。千田嘉博氏は、在地における階級矛盾のあり方を城館によってタイプ・理念化されたが、例えば、「大型城館の単独分布の傾向が高く、小規模城館の群在的状況が認められない」地域とは、「庶子が広く分家して、自らの城館を築いて村落を形成していく生産力が不足するため、必然的に惣領へ結集せざるを得ない構造」であると位置付けられている。(7) これでは、在地内部の動向・矛盾のみを対象とする限りにおいて、また生産力を問題とする限りにおいて、現実の政治史としての在地構造分析の視角からは遊離している感がある。城館がきわめて社会的剰余性の高い権力の産物であるならば、地域から中央への権力の求心構造の問題を分析しない限り、在地社会の政治構造は見えてこないのではないだろうか。[8]

本稿のこのような視角を体現するものとして、大和国東山内《ひがしさんない》（奈良市東山間部のこと、東山中ともいう）北部、狭川（佐川とも書く）・簀川（現在、須川）地域を取り上げたい。東山内は伊賀・甲賀の隣接地、土豪の群在地域として知られ、小規模な城館が広く分布する地域である。戦国期まで興福寺などの寺社荘園が維持されるとともに、その影響下で国中《くんなか》（奈良盆地）の大名的な勢力である筒井氏・古市氏等の侵攻・支配を受けた。[9] この地域の研究動向は、村田氏による小領主を築城主体とする「東山内の城」論[10]（後述）や、安田次郎氏による東山内南部多田氏染田天神講々料所の売買形態の研究から「東山内一揆」の指摘などがある。[11] ただし、彼らの政治的立場については触れられていない。さらに多田暢久氏が、東山内全体に両者の論を適用する形で、城郭の分布・立地・地表観察から在地の政情を分析されている。[12] この多田論文で（城郭史関係全体としても）問題となるのは、千田氏同様、文献とモノとの分析の空白を埋める方法に難があることである。氏は、小規模城館群（特に居館的なもの）を地域一揆と普遍化していた。だが、先述したように地域から中央への権力の求心構造の問題や地域の地政的側面・特質を分析しないと、上級権力の介在という外的要因による一揆の性格を捨象することになる。[13]

第一章では狭川・簀川地域に現存する城館趾の分析から、この地域の内的な、それ自身では限界的な、秩序体制を考察する。さらに、第二章では狭川・簀川の周辺をとりまく支配秩序についてとりあげる。とくに、興福寺―筒井―狭川・簀川地域の権力関係について考察する。これらの検討を通じて、小規模城館の残存する理由を、従来のような在地間の矛盾から考察するのではなく、本稿では、中央・上級権力の介入に求め、城館及び築城主体の発展を考察したい。

一 狭川・簀川地域の城館趾について

(一) 狭川・簀川地域と大和政治史[14]

この地域の政治史は、それぞれ在地に蟠踞する狭川氏・簀川氏を軸に展開した。両氏に関しては不明な点が多い[15]。戦国期に関しては村田氏の研究があるのみである[16]。この地域の政治的流れは室町〜戦国末期まで、狭川氏を中心にすると六つほどに区分できる(後述するものも含む)。

(a) 応仁〜文明後期

狭川氏は文明九年の筒井氏の没落まで東軍として従軍している。没落後も筒井氏は狭川に在所した。狭川氏は古市氏の影響の強い山内北部においては唯一の筒井方であった[17]。両氏の絆は強く、古市氏による「福住攻め」の軍勢催促を無視したほどである。

(b) 文明後期〜明応期

狭川氏の古市氏方への傾斜は、文明十一年、「狭川父子入滅、筒井・成身院可為迷惑者也[18]」となり、文明十七年、成身院が狭川から他所に移ることでいっそう強まる[19]。そのようなかかわりからか、狭川氏は笠置・山城の下級荘官職を獲得しているが[20]、その内部では筒井方・古市方に在地が分かれ、山城国一揆における「両方」派遣を生む。ちなみに、この「両方」のために越智氏の怒りを買ったこともあったが、古市一族・西氏の執り成しによって和解している[21]。

(c) 明応〜永正期

古市氏の没落、さらに古市氏と結ぶ細川家赤沢氏の侵入による筒井氏の没落があり、その間の狭川氏の動向は不安定であった。筒井氏以下の外部勢力に抵抗する国人一揆結集の機運の中で、筒井氏方として、柳生氏との交渉の中から「北方一揆」が成立するが[22]、再度の赤沢氏の侵入により、逆に京衆「五頭」の一人として狭川氏の名が見える[23]。

（d）大永～天文後期

大永年間より筒井氏の東山内への介入が多くなると、狭川氏は筒井氏と結び、古市方の簀川氏等東山内北部の諸氏と対立する。筒井氏の山内支配の足掛かりとなったのである。筒井氏は狭川氏との関係を軸に寺社領維持の名目で北部全体に介入し、古市氏との対立を激化させる。

（e）永禄～元亀期

永禄二年、松永久秀が大和に侵入すると、狭川・簀川・柳生氏等は山中四箇郷衆と呼ばれ、東山内北部は松永方古市氏の強い支配のもとで、反筒井活動を展開する。

（f）狭川氏の帰農化

松永氏は元亀二年の「辰市の合戦」以降、その勢力を衰えさせていった。松永氏に従っていた大和国人が筒井氏に走る中、狭川氏・簀川氏等の山内北部衆は最後まで松永方であった。その結果、彼らは松永氏滅亡後、筒井氏家臣団に組み込まれず、近世にはいると藤堂藩郷士である「無足人」[24]身分として残った。

(二)　狭川・簀川地域の小規模城館

この地域の城館趾の数は東山内の中でも群を抜く。従来、その二、三箇所について言及されてきたが、今回の調査により他に十箇所程度確認できた（分布地図参照）。

1　**狭川の小規模城館**　①下狭川城　②上狭川城　③福智西城　④藤尾城　⑤「城山」(不動之滝城)　⑥「クラ城」「上殿」　⑦「オオヤシキ」「口城戸」「奥城戸」　⑧「奥城」「イヤシキ」　⑨「和田城」　⑩「ヲクショウ」「ヤシキ」　⑪「サガワヤシキ」

2　**簀川の小規模城館**　⑫須川城　⑬「城々」　⑭「城ノ口」　⑮「御所屋敷」　⑯「堀口」　⑰「筒井」　⑱「堀口」　⑲「政所」　⑳「城山田」

3　**他**　㉑北村城　㉒「城山」

尚、⑮「御所屋敷」は一乗院簀川御所(実信)を指すものかもしれない。
㉑㉒の北村地域は「狭川領」の伝承を持つ。

この地図は、国土地理院発行の 1/25000 地形図(柳生)を使用したものです。

城館趾分布地図

①下狭川城（図1参照）

狭川氏の居城といわれる。白砂川・前川にはさまれた台地にあり、下狭川の集落と一線を画す。周囲に空堀をめぐらした方形単郭の館城のうち、比較的大きな部類に属する。郭内は南北に長く約八〇メートルある。(25) 地名として小字「城山」、城跡の西に「オオテ」、東に「ウラモン」が伝わる。その西南に付属する郭は崩れているが、これは明治初年まで狭川氏が居住していたことと関係していよう。この郭と西方の空堀は「未完成で戦国時代に拡張されたことを示す」(26) とされる。この郭の北西に同規模の平坦地があり、小字「上ヤシキ」「下ヤシキ」「寺ヤシキ」がり、北端に堀跡が残る。また、主郭の南方に尾根つづきの小山があり、これも「城山」といわれる。どこを指すか不明であるが、「カギノテ」の地名も残る。さらに、この地の東、谷田を隔てた丘陵の裾に馬場跡が残り、その北端を東に回りこんだ山腹に中世狭川家の墓地「金剛院」跡がある。なお、下狭川城の北方に隣接する集落に「門前」とあり、また、「北ノ市」の地名が残る。(27) これら施設跡すべてを含めた広さは下狭川城が最大であり、他の城館と一線を画す。このことは下狭川城が「館」の域を出ないものの、この地域において中心的な存在であったことを示している。

②上狭川城（福智城）（図2参照）

狭川氏の一族福岡氏の居城といわれる。村田氏は「文明十五年（一四八三）から天正四年（一五七六）まで若宮祭礼の長川方願主を務めた狭川一族は、いずれも福岡殿であったことから」、福岡氏が「惣領家の狭川家と対等の勢力を持っていた」とされる。城跡は狭川の平野部を南北に狭くする、せり出した東側の西狭川と狭川東の境界の山上にある。四方に見晴しがよい。「遺構の保存度が良好で、小規模ながら防御の備えの発達した城」である。特に、南側に複雑で堅固な虎口（「横長の変形外桝形」）をもつ。この南側の発達した虎口に較べ、北側の搦手は手薄

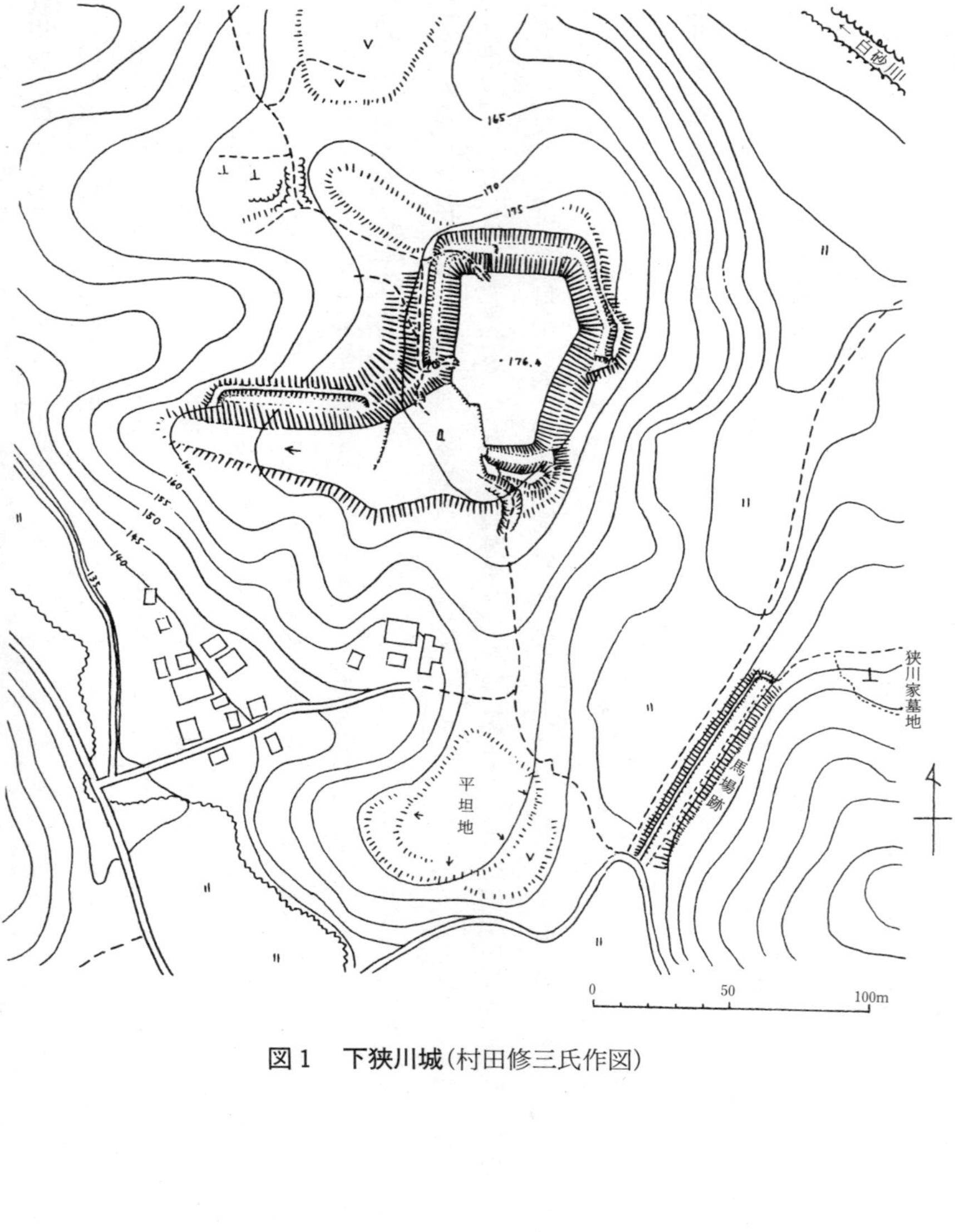

図1 下狭川城(村田修三氏作図)

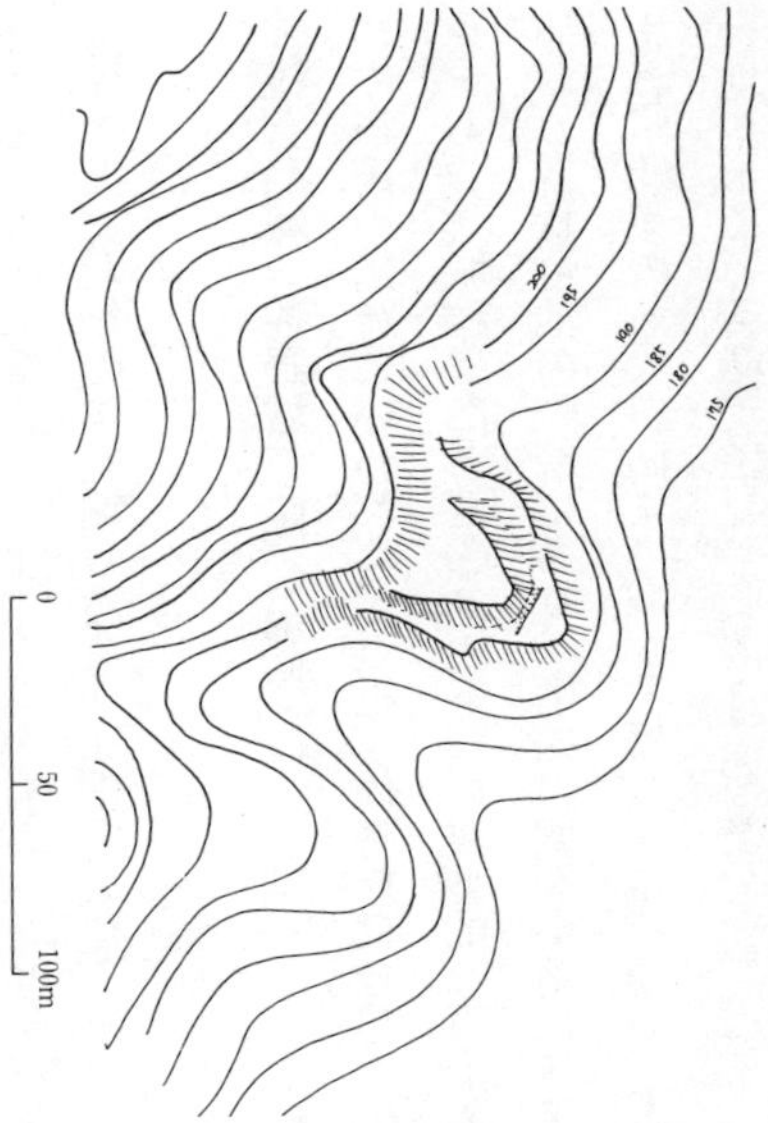

「城の鼻」

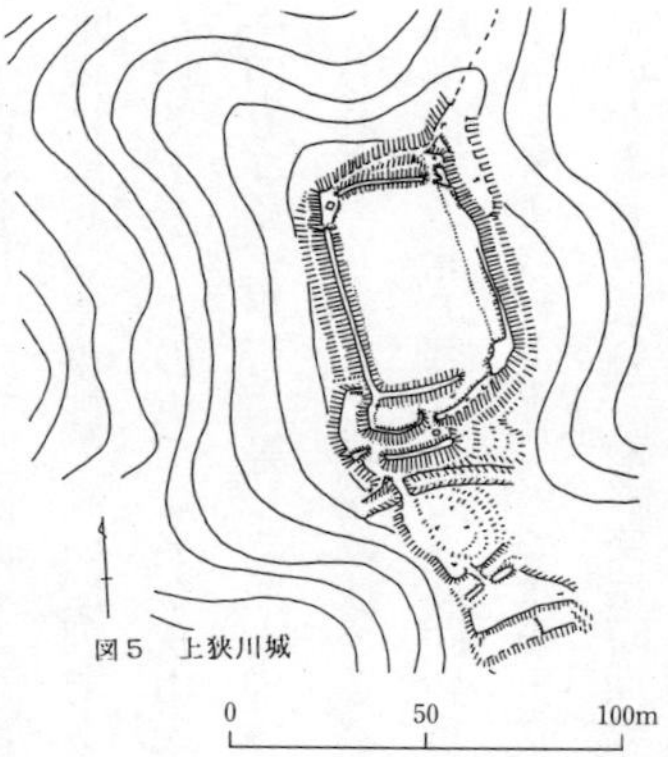

図2　上狭川城（多田暢久氏作図）

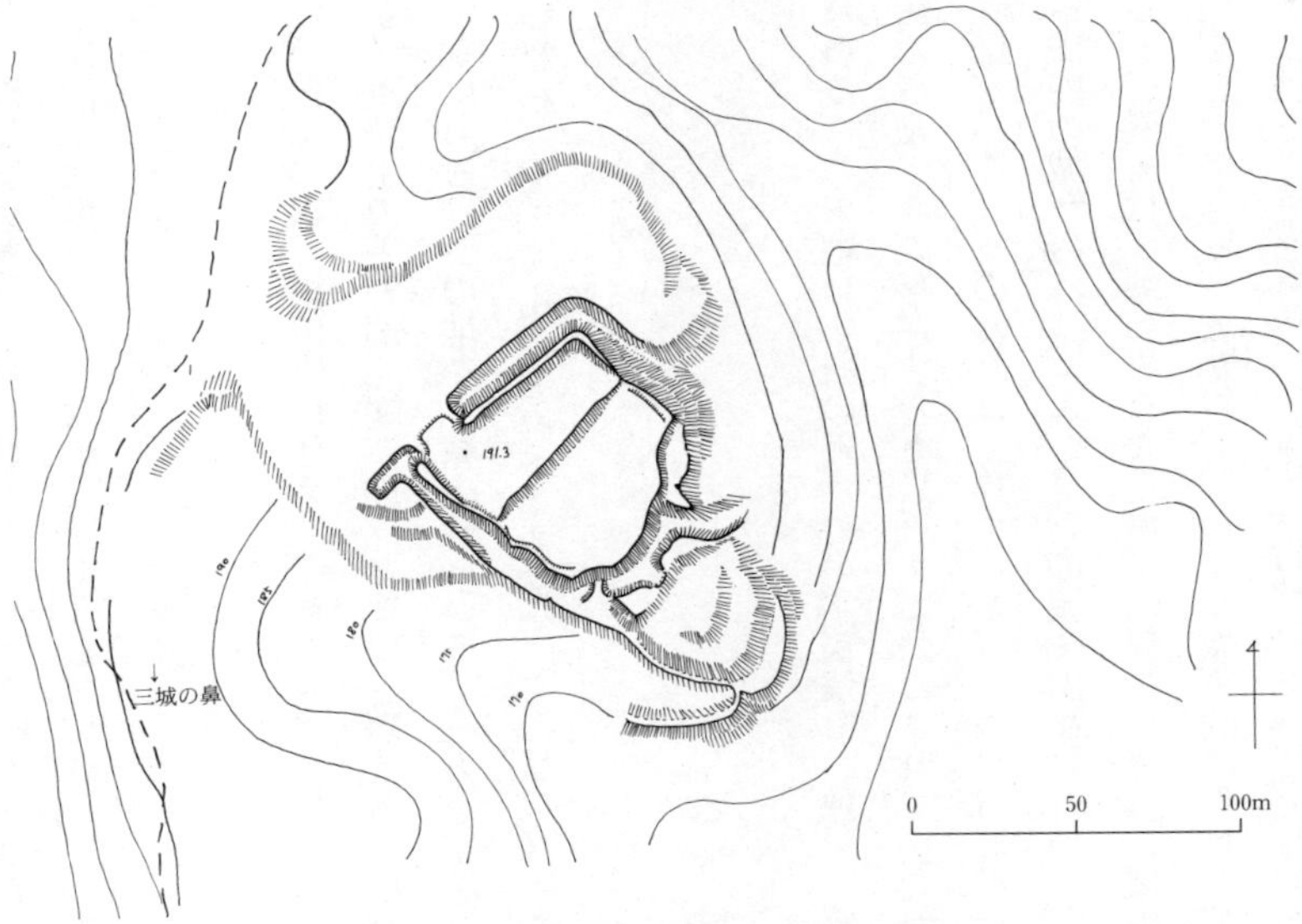

図3　福智西城（佐野茂氏作図を参照）

である。このことから、北方の下狭川城と密接に連絡を取り、惣領家の支城・物見砦として利用されたとされる。南麓に天文七年の年記銘のある十三重塔の建つ平場がある。[28] 福岡家菩提寺の「吉永寺」跡であるという。[29]

③福智西城（佐野城）[30]（図3参照）

佐野氏の館跡といわれる。近世、佐野氏は無足人であった。伝承には、細川家に仕え、戦功として当地を拝領したとある。[31] 城跡は四方五〇メートルの典型的な方形館である。下狭川の平野部北端、加茂と狭川を隔てる山地から伸びる舌状台地の先端にあり、下狭川城を東南に見下ろす位置にある。この地を「城山」という。三方を空堀で囲まれ、北東の急な斜面まで掘り下げている。なお、台地のつけ根を横切る山道を南へ下る途中に、「城ノ鼻」なる台地がある。「見張り台」として使われたという。

④藤尾城（図4参照）

城跡は狭川と大柳生阪原を結ぶ山間ルート上の低い尾根にある。この地に「城の谷」の小字が残る。狭川・簀川地域に珍しい軍事性の高い城郭である。周囲を高い尾根に仕切られ、その存在すらも最近まで公にされていなかった城である。[32] この点で大名か狭川氏の「かくれ砦」という評価がある。[33] その作りは一見すると、三つの方形単郭が虎口もなく、平行に等しく並んでいる単純な、後述する「東山内の城」のバリエーションの域を出ないもの、と考えられる。しかし、城を構成するパーツから機能を分析すると、例えば、[34] 城の周りを空堀が一周し、さらに城内の堀や土塁で北の郭へと巧みに囲い込みながら追い詰める手段をとっていることからも、かなり戦術的に長けた城であると考えられよう。先の景観・立地、「かくれ砦」としての特質を含めると、かなり目的が限定された城であったのかもしれない。最終使用時期は大和では永禄期に推定される。[35] ただし、使用期間は以外に長いかもしれない。

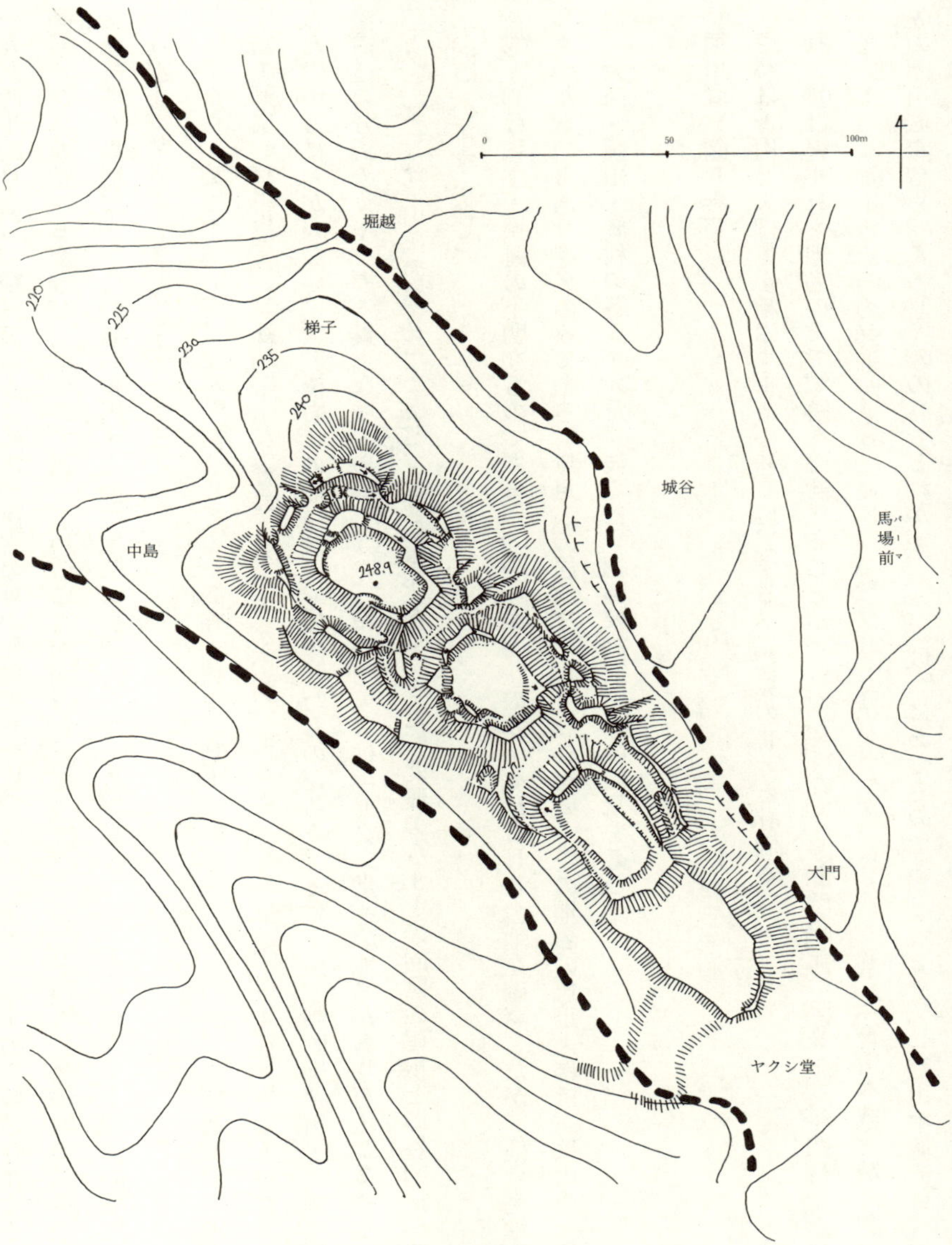

図４　藤尾城（奈良市下狭川町藤尾・城の谷）
村田修三氏作図を参照、1993.6.6
作図：永井隆之、調査：柏下、宮本、永井じゅん一九九四年四月七日、奈良市による藤尾城南端の郭の発掘調査では、郭を二分するV字の空堀が存在すること、北側の郭から連動する空堀が南端にまで巡っていることが明らかとなった。このことから、藤尾城の二時期にわたる築城契機を指摘でき、この城が狭川・大柳生地域に長期にわたって存在したことを類推させる。他の狭川氏の城館との連携（支城等）も十分考えられる。

以上から、築城主体は、天文年間機能していた筒井—狭川体制下の影響によるものか、永禄期松永・古市氏—山中四箇郷衆（狭川氏を含む）体制下の影響によるものか不明であるが、おそらく大柳生に進出していた狭川氏がからんでいるにちがいない。大名権力との兼ね合いで作られたものだろう。とにかく、戦国期狭川・大柳生地域の政治構造の分析のカギを握る貴重な城である。なお、城の南東には「ヤクシ堂」の地名があり石仏が多く残る。この「ヤクシ堂」は狭川氏の建立によるものとの伝承がある。また、北側のルートの向側の尾根との谷間に「馬場跡」「大門」の小字が残る。(36)

⑤～⑪は城主・城跡の不明なものである。⑤の「城山」のみ、それらしき台地を確認したが、他は宅地になってしまったものもあり字名のみである。無足人の居館なのかもしれない。この地名の無足人には、狭川氏・佐野氏の他、大西・岡田・岡村の各氏がいた。(37)彼らは「福岡家御家来」の伝承をもつ。(38)

⑫須川城（図5参照）

城跡は簀川と大柳生を結ぶルートの峠に位置する。「物見の砦」と評価されている。(39)

⑬～⑳はいずれも地名のみで城跡を確認することができなかった。(40)『多聞院日記』天文十二年四月十六日条に筒井氏による「簀川攻め」の詳細があり（後述）、「三ツ城」（城が三つあったという意）・「簀川本城」が確認できる。先の須川城を含め、この⑬～⑳のうちどれかが、「三ツ城」にあたるのであろう。また、「簀川本城」は簀川平野部

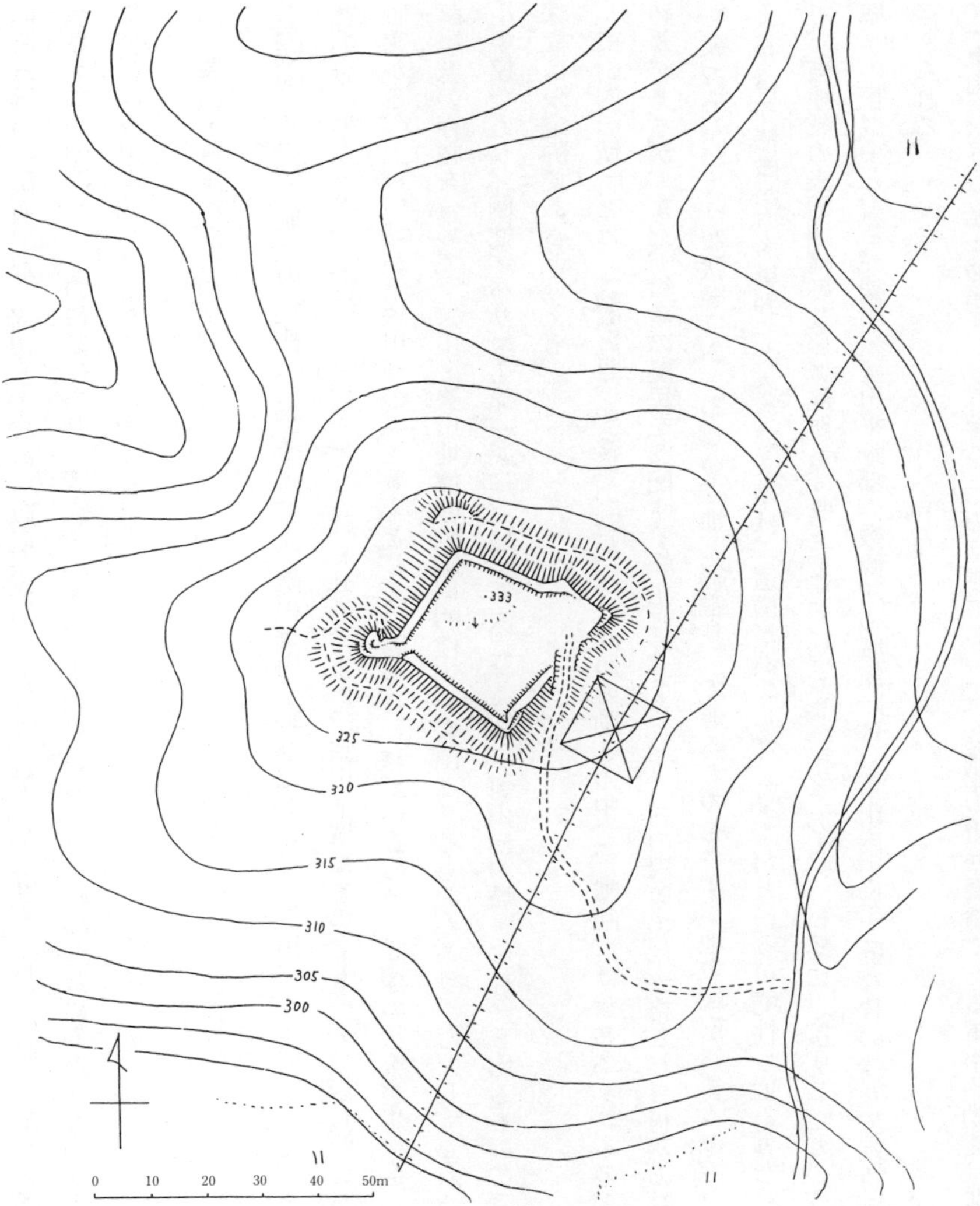

図５　須川城（奈良市須川町城山）村田修三氏作図

の中心にある⑮の「御所屋敷」周辺か、⑲の「政所」であるかもしれない。⑰の「筒井」は、「御所屋敷」と対顔できる奈良からの山間ルートの最端にあり、天文十二年四月十六日条にある「野陣」跡にあたるものか、その意味では⑭⑮⑯が「簀川本城」にあたるとも考えられる。[41]

(三) 狭川・簀川城館群の位置付け

「簀川本城」と「三ツ城」の存在は、天文十二年段階の簀川平野部において、簀川城を中心とした、あるまとまった城塞網（本城―支城）を形成していたことを窺わせる。また、狭川地域においても、②で示したとおり、表面遺構の研究から、上狭川城が下狭川城の「支城」として位置づけられているので、同様の状況が想定される。これらは、藤尾城の存在を含めて、狭川・簀川地域の戦国期的様相を表出させるものだろう。ただし、これらの城館はすべて小規模であり、個性・バリエーションにおいて、次に述べる「東山内の城」の枠から出るものではなかった。その意味では限定的であるといえる。

この「東山内の城」とは、「館の時代から城の時代へと変わる動きの中で、戦乱には巻き込まれるので、城郭を構える必要があるが、まだ、村落の農民を支配する領主になりきれず、村の殿原の代表格として村落の社会のなかに片足を突っ込んだような状態にふさわしい立地と縄張り」[42]であるものをさす。地表観察による機能分析である「縄張り」という特徴が方形単郭であるという事は、遺構が消失してしまったという可能性も追われなければならないので、当地域の表面遺構のない城館趾も、また変質してしまったものも、「村落に近接する」という点で「東山内の城」の類似項となる。狭川・簀川平野部の数箇所の城館趾は「東山内の城」的な枠のなかで同質的存在であったと考えられる。

また、「東山内の城」から連想される通り、この地域において、城館の重要要素である軍事的効能は非常に限定されていた。例えば、村田氏は、上狭川城の評価について、「小数の攻撃にしか対応しえない」、「包囲されればひとたまりもない」と位置づけ、「この城は山内の小国人・土豪層相互間の攻防を予想して築かれたものであろう」[43]と述べている。だが、土豪間相互の攻防といっても狭川と簀川との抗争の際には、常に筒井氏等大名的勢力の介入の危機が予想されたので（第一章㈠参照）、狭川氏・簀川氏が城館を使い、地域支配を貫徹させるためには、一揆状態を連想させる複数の城館の形態如何であった、ということになる。ただし、理念的にその形態を在地動向のみに限定・純粋化してみると、小規模城館群の残存は、互いに相対立する構造をもたざるを得ない。城館同士が同質的で、ひとつの城館のもつ軍事力が他のそれを圧することができないのであるから、当然である。それらが安定するためには、一般には、社会的剰余の集積を可能な限り行って、城館に投資し、精密化・巨大化させ、他の在地領主との競争力を強めていかなければならない。だが狭川・簀川地域ではそうならなかった[44]。

狭川の在地のあり方を示す室町中期の史料に「佐川ハ此間者悉皆筒井・成身院等引汲之方也、古市之西聟也、仍両方相兼之、地下筒井方也[45]」という記述がある。狭川惣領筋が古市方、地下が筒井方であったのである。この状況は前述の在地の不安定性を示すものである。ただし、このような在地の姿は何も狭川に限ったことではない。他にも例は多い。山城国一揆における豊田氏・窪城氏の「両方」派遣は有名である。問題はその不安定性の解決をどのように摸索したかである。それが室町中期の大和在地勢力にとって克服すべき課題であった。

狭川氏・簀川氏の場合、戦国期における小規模城館「東山内の城」の序列化（本城―支城化）がその答えであった。それは従来の城館分布・景観の秩序を温存した限定的発展であった。その特殊性とは何か。また、この帰結はいかなる経過を経て、発展し維持されたのか。従来は、生産力や在地間の力の均衡による「平和」[46]によって説明がなされてきた。しかし、私は逆に、在地が均質的な力をもつ「平和」の世界であればあるほど、その「平和」を創り出す勢力は在地間のみではなく、さらに広い範囲へとそのより所を求めざるを得ないと考える。狭川氏・簀川氏のように、城館の一成員でしかない彼らがその代表として他の城館主「地下」[47]に対して優越するためには、また、城館群自身では生み出し得ない「力」以外の秩序を求めるためには、中央の秩序体制の中に求心せざるを得なかったと考えられる。だから、城館群の創り出す相互の牽制の意味での築城規制の要素は、その地域の枠を越えた中央の政治にまで拡がることになるだろう。

二　小規模城館群をとりまく秩序体制

ここでは、小規模城館群をとりまく秩序体制を三つの性格に分けて考察する。

第一に、小規模城館群をとりまく軍事力としての秩序体制についてである。十六世紀後半の小規模城館は、戦国大名の領域支配の軍事施設としての一翼を担う。その意味で、戦国期の小規模城館の残存は一国史的に把握しなければならない。大名権力間で作り出される種々の城郭とともに、政治史的には位置付けられるのである。

第二に、大名権力による小規模城館群在地域の支配の特徴についてである。大名の領域支配の一環に軍事性の限定された「東山内の城」が組み込まれていたのであるから、その支配のあり方は武力を序列化させる要素を含むものであろう。

第三に、第一章で述べた地域による中央への求心構造の問題についてである。それを大名権力とのかかわりから具現化し、第二の問題とともに、中央と地域のあり方を分析したい。

(一)　軍事力としての小規模城館

戦国期大和の政治史の時代区分では、大永年間に「第二の国人連合期・相対的な安定期に政治秩序の戦国期的な特質を強め、天文十年代に筒井氏の制覇が急速に進む」[48]とされる。この「筒井氏の制覇が急速に進む」場所とは東山内北部を指している。では、山内北部制覇の過程の中で、戦国的大名化を遂げようとしていた筒井氏にとって、「東山内の城」的城館はいかなる位置付けを与えられていたのだろうか。

〔1〕『多聞院日記』天文十二年四月十六日条

(前略)簀川ヘノ事一向無沙汰之処ニ、順昭自身被出張、彼在所三ツ城アリ、今日二ノ城落居了、簀川方究竟衆廿余人、打死云々、簀川藤八親子四人・ワツカ北五郎ヲ始トヲ、究意之衆打死云々、本城ハ未無退城、今暁ニテハ彼方ニハ一向無覚悟云々、筒井衆手負数限なし、中坊ホリモ打死了、今朝ヨリハ引モチキラス手負ヲ離ケ了、寄手ハ六千余騎、城中ニハ僅五・六十騎也云々、弓取テノ名誉不可過、簀川ハ誠ニ可嘲張良ヲモ武士哉、定而多勢ニ無勢ナル上、一陣破テハ残党不全金言アレバ、今夕ハ可退城歟、雖然彼城墎ヲ以六千余騎取廻野陣之間、更以可落之様無之云々、

〔2〕『同』天文十二年四月十七日条

簀川城今日辰貝時分ニ、依多田桝(扱カ)タウノヲノ奥方マテ罷離了、今日ハ陣ヲひかへて竹木ヲ被拂云々、

〔3〕『同』同条

古市方謀反同意之間、可有追罰之由間、則今暁悉以山内ヘ城ヲハツサレ了、雖然山内衆ヲハ先以城ニ被残、干今手遣ハ無之、

〔4〕『同』天文十二年四月十八日条

従早旦山内ヨリ人勢ノ帰リニ古市方悉以放火、昨夜四打時分ニ本城ヲハ自焼沙汰了、日中之時分マテ諸方被放火諸勢悉以引了、順昭仕合由(ママ)、吉野皆人申了、

〔5〕『享禄天文之記』天文二十二年四月条

四月、邑地ト小柳生相論ニ付、長男衆罷上ル、南原衛門四郎又六、小柳生方ヨリ邑地ニ城作ラルルヲ、寺門・

神主殿、官符ヨリ留ルル間、四月十日四時、アケラレ候由注進、

大永から天文後期にかけて、東山内北部の政治史は筒井方狭川氏と古市方簀川氏との抗争を軸に、山中四箇郷をまきこんで展開した。このひとつの結節点が、筒井氏による「簀川攻め」（筒井氏の国内統一事業の第一段階とされる[49]）である。

〔1〕では、簀川に「墎」の字を使う城が「三ツ」あり、「本城」が存在したことが知られる。これらの城は第一章(二)で見た通り、「東山内の城」の域を出ないものであるが、〔2〕にて、筒井氏により、優にその城の許容を越える戦力差「多勢ニ無勢」でもって一日で空き城にされる。それは筒井氏にとって、「順昭自身被出張」とあるように、簀川城への政治的価値を十分考慮した結果であった。

〔3〕〔4〕にて、「古市方謀反同意之間」とあるので、「簀川攻め」の戦線が拡大したことがわかる。古市氏は筒井氏による追罰を恐れて、山内にある城を「ハツシ」、内衆を残すものの、結局自焼させている。この城が両勢力の抗争の場となっており、戦略のポイントになっていることがわかる。

〔5〕は、やや時期が下るが、筒井氏による東山内城館の対策について記している。

天文二十一年七月二十四日、筒井氏は「古市牢人邑地ニ有之」により、邑地郷を焼き、その跡を小柳生氏（柳生氏）に進める。史料ではその関連であろう、小柳生氏が邑地氏との相論に付き、邑地郷に「城ヲ作」るとある。いかなる規模のものか不明であるが、軍事・占有目的の城であろう。史料によるとこの城はすぐ「アケラレ」ることになる。詳細は不明であるが、後に筒井方による邑地作分に関する処置があるので[50]、和与したためだろうか。どちらにしても、筒井氏の強い関与・規制がはたらいている。

このことは、小柳生氏にとっては隣接地・邑地郷への支配が挫かれたということであり、反対に、筒井氏にとっては広域支配の支障を取り除いた、または城館築城による支配バランス変化を防いだ、ということを意味する。た

だしこれは、小柳生氏が城館築城によって自己権利を示すことができなかったというだけで、城館の存在が直ちに支配の実態を示すという意味ではない。築城は小柳生氏の権力発現・顕示の一端にすぎず、その実力を示すものではないのである。小柳生氏の実力は、城館規制・筒井氏の作り出した秩序の下で潜在的になっているのである。その延長線上で、狭川氏・簀川氏にも小柳生氏で見た同様の規制、すなわち城と実態とのギャップがあったと考えてもよいだろう。彼らの行動や支配領域は前章㈠で示した通り広域的であり、狭川・簀川平野部、それを囲む山を越えて大柳生にまで伸びていたのである。それは、藤尾城の存在からも明らかである。特に、狭川氏は笠置庄官であり、大柳生庄地主（後述）であった。また、彼らは大和中央政治史に度々姿を現し、彼らの拠点である山内北部から南部にかけて活躍した。彼らはこのような実力を持ちながら、筒井氏による圧力の下で「東山内の城」的小規模城館群の世界に押し込められていたと考えられる。それは筒井氏による圧力の下で維持されたのであった。

さて以上から、東山内北部における「東山内の城」的城館は、筒井氏は古市氏大名的勢力にとって規制・抑圧する対象であり、また、自らが利用する軍事的領域的機能を担う存在であったといえる。

ところで、城館趾分析によるその規模や質の違いを政治構造に直接あてはめる傾向、例えば、表面観察による機能としての「居城」と「城郭」の区分けを主張する場合があるが、実際問題として、東山内では大名権力の見せる支配のバリエーションのひとつとして小規模城館の残存を考察しなければならない。軍事性の全く感じられない純粋な居館趾でも、戦国期的様相を経ている。さらに、大名勢力の影響を受けた限りにおいて戦略的・軍事的な存在であることを忘れてはならない。だから、小規模城館群の存在はその存在自体がそれにかかわった上級権力の地域支配の状態をあらわすものなのである。

(二) 狭川・簀川地域をとりまく支配の性質

では、筒井氏が狭川・簀川地域に対して行った、または小規模城館群を存続させ得た支配のあり方はどのようなものか。そのことから狭川・簀川地域の政治構造の特質にアプローチしたい。

〔6〕『多聞院日記』天文十二年四月三十日条

当社御神供ハ、過半従大柳生庄備進料廻之処、今度山内合戦元来狭川ト簀川ト彼庄ニ付テノ申事也、依之簀川方ヨリ可荒之支度也、仍テ今日神人等相副、筒井ヨリ防御人勢被立了、

筒井氏による「簀川攻め」の名目は、〔6〕に「簀川方ヨリ可荒之支度也」とある通り、大柳生庄・春日神供料所の秩序維持にあった。この名目は大和寺社領下の在地勢力の頂点である官符衆徒筒井氏の立場・地位によるものである。従来から筒井氏は自らを除き、在地諸氏に対し「私反銭禁止」等の寺社領保護を訴え、より高次の在地介入を果たしてきた。(51)

「簀川攻め」は、筒井順昭以下六千人の大軍による武力行使である。即日に簀川本城を手に入れ、戦果をおさめた。ただし、当社領の秩序維持という面になると、一時の武力制圧によってなし得ることができず、〔6〕に「簀川方ヨリ可荒之支度」という状況になり、「防御」の人勢を神人と供に送っている。この神人と筒井方人勢の派遣は以前にも見られ、これが大軍派遣に至る前の段階としての秩序維持のあり方であったと考えられる。他の例を見てみよう。

〔7〕『学侶引付』天文九年四月条

大柳生庄作毛之事、簀川方押置歟之条、則今日神人三十人為検知被差下、并官符足軽衆少々相出押而、耕作之事被沙汰了、

〔8〕『同』天文九年五月三日条

大柳生庄作毛之事、先段決則旨神人并官符之足軽衆被差下候処、地主之儀大略狭川家来衆在之処、一向不出会ス無沙汰之条曲事間、検知使節可被召上旨決則了、

〔9〕『同』天文九年五月十五日条

先度神人越被指下作毛下地大柳生庄神供田事、去る十三日夜悉以還了、言語道断曲事也、所詮簀川方沙汰歟間、次第成敗可及厳重之調伏旨決則了、

〔10〕『同』同条

小柳生方沙汰之間、簀川衆曳入悪行尤曲事条、小柳生方令籠名次第仁可有成敗旨一決了、伺諸屋江調伏之書状被付了、

〔7〕～〔11〕の記事は、学侶集会による大柳生庄作毛違乱の簀川氏・小柳生氏への処置を記したものである。〔7〕では「検知」のための神人三十人と官符（筒井氏）足軽衆「少々」が派遣されている。〔8〕では大柳生庄検知の神人と官符之足軽衆を、地主である狭川家来衆が「不出会ス無沙汰」のため、召し上げることを決定している（これは逆に、筒井―狭川間における防衛・秩序維持手続きの例でもある）。また、〔9〕〔10〕では簀川氏・小柳生氏への籠名が決則し、〔11〕でさらに簀川氏への高札が決定している。

〔10〕の籠名とは、興福寺学侶集会で沙汰・執行される呪術的制裁のことである[52]。その機能として「社参の資格を失い、武士身分から甲乙人身分へと落としめられる」こと、「大和国における武士としての公民権の剝奪」[53]があげられている。実際、在地領主層は籠名を恐れ、筒井氏や古市氏等有力衆徒を通して寺社に詫びを入れた。安国陽子氏は大和国人のこのような態度を、彼らが「春日若宮祭礼流鏑馬願主人」であることと深くかかわっているとされ、「願主人」たること＝「一国の祭礼における宗教的身分を維持するために籠名の嘆願免除を行った」とされて

いる。(54) 狭川・簀川・柳生の各氏に対する籠名も、彼らが春日社国民であり、狭川氏が長川党に属し、簀川氏・柳生氏が散在党に属す限りにおいて、効果があったと考えられる。

〔11〕の高札は「懸賞金（観賞）をかけて容疑者・犯人の摘発・密告を呼びかけ、犯人の重科を広く公にする」機能をもっていたとされ、また、効果として「犯人の所属する共同体の彼への疎外」というニュアンスを本質的に含んでいるとされる。(55) 大和では、「籠めるに値する名字を持たない」層、例えば、庄屋等に対してか、既に名字を籠められ甲乙人に身を落とされた者に対して沙汰された。(56) 籠名同様、高札を打たれた在地層は有力衆徒を通じて免除嘆願を行った。

このように、狭川・簀川・柳生以下山中四箇郷地域への支配は、「簀川攻め」的なものを除けば、興福寺による籠名・高札(57)の宗教的（呪術的）制裁と春日社の神人派遣、筒井氏による「足軽」派兵の軍事的制裁によって維持されていたのである。ただし、これらの制裁は寺家と筒井氏両者の自律的な行為というより、次の史料が示すように、筒井氏による意図的・恣意的なものが多かった。

〔12〕（天文二十二年カ）十月二十八日付「福住宗職書状(58)」

就新反銭之儀、十市方御調伏之事、八条喜多此間曖候、然者自昨日御祈禱之儀、先以御延引之由無是非候、其就、於寺門地ニ者不可有混乱由、此間可被申事候、以其筋目御遠慮ニ候哉、可被申調趣ニ而候哉、何も先以被仰拘候尤専一候、十万之儀、於寺門地者不可有混乱表ニ被成御意得候者、藤勝与力衆・家中衆之儀モ其通ニ可在之候哉、十万之義者御遠慮候而、藤勝流類之儀御意得不行候者、定而如何候与可被在候間、不申候共可為其通候、随而窪庄之儀、則懇ニ申遣候、如此被申候、不可有別儀候、乍去寺門地不可有混乱通、十市方へ被成御意得候者、窪方之儀并自余可為其並候、其御意得肝要候、返々昨日之儀先以被仰延、為国家珍重候、色々御馳走無是非候、猶旁々期後音候、恐々謹言、

十月二十八日　　　　　　　　　　　　　　宗職（花押）

「（封）

金蔵院　　　　　　　福紀

成身院　床下　　　　　宗職」

この史料は、新儀（私）反銭を懸けた十市氏に対する十方（学侶）による籠名・「調伏」が、「筒井老臣」の八条氏・喜多氏の曖《あつかい》＝とりなしで延引とされたことを、筒井一族の福住氏によって寺内筒井作外《いえもと》（里元）成身院に通知された書状である。「於寺門他者不可有混乱」とある通り、一方的な決定であったことを示し、在地間の都合で調伏・学侶による宗教的制裁の執行が左右されていたことがわかる。

このような状況は室町中期、衆徒・国民子弟の学侶・六方への進出、派閥の形成がその背景となっている。それは「一向学侶・六方ニ衆徒・国民縁者所縁者有之故、有相評定有私故也(59)」という状況であった。彼らの生み出した派閥は当時、筒井氏と古市・越智派と二つに分かれ、在地情勢をそのまま反映した。筒井方・越智方の主導権の交替と同時に学侶・六方内が在地の優勢方に変わるのである。

このような状況下で、学侶・六方の執行する籠名・高札は、筒井・古市・越智氏有力国人間の政争の中で姿を見せるようになる(60)。しかも、これらは彼らの時の大和制圧者に有利な方にしか働かなかった。たとえ寺社の方針に反する行為を行っても、その制裁は中途半端なものにしかならなかった。例えば、越智氏最盛の頃、明応二年十月、学侶は「寺門反銭異儀」に及ぶ平田庄の八人を籠名することに決定したが、「越智伊賀守（家栄）有之（八庄官）故、名字斟酌」し、「八庄官と計《ばかり》書」くしかなかったのである(61)。

一方、筒井氏の場合、越智氏と異なり、寺門に忠実であることで自らの権力拡大に努め、むしろ、結果的にではあるが、彼の支配が籠名・高札によって補完される場合もあった。例えば、明応六年十月、越智方を破った筒井氏は奈良入部に際し、「私反銭不可切之、奈良中陣夫不可申付之、地口・丁銭・壺銭・相舞銭等不可相懸」(62)の条々を立願する。一方、寺内においても越智派を追放・処断した後(63)、学侶・六方からも「私反銭等不可然旨」を筒井一門・成身院に申し送っている(64)。この時期、筒井氏と学侶は同一政策で歩調を合わせていたのである。このような状況下で筒井氏はより高次の立場で諸氏を率い、越智氏・古市氏の残党と抗争を続けるが、越智方の有力者・豊田氏に対しては武力行使を用いることができなかった。豊田氏は、明応六・七年にかけて在地する豊田の周辺の荘園、若槻庄・横田庄・越田尻庄・田井庄・匂田庄・狭竹庄以下の門跡領を押領していた(65)。この「豊田公事」に対し、筒井氏は「明舜房(筒井成身院順盛)無力時分」、「明舜可得力時マテ可被相待」(66)とし、何も処置できない状況であった。この無力とは筒井氏が越智・古市方との抗争で手がまわせない故か、それとも、豊田氏を恐れてのことか不明であるが、結果的に学侶による籠名が豊田氏に対して決定、執行された。ここでは、籠名が「衆徒・国民が寺家の暴力装置として機能し得なくなった後に残された、彼らに対する唯一の制裁方法であった」(67)だけでなく、この場合、寺家の暴力装置としての一翼を望み、それを名目にする官符衆徒筒井氏の「無力時分」にも使用されたのである。ところで、この豊田籠名はさらに高札へと刑が進み(68)、結果的に「豊田本城煙立」(69)、「豊田近江公(惣領筋)西国修行、不可帰旨云々」(70)(すべて「門跡罰」とされる)、「豊田城辺焼亡」(71)を招いた。籠名・高札により豊田氏が大和国中から孤立した様子が窺える(72)。

以上から、籠名・高札が筒井氏にとって武力制裁に代わる、また、「無力」の時の、それに「勝るとも劣らない支配の道具」(73)であったことがわかる。狭川・簀川地域に対して行われた籠名・高札も同じような効果が期待されたにちがいない。筒井氏は地域に対して軍勢派遣による武力制裁だけでなく、寺内の筒井引汲衆(筒井派僧侶)による呪詛籠名などの宗教的制裁を加えることで、より高次的立場で支配を行った。それは「寺家権力との妥協」(74)による利点とも言えようか、筒井氏が寺門に「忠実」であることの利点である。

筒井氏のこの支配の性質は、狭川・簀川地域の小規模城館群により強く作用したと考えられる。小規模城館のもつ限定された軍事性は「少々」の神人や足軽の派遣を容易にしたであろうし、在地の武力的展開を外から押さえ付けられていた小規模城館群の性質は、寺社秩序の使者である神人を受け入れ、学侶・六方による籠名等の宗教的制裁をより効果的にしたのではないか。

この地域の小規模城館群の残存は戦国期的様相を経ても、景観上大きく変化することはなかった。(75)この意味で、他地域と較べて寺社の権威の実効性は、戦国期になってもなお強かったと考えられる。

(三)　狭川・簀川地域の政治構造

以上では、上級権力による地域支配のための強制のあり方を述べてきた。次に、在地勢力が中央・上級権力へ求心する状況を研究し、狭川・簀川地域の政治構造の性質に言及したい。例として、狭川氏の興福寺・寺社体制への進出や、その中での筒井氏との関係を考察したい。

狭川氏は、至徳元年四月注進の「長川流鏑馬日記」にて願主人として名を連ねる国民である。ただし、『大乗院寺社雑事記』に「流鏑馬六番、佐川数代不懃仕、当年始之懃仕了、相加長川云出」(76)や「狭川方近頃長川へ始而被入」(77)とあるので、長川党となったのは応仁元年からのことである。だが、「狭川事本小泉若党也、成上テ此者父初而入仲川衆、願主懃仕之」(78)ともあるので、至徳元年の狭川氏と応仁元年の狭川氏は「数代不懃仕」とあるが、実際には別流であったと考えられる。傍証を示すと、別史料には、「和州郷土記書抜」(79)中の「福智城主狭川新七助貞」の項に「文明十二年五月卒、父全七、母侍徒尼妙金、本国讃州人也、応永元年筒井順永法印麾下成城営、一ノ丸二ノ丸三ノ丸方四町四面、狭川村北村泉村内領、従是武名相起、武門専トス、応永迄者大和春日領奉行、村々反銭反米収奉行として春日神役相懃了」とあり、この助貞なる者の「文明十二年五月卒」は、『大乗院寺社雑事記』文明十一年十月三日条に「佐川父俄ニ入滅云々[80]」にほぼ見合う記事であり、「本国讃州人」という伝承も、『大乗院寺社雑事記』の「成上テ此者父初而…」を連想させるものである。

このような狭川氏の「以外下烈者[81]」から「成上テ」長川衆に入るという寺社秩序への上昇志向は、何も狭川氏だけではなく、相対的に「寺社権威に妥協しなければならない[82]」在地一般の動向であった。筒井氏・古市氏による官符衆徒職の争奪や衆徒・国民の子弟の学侶・六方への進出、さらには荘園下級職の獲得や「御百姓」意識等々、すべてが興福寺・寺社秩序からの身分・地位に結びついていた。それは寺社を中心とした地域との求心構造ともいえ、そして、それは大和において興福寺・寺社の仏事行為による文化的優位性や、名目的にでも仏事維持のための再生産が第一とされる支配体制等から創り出されたものであった。

狭川氏はさらに寺社秩序への志向を強める。それは筒井氏や古市氏等の官符衆徒系の有力者との関係を中心にして行われた。ひとつには、文明十四年の狭川栄弘による高麗版大蔵経の求請である[83]。栄弘は忍辱山円成寺知恩院々主である[84]。彼は文正元年の円成寺の炎上に際し、復興に寄与する。その活動の一部が大蔵経求請である。この求請の手続きには筒井氏の協力があった。堀池春峰氏は「栄弘の麗版大蔵経の求請が軌道にのるに至ったのも、狭川氏を通して筒井順盛を動かし、興福寺一乗院門跡の助力によって足利義政に働きかけたものと推定[85]」されている。後に狭川氏は簀川氏と大柳生庄を争い、天文期には同庄の「地主」と記されるが、その影響のあらわれが大柳生円成寺への援助ともいえる。参考にしかすぎないが、少なくとも、狭川氏が帰農した近世に編まれた「知恩院累代同姓記録[86]」によると、文明十一年六月九日に「制札」が置かれたとあり、

近所公事篇以下出来時、知恩院一所ニ人不可有合力、惣山之儀仁随可出陣、若狭川方身上大事阿らハ一人茂余力不可出、悉狭川方可出也、雖然国中山城等他所不可出陣云々、多分略之

并起請文　　　　栄弘判

文明十一年己亥六月九日

とある通り、この地域に対して、狭川氏が地方寺院を介して、強い影響力をもっていたことを伝えている。

二つめの例は興福寺内部の事件である。文明十四年十二月九日、狭川舎弟円尊他二名の淄州会入堂に際し、「古入衆」が入堂しなかった。それは円尊以下「新入衆」の種姓が悪かったためである。

（前略）東北院弟子円尊善信房三臈当狭川の舎弟也、狭川事本小泉之若党也、成上テ此者父初而入仲川衆、願主懃仕之、於種姓者以下烈者也、不可叶旨申之、但さ様儀無之者、同以告文可申開種姓云々、此条古市之西色々雖取申、告文事ハ不可叶旨狭川申之聞未決了、筒井等出頭之時、押而可新入之由、内々申心中也云々、（後略）(87)

狭川市は種姓を申開くための告文の提出拒否を古市西氏を通じて大乗院に知らせ、さらに、東山内に没落中である筒井氏の「出頭之時」に「押而新人」を「内々申心中」であるという。ここでも、筒井氏・古市氏がそれぞれ仲介して、狭川氏の寺内地位の上昇を援助していることが窺える。この二勢力とのかかわりは、狭川氏の「両方」を生み出すもととなった。

全般的に、狭川氏の歴史は他の東山内の諸氏に較べ、筒井氏との関係が深かった。狭川は「地下」が筒井方であったり、筒井「在所」になったりと、従来、簀川氏以下諸氏が古市氏の影響が強い中、特異な存在であった。大永年間から度々あらわれる、地域で孤立する狭川氏を援助する筒井氏の姿は、先述通り応仁・文明期にその原初を見るものである。それはまず、筒井氏が寺内地位の相対的上位であることを利用したものであった。その点では、古市氏との関係も彼が官符衆徒の家柄であったという点で同質的である。特に狭川・簀川地域は、その秩序を在地にだけ求めない小規模城館群の世界であり、寺社秩序によって地域武力を序列化された世界であった。筒井氏のこの地域での支配のあり方もそれに準じたものであったといえる。

その意味で、天文十二年の「簀川攻め」は、その地域の寺社秩序に陰りを見せる象徴的事件であった。簀川の小規模城館の規格に合わない、筒井順昭の大軍による簀川討罰は、従来の神人派遣では間に合わなくなった、この地域における政治構造上の矛盾をあらわしているといえよう。その様相は、先に言及した、この地域の城館の戦国期的展開にも反映している（ただし、限定的・抑圧的であったが）。つまるところ、「簀川攻め」は寺社の権威を武力で正当化する強烈な秩序維持活動であった。

以上、(二)・(三)にわたって小規模城館群をとりまく秩序体制を、興福寺―筒井氏と狭川氏との関係から考察してきた。ここでは、中央と地域との優劣はよりクリアに見える。例えば籠名にしても、筒井氏がそれを地域に対し行使し、その逆がなかったことからわかるように、地域・在地勢力の活動を抑圧・規制、序列化させる道具であったのであり、中央と地域のミゾを深めるのに役立ったのである。その意味で地域は常に従属し、再編され続けたのである。それは小規模城館群の一城館主たる狭川氏が寺内秩序に食い込めば食い込む程、逆にその依存度が増したであろう。だから、地域の軍事施設・城館もその中央とのかかわり方でのみ可能性を模索し得たと考えるべきである。ただし、それは筒井氏によって抑圧され、大きな変化を迎えることはなかった。よく、在地領主の発達を拠点城郭の変化に求める場合があるが、それも、その城郭のもつ一国史的な位置を十分に考察しなければ、不確かにならざるを得ない。

さて、天文年間の筒井優位の後、永禄二年、松永久秀が大和に侵入する。それは東山内北部の政治史において、筒井方狭川と古市方簀川以下諸氏の対立構図から筒井と松永方古市―狭川・簀川・柳川・邑地等という構図を生み出す。彼らの在地連合は、簀川氏を含め「山中四箇郷衆」と呼ばれ、松永方として種々の反筒井活動を行った。(88) このような政況の変化は狭川・簀川地域の小規模城館群にいかなる影響を及ぼしたのであろうか。

大和における戦国期的軍事城郭の出現・増大は松永氏・筒井氏の大名間抗争期にあたる。それは三好氏・織田氏の支援を伴って、一国史的な従来の秩序体制以上に生の軍事・実力性を浮上させ、力によるバランスを地域にもたらした。

狭川・簀川地域の城館跡もその影響を受け、より軍事・戦略的な様相を呈したと考えられる。ただし、その姿は第一章で考察した通り、居館の域を出ない状態であり、地表調査からはその様子を読み取ることができない。しかし、東山内全体に大名権力が関与しながら、狭川・簀川地域に小規模城館が残存したという事実は、まず第一に政治史的に証明されるべきであるから、この地域の小規模城館は大名権力の戦略意思と狭川氏・簀川氏の領域的支配の顕示性との兼ね合い・反映に他ならないだろう。ただし、松永氏入部後のこの地の歴史は断片的であり、ほとんど不明である。だから、城郭資料から政治構造を類推するしかない。本稿の内容に沿えば、狭川・簀川地域の城館形態が松永期に至っても、東山内城館のバリエーションとして観察上同質的なのだから、それをあらわす政治構造も同質的であったといわざるを得ない[89]。

おわりにかえて

さて、最後に「まとめ」とするかわりに、狭川・簀川地域の小規模城館に関する「編年」を試みたい。といっても、城郭史的あるいは考古的「編年」ではなく、これまで述べてきた政治構造に関連して考えてみたい。

それは三段階ほどわけることが可能である。

①築城主体の実力と支配の顕示性をあらわす城館景観との一致の時代

第一章㈢で見た小規模城館の本質たる城館主どうしの対立の状況や、第二章㈢の狭川氏の初期的な寺内進出がなされている状況である。

②築城主体の実力と城館景観との間にギャップが生じる時期

狭川・簀川地域においてそれは自由な築城には結び付かず、筒井氏等大名勢力と寺社の支配秩序の下に限定的に展開せざるを得なかった状況である。それは軍事的築城ラッシュを生み出した松永氏入部以降も基本的変化はなかった。

③築城主体の実力と城館景観との一致への再帰

松永氏滅亡後、狭川・簀川在地勢力が近世社会に帰農し、郷士として生きる状況である。そこでは、多分、実質的には持っていた領域支配の放棄、経営の縮小があり、①以下の世界へと戻っていくのである。彼らのこの帰結は直接的には軍事的敗北が原因であるけれども、本質的には②の時期に城館という支配顕示施設の発展が阻害されたことに遠因があるのである。

従来、城郭史研究はその専門性故に現代解釈的な軍事論を展開してきた。しかし、その城郭が中世的産物であり、中世的社会の特殊性の中においてのみ「軍事的」存在であったことを考えるならば、それを取り巻く中世的政治構造や秩序を分析しない限りは、いくら縄張りや考古によるパーツ論が進んでも、本質は見えず水かけ論にならざるを得ない。狭川・簀川地域の小規模城館は従来、「東山内の城」・土豪一揆の城または精緻な大名の城という表面遺構からの一元的把握しかなされてこなかったが、本稿により、大和特有の国制・政治構造・秩序の中で城館自身の象徴や役割に関する微妙な変遷が明らかにされたと思う。

註

（1） 宮島敬一「荘園体制と『地域一揆体制』」（『歴史学研究』一九七五年別冊特集号）。
（2） 村田修三「戦国時代の小領主」（『日本史研究』一三四号、一九七三年）等。
（3） 石田晴男「両山中氏と甲賀『郡中惣』」（『史学雑誌』九五巻九号、一九八六年）。
（4） 「(領主層) が村落と接触して創りだす身分である『侍』の存在が、『一揆』にどのような刻印を刻むのかについては十分論じられていない」（湯浅治久「『惣国一揆』と『侍』身分論」『歴史評論』五二三号、一九九三年）。

(5) 階級間の不平等・支配階層の隔絶性による上下の文化的コミュニケーションの二元性をさす。木村雅昭『国家と文明システム』第三章「国家と経済発展」（ミネルヴァ書房　一九九三年）。

(6) 小路田泰直「国家と官僚制についての考察―水林国制論批判」（鈴木正幸他編『比較国制史研究序説』柏書房、一九九二年）。

(7) 千田嘉博「村の城館をめぐる五つのモデル」（『年報中世史研究』一六号、一九九一年）。

(8) かといって、在地城館を在地構造的に分析することを過小評価し、在地城館を大名・上級権力とのかかわりばかりを強調して、軍事論的に政治構造を述べるならば、表面的な戦略論に陥ってしまうだろう。ここでは二者択一というのではなく、場合によっていかに使いわけるか、ということを考えている。

(9) 筒井氏…一乗院方衆徒。完符衆徒の棟梁（大和の守護代といわれる）。常に中世後期〜戦国期政治史の渦中にいた（村田後掲註(14)論文）。奈良支配に際しては、忠実な衆徒として寺社領維持を名目に領域支配を行った（そのために没落することしばしばであったが）。東山内では特に南部（福住等）に影響力をもっていた。
古市氏…大乗院方で最大の衆徒。官符衆徒の家柄である。越智氏と結び、筒井氏と対立、官符衆徒職を争う。明応二年、綴喜・相楽両郡の郡代となったが、同六年の没落以降、外部の勢力と結び奈良を窺うが定着せず、基盤である東山内北部に逼塞した。

(10) 村田修三「東山内の城」（村田他編『日本城郭大系』十巻、新人物往来社　一九八〇年）。

(11) 安田次郎「大和国東山内一揆」（『遥かなる中世』五号　一九八二年）。

(12) 多田暢久「東山内城館構成の展開」（第八回全国城郭研究者セミナー実行委員会編『シンポジウム小規模城館』研究報告編、一九九二年）。

(13) ただし、多田氏は地域事例、千田氏は全国事例からの研究報告なので、それぞれの問題意識は異なる。

(14) 村田修三氏は大和戦国期政治史について、「筒井・越智両氏を代表とする国人の相克する動乱の中で、興福寺の支配の崩壊が進む一方、国人の中からついに戦国大名を生み出しえず、赤沢朝経・柳本賢治・木沢長政・松永久秀等の国外勢力の度重なる侵攻・支配を受け、最後に織田政権下に収斂される過程である」と要約され、特にその後期について「明応末・永正初年の筒井・越智両氏の和睦・国人一揆を大和における戦国期の開始期とし、大永年間の第二の国人連合期・相対的な安定期に政治秩序の戦国期的な特質を強め、天文一〇年代に筒井氏の制覇が急速に進む」と時代区分を試みられている(「大和の『山ノ城』」岸俊男教授退官記念会編『日本政治社会史研究』下、塙書房、一九八五年)。

(15) 永島福太郎「正長土一揆の過程」(『日本歴史』二〇二号、一九六五年)に、本稿対象以前の時期の東山内北部の政治史について触れられている。

(16) 村田修三「下狭川城」(村田他編『日本城郭大系』十巻 新人物往来社 一九八〇年)。

「狭川氏は至徳元年(元中元、一三八四)の『長川流鏑馬日記』に名の見える国民で、箸尾氏の率いる長川党に属したので、室町時代から戦国時代に、しばしば春日若宮祭礼の長川願主方を務めた。一族結合の形をとっており、下狭川は惣領家、上狭川福岡家であった。文明十七年(一四八五)当時、筒井一族の成身院順盛が狭川に居住しており、地下(郷民)は筒井方であったが、狭川氏は筒井氏と対立していた古市西胤栄の女婿であったので、両勢力と関係を保っていた。山城国一揆の原因となった両畠山勢力の南山城対陣に際しては両方に軍勢を派遣した。このように巧みに対立の間隙を縫って地位を保ち、秋篠氏の闕所の三千貫の在所を手に入れたほか、南部の商人の中に被官を持ち、南部を襲う土一族の防禦に当たるなどの行動もみられる(『大乗院寺社雑事記』)。戦国時代には、簀川・柳生氏らと共に神戸(山中―引用者註)四箇郷(春日社神供料所。邑地・大柳生・小柳生・阪原をさす―引用者註)の課役忌避・神人殺害事件の指導者として追及されたり、簀川氏と大柳庄を争ったりしたことが知られる(後略)」。

「(前略)簀川氏は、康正三年(一四五七)に初見する一乗院方の国民である。応仁の乱では古市氏に従い、以後、戦国時代初期にかけて、狭川氏と共に大体、古市方であったが、福智庄・大柳生庄をめぐって狭川氏としばしば対立した。天文十年(一五四一)に木沢長政に従っていたが、小柳生氏と共に裏切って木沢方の笠置城を襲った。長政の死後、筒井順昭と対立し、同十二年四月十六日、順昭自ら率いる六千余の大軍に簀川城を攻められた。(中略)翌日、多田氏の仲介で簀川勢は山城の当尾に落ち、城は破却された(『多聞院日記』)。しかし、戦国時代末期に狭川・柳生両氏と結んだ活躍が知られるので、まもなく本城に復帰したことがわかる。元亀年間（一五七〇—七三）の松永・筒井両勢力の抗争時は、松永方にあって郡山の付城に在番した」。

(17)『大乗院寺社雑事記』文明十一年十月九日条。
(18)『同』同年十一月四日条。
(19)『同』文明十七年十月十日条。
(20)「山城国大住庄代官」（『同』十二年五月十五日条）、「笠置庄狭川代官」（『宣胤記』明応六月七月十九日条、越智・古市没落は十月）。
(21)『大乗院寺社雑事記』文明十三年八月四日条。
(22)『同』永正三年八月十六日・十八日条。
(23)『同』同四年十月十八日条。
(24)「文政元年十一亥ノ四月日、城和御領下無足人名前帳」（『天理市史』第二巻所収）。
(25)前掲註(16)村田「下狭川城」。
(26)同前。
(27)これらの地名は聞き取り調査による。
(28)以上は村田修三「上狭川城」（村田他編『日本城郭大系』十巻　新人物往来社　一九八〇年）。
(29)聞き取り調査による。
(30)この城趾は、当地在住の佐野茂氏によって確認されたものである。
(31)細川勝元・高国軍忠状写が残る（佐野茂氏所属）。
(32)永井「藤尾城見学会記録」（『奈良歴史通信』三八号　一九九三年）。
(33)村田氏による。
(34)村田氏は北から三番目の郭の土塁が四番目の下段の郭に伸びていることから連絡施設として評価され、防御正面を南側とされるが、それでは一番・二番郭の南側へ北面ルート沿から入る横矢が死ぬように思われる。

(35) 奈良では、虎口を意識する築城は永禄期頃とされる。村田氏によると、藤尾城は虎口を設定せず、逆に巧みな掘で内部を遮断することによって、地域の決死の拠点としての役割を担ったのではないか、とされる。
(36) これらの地名は聞き取り調査による。
(37) 岡村氏を除いて、前掲註(24)に名がある。
(38) 聞き取り調査による。
(39) 前掲註(16)村田「須川城」。
(40) 聞き取り調査による。
(41) ただし、地名のみの城趾については二つの注意を要する。①一つの城名が地籍によって分散・分断された場合。②「無足人」身分に認定されるために、地名を偽造した可能性。この場合、中世以来の在地有力者という伝承を信じる点のみ、「城」的なものが存在したと推測するしかない。その意味で⑰の「筒井」は怪しい。ただ、それが近世以降の命名だとしても、その分だけ、「簀川攻め」が当地域の人々に大きな影響を与えたことには間違いない。
(42) 前掲註(10)村田論文。
(43) 村田修三「城跡調査と戦国史研究」(『日本史研究』二一一号 一九八〇年)。
(44) 東山内一揆として知られる南部の多田・吐山では大・小規模城館の差は大きい。
(45) 『大乗院寺社雑事記』文明十七年九月八日条。
(46) 「…力の平和ともいうべき均衡作用が働き、バランスを崩すような築城は不可能であったかもしれない」(前掲註(14)村田論文)。
(47) 私もこの「地下」を「郷民」と定義するが、景観的には狭川に多く分布する名もない城館主層であろうと考える。
(48) 前掲註(14)村田論文。
(49) 朝倉弘『奈良県史』十一巻、二二四頁(一九九三年)。
(50) 『享禄天文之記』天文二十二年四月条等。
(51) 衆徒が興福寺内に設けた執行機関である衆中の棟梁で、奈良市中の検断の執行権を握っていた(永島福太郎『奈良』一九六三年）。なお、官符衆徒は戦国時代以降、他の官符衆徒の家柄である古市氏・豊田氏の没落・勢力衰退により、筒井氏の独占となる。

(52)「コメミョウ」と読む。泉谷康夫「興福寺一乗院領佐保田庄について」（『龍谷史壇』九九・一〇〇合刊号　一九九二年）。

(53)植田信廣「『名字を籠める』という刑罰について」（『法政研究』五三巻一号　一九八六年）。

(54)安国陽子「戦国期大和の権力と在地構造」（『日本史研究』三四一号　一九八六年）。

(55)藤木久志『戦国の作法』第一章「村の武力と自検断」（平凡社　一九八七年）。

(56)前掲註(53)植田論文。

(57)高札の場合、その主体が寺門の限りにおいて。

(58)『春日大社文書』。

(59)『大乗院寺社雑事記』応仁二年十月十九日条。

(60)このような興福寺・寺社と在地との関係を論じたものに、森川英純「中世後期における興福寺の荘園支配体制」（『ヒアトリア』七〇号　一九七六年）がある。

(61)『大乗院寺社雑事記』。

(62)『同』明応六年十月二十三日条。

(63)『同』明応六年十月十九日条。

(64)『同』明応六年十二月十三日条。

(65)『同』明応六年十二月二十六日条。

(66)『同』明応七年三月八日条。

(67)前掲註(54)安国論文。

(68)『大乗院寺社雑事記』明応七年八月三日条。

(69)『同』明応七年四月十三日条。

(70)『同』明応八年三月二十五日条。
(71)『同』明応八年五月二十三日条。
(72) この後、筒井氏が免除嘆願の仲介を行っている。豊田氏の筒井方への契機となった。このパターンは越智氏と吐山氏の関係にも見られる。
(73) 前掲註(6)小路田論文。
(74) 前掲註(54)安国論文。
(75) 従来秩序に変化をきたすような築城、城館主の支配が従来以上に顕在化する築城をしていないという点。例えば、上狭川城の精緻な虎口にしても、景観的に「東山内の城」の枠を出るものではなかったし、「砦」的な簀川城にしても、単郭方形の小規模城館の域を出るものではなかった。また、高い軍事性を評価されている藤尾城にしても、「かくれ砦」としての存在であった。この意味で、この地域の軍事力の展開は限定的であった。
(76)『大乗院寺社雑事記』応仁元年三月一六日条。
(77)『同』文明十年九月条。
(78)『同』文明十四年十二月九日条。
(79) 狭川雄作氏所蔵。
(80)『大乗院寺社雑事記』。
(81)『同』文明十四年十二月九日条。
(82) 前掲註(54)安国論文。
(83) 例えば、「和州忍辱山円成寺略言志」(『円成寺文書』)。
(84)「円成寺、号忍辱山在奈良東、僧宇二十八坊、交衆三十口唐虚瀧和尚の開基也」と「興福寺官務牒疏」にある。
(85) 堀池春峰「中世・日鮮交渉と高麗版蔵経」(『史林』四三巻六号 一九六〇年)。
(86)『円成寺文書』所収。
(87)『大乗院寺社雑事記』文明十四年十二月九日条。

(88) 彼らはその主力として、松永氏が元亀二年の「辰市の合戦」で筒井氏にイニシアティブを握られ、同六年、織田信長により多聞城に追い詰められた時も従軍・籠城し、大和国人のほとんどが筒井方に走る中、松永・古市氏に付き従ったのである。

(89) 政治構造の同質性を示す若干の事例がある。永禄九年十二月から翌年一月に起こった山中四箇郷による「神人殺害事件」である。従来、受け入れざるを得なかった「神人」を彼らが否定し得たことはそれだけで、この地の秩序意識の変化を読み取ることができるが、結局、彼らは学侶による「御調状」が決定すると、従来の如く「以告文懇望」し、「免除」されているのである。これはちょうどこの時期、一時的に筒井氏が奈良に復帰していたことも背景にあったであろう。ともかく、彼らの反抗は政況の変化により容易に引き戻されたのである（『享禄天文之記』永禄九年十二月十七日条、『多聞院日記』永禄十年二月条）。ただし、大和の戦国期的展開（大型城郭の築城されるような）に、この地域は取り残されたのであるから、相対的な問題として従来秩序の強化が考えられる。

大和国「国民」越智家栄の動向について
――身分制の観点から――

綾部正大

はじめに

中世身分制社会において、その基本構成は「貴種」身分、「司・侍」身分、「百姓」身分、「下人」身分、「非人」身分（身分外身分）とすることができると言われる。[1] また種々の社会集団の中でも寺院・神社は宗教上の理由により強固な内部規範を有し、外部からの干渉を排除していたとも言われる。[2] ただし、俗世間での身分の在り方が出世間での身分の在り方に影響を与えていることは既に指摘されており、[3] 大和国でもそれは例外ではない。特に「貴種」出身である一乗院・大乗院門跡は異例の早さで昇進を遂げるとともに俗世間でいう参議に比定される僧正にいち早く就くことができた。[4]「貴種」の入寺は、寺院内の運営ばかりか昇進過程にも影響を及ぼし、従来の「碩学」にかえて「貴種・良家」出身者が優先される状況を生み出すことになった。

また両門跡に分属し坊人となっている衆徒・国民は、大和国人として他国武家と激しい抗争を繰り広げた点で俗世間での「侍」身分に比定することができよう。ただし、衆徒は僧体であり、国民は春日社神主職保持者であるといった相違点があることは周知の通りである。[5] そうして史料を見ていると、このような相違点の存在は、衆徒・国民の動向に影響を与えたのではないかと思われるのである。そこで衆徒・国民の相違点について検討を加え、その相違点が両者に与えた影響について考えてみたいと思う。なお、本稿では十五世紀後半に大きな勢力を有していた国民の越智家栄を中心に見ていくことにする。

一　身分制から見た衆徒・国民について

大和国の衆徒・国民は十三世紀半ば以降に出現してくると言われる(6)。鎌倉期には俗世間の身分制が出世間の支配体系に浸透し、固定化していったと指摘されているが(7)、それと時期を同じくしている。衆徒は元来興福寺の僧全体を指す言葉であったが、この十三世紀半ば以降には、僧侶の中でも特定の階層＝下﨟分を意味するようになる(8)。一方の国民は「国衙領民」にその名称が由来すると言われ、当初多武峯を頼っていた土豪が、その衰退にともない多武峯に代えて春日社の権威を頼ろうとし、神主職を獲得し発生してきたようである(9)。衆徒・国民ともに子弟を寺院内に送りこんでいるが、国民が衆徒身分を獲得している例は管見の限りでは見られない。これは俗世間の身分制が浸透することにより、衆徒の家の出身でなければ衆徒にはなれないというように家柄が固定化されていたことを示していると言えよう(10)。

衆徒の場合はその「器用の輩(11)」が官符衆徒となることができた。この官符衆徒は奈良中雑務検断職を有する等、他の大和国人に比べて優越的な権力を持つものであり、それ故にこの官符衆徒のポストは大和国人にとって羨望の的であったようである。それは衆徒筒井氏・古市氏が盛衰を見せる際に、官符衆徒就任にこだわっている事例からも指摘することができる(12)。一方の国民においては、官符衆徒のように雑務検断職を有した例は見られない。また永島福太郎氏によると衆徒を御家人とすれば、国民は准御家人として把握できるという説明がされている(13)。つまり衆徒・国民は「侍」身分に比定できるものの、出自によって就くことのできる職が制限されており、かつ国民は衆徒より下位に位置づけられていたと言える。次に具体的事例を取り上げてみよう。

（前略）但尊舜者修学分済不㆓存知㆒之間、不㆑及㆓是非㆒候、同臈之時衆徒子と国民子とハ、可㆑有㆓差別㆒事候間、別段之儀候ハてハ、衆徒子をさしをき候て、国民の子を召加候ハん事ハ、先例候ぬとも不㆑覚候（後略）

この記事は三十講論匠を、臈次がともに十二臈である衆徒福智堂の子定英と国民箸尾の子尊舜が争奪しており、大乗院門跡の尋尊が当時興福寺の別当であった経覚に尋ねた際の返事である。[14] ここで経覚は、衆徒の子をさしおいて国民の子が先に論匠になることはできないと述べている。寺院内での昇進には出身身分が影響力を有しており、衆徒であるか国民であるかということがその出世に影響を及ぼしていたことが分かる。次に在地で活動する衆徒・国民について見てみよう。

伝聞、古市与越智間事大略不和云々、条々子細在㆑之、自㆓越智㆒召㆓出安楽坊㆒可㆑成㆓筒井㆒支度也云々、今度上洛御礼之時、古市ハ律師也、衆徒也トテ絹付衣ヲ著、自㆓国民越智㆒ハ上階振舞、越智弟也、失㆓面目㆒了云々、腹立無㆓是非㆒、（後略）

この記事は当時大和国人の中でも最高実力者であった国民越智氏が衆徒古市氏の前で面目を失ったことを伝えている。[15] ここで国民越智が面目を失っているのは、古市が律師であり衆徒であるという点に由来していることが分かる。永島氏もこの記事を取り上げ、「家令（家栄の息子—筆者註）は澄胤の義兄にあたるので、これ（古市澄胤が越智に対して上位の振る舞いをしたこと—筆者註）に憤激したのである。そして筒井氏に新主を立て古市氏に当たらせるといういやがらせをしている。ここに衆徒・国民の古制を澄胤はかざした」と説明しておられる。[16] しかし、これは単に「古制」が持ち出されただけでなく「現実的」な効力を有していたのではないと思われる。そこで、以下において越智家栄の動向についてさらに具体的に考察を加えていくことにする。

二　国民越智家栄の動向

越智家栄は、筒井・古市とともに十五世紀中頃から大和国の中で抗争を繰り広げた国人である。まず、彼の動向の中でも官位・受領名の獲得という点に注目してみたい。それは、侍身分であるか否かを区別する指標として官位を有しているか否かがあげられることは周知の通りであるが(17)、越智家栄と衆徒筒井・古市との官途獲得の仕方にもまた相違点を見いだすことができるからである。

まず越智家栄は官途として弾正忠を有しており、ついで明応二年（一四九三）の細川政元のクーデターに加担した際には先祖の例とされる伊賀守になり、後には修理大夫を称している(18)。一方の衆徒筒井・古市の場合はやや異なる様相を見せる。官途の獲得という点では共通しているのであるが、彼ら衆徒の場合は出世間での身分を表す権律師を獲得しており、国民越智のような俗世間で通用する官職を得ていないのである。そこで他の大和国人に目を移してみても同様のことが言える。国民の十市氏は新左衛門尉・播磨守、その舎弟の八田氏は弾正忠を称している。また布施氏は播磨守を称している(19)。しかし一方の衆徒においては俗世間の官職を獲得している例は見られない。衆徒は僧体ということで僧官僧職を獲得し、大和国を支配していた興福寺の下で、その権威づけをはかることが可能であったが、国民にはそれができなかった。

次に官符衆徒就任について見てみよう。衆徒は官符衆徒となり、奈良中雑務検断職を得たことは先に述べた。衆徒筒井・古市は、その就任について中央の権力者へ積極的に働きかけている。また筒井・古市の関心事が官符衆徒に付随する奈良中雑務検断職の獲得にあったことが次の記事から分かる(20)。

伝聞、古市筒井申合子細在レ之、奈良中雑務事者、両人各度ニ可レ持レ之事、箸尾井戸両人ヲ、古市自二筒井一可レ出云々、此趣ヲ申合必定々々云々、仍自二古市一色々難レ成条目共、越智へ所望、第一此間提方知行筒井跡事申レ

之云々、如何様□□可二相替一歟、

古市と越智は当時（文明十九年）同盟関係にあったにもかかわらず、古市が反抗の意志を表していることが分かる。古市にとってこの申し合わせには、勢力伸張はなはだしい越智を牽制する意図があったと考えられる。そこで古市は筒井と手を結ぼうとしたのであろうが、その条件として両者が奈良中雑務検断職を交替で持つことが取り上げられている。これから奈良中雑務検断職の獲得に対する古市・筒井の関心の高さを知ることができる。

国民越智は、官符衆徒の人事に口をはさむことはあったが[21]、奈良中雑務検断職を得ることはなかった。これは彼が国民身分の出身であることに由来する。これに対して衆徒古市・筒井は雑務検断職を振りかざして越智に対抗してきたのであるから、越智にとって雑務検断職の保持が可能である官符衆徒の存在は脅威的なものであったと言える。しかしそれに越智は甘んじてはいなかった。越智は雑務検断職を保持する者との提携を結ぶことによって、官符衆徒の行使する雑務検断職に影響を及ぼそうとしたと思われる。先に古市が越智に対して抵抗しようとした事件に際して、越智は筒井と提携して（縁組を結んで）、古市の動きを封じこめている[22]。その他の時期においては越智は古市と提携している。官符衆徒は興福寺の支配体制の下で別当の被官という位置にあるとともに、室町幕府から奈良中雑務検断職を与えられる[23]という特権的位置にあった。それに比して越智は、庄官としての位置付けはあるものの国民身分の出身であるが故に衆徒より下位に位置付けられるという不利な状況に置かれていた。越智が実力をもって軍事的主導権を握っても大和国人の頂点に立つ正当性の点では、官符衆徒ほどの正当性を確立することは困難であったと考えられる。そこで越智は官符衆徒を同盟者という形で彼に従属的な位置にすえることで、国民につきまとう正当性の欠如部分を補なおうとしたと考えられる。この雑務検断職保持者との提携にとどまらず、越智は国民身分であるがゆえにつきまとう正当性の欠落部分を補完しようとする動向を見せている。そこでこれを以下において取り上げてみよう。

三　越智家栄の勢力拡大

官符衆徒は、用銭・有徳銭・相舞銭・郷銭・頼母子などの徴収と人夫・伝馬・陣馬の調達が可能となる諸賦課権を有していた。そうして、古市・筒井の場合は、官符衆徒の名を利用して、自らの財政基盤を固める等の越権行為をしていた。[24] 官符衆徒でない国民越智の場合は庄官としての徴収はあるものの、賦課権は持っていなかったようである。このような越智のおかれた立場が、彼の大規模な「私反銭」賦課を生み出していくことになったのではないかと考えられる。

越智の私反銭については有名であり、それに関する記事も各所に見られる。[25]『大乗院寺社雑事記』文明十二年(一四八〇)九月二十二日条では、越智から私反銭を停止することができないと言ってきたことが記されている。この時は筒井・古市も私反銭を計画していた模様で、越智の返答次第では両者もまた私反銭をかけようとしていたようである。興福寺は各所に使節を送り越智をはじめとする国人に対して説得工作にあたった。しかし、功を奏さず興福寺学侶は閉門して対抗しようとしたことが記されている。[26] 興福寺は国人の起こす数々の違乱に対して五社七堂を閉門しており、このような閉門は興福寺の諸法会の開催を不可能とした。したがって五社七堂の閉門は朝廷に対して国人の違乱をアピールするという意味合いがあった。ところが今回の事件では越智方の学侶が申し合わせて閉門を延期することにより興福寺の対抗手段を封じている。[27] その上で越智は妥協の態度を示し、奈良成(興福寺・院家の取り分)[28] については私反銭をとらないという提示をしてきた。[29] 越智のこの後の私反銭のとり方については「奈良成」はとらないという形が定着している。[30] 官符衆徒の場合は、先述のように税の徴収権により、自らの収益を確保することができた。この官符衆徒のありかたに対して、越智は学侶を背後から動かし、彼の得ることのできない諸賦課権に代わるものを獲得することをもくろんだと言えよう。興福寺は越智の行為を私反銭と称している。

しかし、越智は奈良成についてはとらないという条件をつけることで興福寺にその徴収を公認される道を切り開いていったのである。『大乗院寺社雑事記』文明十八年（一四八六）九月五日条では、

学侶使節宗藝五師・慶英律師・了弘律師（五師）・尊藝律師・昌懐律師・堯藝擬講、先日より可レ下二向越智之所一、宗藝風気云々、明日各可二下向一也、一国中私反銭事、明年夏麦時分ニ相延者可二畏入一、御造営反銭事、百姓等難二沙汰一之由申入之間、寺門迷惑也、私反銭故実可レ為二神忠之趣一也、寺門作法以外次第也、可レ歎々々、

と伝えられる。この記事では、学侶から越智の私反銭を停止するのでなく、夏麦の頃まで延期してほしいということが伝えられていることが分かる。このことからも越智の私反銭が寺門の妥協を引き出すことにより、事実上公認されていたと言えよう。越智は軍事力を背景として、官符衆徒の有する諸賦課権に対抗しうる収入源獲得の方法を確立しようとしていたと考えられる。

越智の勢力の伸張は「私反銭」ばかりでなく、興福寺が振りかざす神・仏罰についても影響力を及ぼすようになる。先述の寺社閉門はその一例であるが、籠名についても同様の事例が見られる。

庄園に関係する違乱が生じると学侶・六方が中心となって使節を派遣した。それでも国人が承知しない時に、学侶集会や学侶・六方集会でその国人の籠名が決定された。この籠名は、国人の名前を書いた紙を両堂修正手水所の釜の中に入れたり、五社七堂に入れたりした後、大般若や五壇法を唱えて呪咀を行なうことである。そのことにより、神・仏罰が国人達にふりかかるという考え方があった。また春日社への社参ができない・若宮祭の願主人を勤めることができないといった拘束力があったと言われる(31)。筒井派が勢力を誇った時期には、その派閥に属する学侶が中心となって「籠名」「寺社閉門」を免除・延期していたが(32)、越智もその勢力伸張にともない同様の策動を起こすことになる。

延徳三年（一四九一）四月七日条から始まる事件では、越智の引汲衆である小夫が「籠名」されたことが伝えら

れ、これに対し、越智が軍勢を率いて圧力をかけ越智方六方が敵方の寺僧を罪科に処し、(33)「籠名」を解くに至っている。(34)さらに明応二（一四九三）年の段階では、越智自身に対する「籠名」が興福寺側の自主的回避により行われないという事態まで生じている。(35)

この「籠名」「寺社閉門」を越智・筒井が学侶等を通じて延期・免除させた背景には、自らの収益及び自派閥に属する弱小国人層を保護する意味合いがあったと思われる。ただし越智に注目した場合、より大きな意義があったと思われる。官符衆徒筒井と同様に所属の大和国人を神・仏罰から保護することで、国民出身であるが故に脆弱となる正当性の補完を計ろうとしたのではないかと考えられるからである。

おわりに

『大乗院寺社雑事記』明応三年（一四九四）十月八日条で、越智家栄が一乗院門跡領を違乱していることが伝えられている。この事件は長期化することはなかったが、実質越智の活動の集大成の様相を見せる。

問題が発生すると一乗院門跡は隠居の意向を示す。(36)ただし、一乗院は対抗手段もとっており、御房中集会を開き若宮祭礼を延期することに賛同するよう学侶集会に申し送っている。ついで学侶から六方に伝えられているが、学侶・六方は混乱を見せているようで、古市を頼っていることが伝えられている。(37)越智の方はと言えば、十一月十三日に息子家令の娘と古市の間に親子の契りを結んだり、(38)学侶五師の人事について自派閥の宗信得業を強引に就任させようとしていることが分かる。その際越智は、宗信得業が学侶五師に就任できない場合は、龍門庄の年貢を横領するとして圧力をかけている。(39)古市との縁組や学侶の代表である五師に越智の息のかかった者を据えようとする越智の動きには、今回の事態を彼にとって有利に展開させようとする用意周到さを伺わせるものがある。

以上のような綿密な細工が施されたこの事件であったが、その結果がどのようになったのかは残念ながら史料の上からは明らかにならない。ただし、大和国で身分制の頂点に位置する貴種出身の門跡に対して、国民出身の越智が圧力をかけ、一時期には一乗院門跡が隠居の意向を示す状態にまで追い込んだ点が注目されるのである。しかしこれからという時に越智家栄は没してしまう。それは明応四年十月二十五日のことであった[40]。

越智家栄は、国民出身であることで官符衆徒に比して正当性の点で欠陥を有していた。それを官途の獲得や雑務検断職を有する官符衆徒との提携を通して補なおうとしてきた。また興福寺が神・仏罰を「寺社閉門」「籠名」という形で振りかざそうとした際には、それを延期・免除することで筒井派に対抗した。これらの行動を通して越智は着実に大和国人の頂点に位置するための正当性を確立していったと考えられる。彼の私反銭が興福寺の公認という形でまかり通っていた事実や、大和国の身分制の頂点に位置する門跡に対して、圧力をかけることが可能となった点からもそれは指摘できる。しかし、彼の動向に限界があったことも否めない。それは越智がどれほどあがこうとも中世社会の根幹にある「身分」という大きな壁に直面せざるをえなかったという点に起因する。雑務検断職を有することができなかった越智は、官符衆徒と提携するのも、彼の立場が危うくなる危険性を常にはらんでいたと言える。また官符衆徒との提携は筒井・古市の勢力の温存という結果も生み出したと考えられる。それ故に越智が没落すると筒井方が復活するという状況を生み出したように、越智が絶対的に有利な地位を築くことは非常に困難なものであった。

以上、越智の動向を中心に論じてきた。やや性急な論の展開部分もあり、「衆徒・国民」であることが大和国人に与えた影響についてはさらに検討する余地があろう[41]。諸氏よりの批判をたまわり取り組んでいきたいと考えている。

＊註

『大乗院寺社雑事記』は『雑事記』、『大乗院日記目録』は『日記目録』と略す。

(1) 黒田俊雄「中世の身分制と卑賤観念」(『日本中世の国家と宗教』所収、岩波書店　一九七五年)

(2) 大山喬平「身分制」(『日本中世農村史の研究』所収、岩波書店　一九七八年)

(3) 例えば田中稔「侍・凡下考」(『史林』五十九の四　一九七六年)

(4) 平雅行「鎌倉仏教論」(『日本通史』八所収、岩波書店　一九九四年)

(5) これについては永島福太郎『奈良文化の伝流』(中央公論社　一九四四年)をはじめとし、諸氏により指摘されている。

(6) 稲葉伸道「鎌倉期の興福寺寺僧集団について」(『年報中世史研究』十三　一九八八年)

(7) 前掲註(3)

(8) 前掲註(6)

(9) 前掲註(5)

(10) 国民が衆徒になったという事例は史料上確認することができない。衆徒が国民とされたという例は後述(註(41))の史料があるが、それに限られるというように衆徒・国民の家柄は固定化されていたと言えよう。また、『雑事記』康正三年(一四五七)四月二十八日条では一乗院・大乗院家の坊人名が列挙されているが、そこで衆徒・国民はそれぞれ区別して記載されていることからも両者の出自が固定的なものであったと言える。

(11) 『雑事記』延徳二年(一四九〇)十二月晦日条

(12) 『日記目録』享徳四年(一四五五)九月十六日条では、筒井が没落した際官符衆徒に豊田・山村・小泉・高山奥・秋篠尾崎が就任しているが、古市氏は春藤丸(後の古市胤栄)の代官として一族である山村を入れていることが分かる。また『雑事記』長禄四年(一四六〇)二月十一日条では、補任の例は見られないものの筒井が官符衆徒に復活していることが分かる。さらに『雑事記』文明十年(一四七八)一月十五日条では古市が官符衆徒に返り咲いていることが伝えられている。なお官符衆徒就任の際、筒井・古市ともに与力する中央の権力者(細川・畠山)に働きかけをしていることも知られる。
(13)　永島福太郎『奈良』(吉川弘文館　一九八六年)
(14)　『雑事記』文明三年（一四七一）閏八月十六日条
(15)　『雑事記』明応二年（一四九三）六月二十九日条
(16)　永島福太郎「古市澄胤」(『戦乱と人物』所収、吉川弘文館　一九六八年)
(17)　前掲註(3)
(18)　『雑事記』文明十二年（一四八〇）十二月末日条では越智の官位として弾正忠があげられている。また明応二年（一四九三）六月十五日条では細川政元に組したことにより伊賀守に任じられていることが分かる。修理大夫については、例えば『雑事記』明応三年（一四九四）十二月二十六日条がある。
(19)　『雑事記』文明二年（一四七〇）一月四日条では筒井順永が権律師に、延徳元年（一四八九）十一月二十四日には古市澄胤も同様に権律師に任じられていることが分かる。また、国民では十市は『雑事記』文明三年（一四七一）九月二十六日条で「新左衛門」と記されており、同年十一月二十七日条では「播磨守」に任じられていることが分かる。また八田は例えば文明四年（一四七二）九月二日条に「弾正忠」と見える。布施は文明九年（一四七七）四月十五日条の他界の記事に「播磨守」と見える。
(20)　『雑事記』文明十九年（一四八七）五月二十七日条
(21)　『日記目録』永享六年五月十五日条
(22)　『雑事記』長享元年（一四八七）九月八日条
(23)　『雑事記』文明十年（一四七八）五月十五日及び前掲註(11)
(24)　『雑事記』延徳二年（一四九〇）十二月晦日条で、筒井・古市等が官符衆徒と称して強引に用銭・有徳銭・郷銭をかけたり、人夫役をかけ出陣させてたりしていることが記されている。
(25)　鈴木良一『大乗院寺社雑事記――ある門閥僧侶の没落の記録――』(そしえて　一九八三年)を参照。
(26)　『雑事記』同月二十五日条

(27)『雑事記』同月二十六日条
(28)「奈良成」について鈴木氏は前掲註(25)で説明を加えている。参照されたい。
(29)『雑事記』同月二十六日条
(30)例えば『雑事記』明応二年（一四九三）十月二十七日条で分かる。
(31)植田信廣「『名字を籠める』という刑罰について」（『法政研究』五十三の一　一九八六年）、安国陽子「戦国期大和の権力と在地構造」（『日本史研究』三四一　一九九一年）、泉谷康夫「興福寺一乗院大和国佐保田庄について」『龍谷史壇』九十九・百合併号　一九九二年）等。
(32)『雑事記』寛正六年（一四六四）六月十五日条では、筒井一族の成身院光宣の力により筒井派の窪城の「籠名」を取り止めさせていることが分かる。また文明六年（一四七四）十一月二十一日条からの事例では筒井により自派閥の十市氏の「籠名」が延期されている。「寺社閉門」については『日記目録』嘉吉二年（一四四二）十一月一日条で、光宣が自らの河上五ケ関務代官職の地位を保つために閉門を行い寺門の了解を引き出していることが分かる。
(33)『雑事記』同年七月十九日条
(34)『雑事記』同年七月二十日条
(35)『雑事記』明応二年（一四九三）十一月十一日条
(36)『雑事記』同年十一月十四日条
(37)『雑事記』同年十一月二十日条
(38)『雑事記』同年十一月二十日条
(39)『雑事記』同年十月十三日条
(40)従来、越智家栄の死は明応九年（一五〇〇）であるという説が多いが、『雑事記』明応四年（一四九五）十月二十七日条、十二月十三日条、翌年二月十一日条等で彼の死及びそれを隠していることが伝えられていることや、越智一族の岸田・堤等の行動が活発さを見せるようになる点等を考えあわせると明応四年をとるのが妥当ではないかと考えている。

(41) 奈良歴史研究会の場で「衆徒・国民間の差別観の存在」という点を中心として発表させていただいたが、その時次の史料(『雑事記』文明二年十二月十九日条)が問題となった。

一、八田名字事、故浄顕房之孫子右衛門佐方ニ奉公、豊田扶持立レ之、先日十市並兵庫ニ直ニ比事問答、畏入之由領状了、明日可二入部一歟云々、八田ハ本衆徒也、近来十市ニ被レ落二取之一、成二国民一了、又如レ本衆徒可二知行一者歟、為二十市一迷惑不レ可レ過レ之、

これについて、I、「衆徒・国民間には流動的な移動があったのではないか」II、「衆徒・国民の相違点は両者に影響力を有するものでなく、その検討はナンセンスではないか」III、「衆徒を知行すると記されている点は、衆徒株や国民株のようなものが存在したのではないか」という疑問・批判が出された。Iの疑問については、前掲註(10)で述べたように管見の限りこの一件に限られることから、衆徒・国民間の移動は日常的流動的なものではなかったと考えている。また、衆徒が国民に身分的に落とされることはあっても、国民が衆徒に成り上がることは不可能だったのではないかと考えている。IIの批判については本稿をもって十分に答えきれたか疑問でもあり再度ご教示をいただければ幸いである。IIIについては今回言及することができなかった。今後の課題とさせていただきたい。

中世後期の若党に関する一考察

——大和国を中心にして——

田中慶治

はじめに

一九八〇年代なかばからさかんになってきた移行期村落論では、従来の中・近世の断絶を強調する研究[1]を批判し、中世と近世の連続性に注目し、中世の村落の達成点を近世幕藩権力が受け継いだとする。[2]これらの研究により移行期の研究は大きく前進した。この移行期村落論で注目されているのが「村の侍」「新侍」（史料上では若党・殿原として登場することが多い）と呼ばれる存在である。[3]

これらの「村の侍」「新侍」と呼ばれる存在を扱った研究の中から代表的な研究をとりあげてみる。

まず久留島典子氏の研究をみてみる。[4]久留島典子氏は、在地の代表たる百姓である「沙汰人」「年寄」が応永二十年代（一四一三〜一四二二）に登場し、それが十五世紀なかば以降に「侍衆（殿原衆）」となる。村の代表者たる「侍衆」は荘園領主の力を後退させ、村請により実質的権限は村が握る。「衆」として存在する侍は一人が飛び抜けることを許さず、彼らに領主化の可能性はなかった。侍がはたした役割は、自立的村落の形成をおしすすめ、既存の領主権力を無力化したことにある、とされる。

次に伊藤俊一氏の研究をみてみる。(5) 伊藤氏は、それまでの「代官」「沙汰人」にかわり、在地で「侍分」「侍衆」などと呼ばれる「地侍」層が、新たに荘園社会の秩序を担う。この「地侍」層は平百姓とは区別される身分階層として、十五世紀なかばの地域社会にあらわれたものである。「地侍」層は名主の系譜をひくものとして「荘家」の中における身分集団を形成すると同時に、武家衆との被官関係に入ったものである。武家衆の被官となるのは、交渉へのルートを確保するためである。室町政権も「地侍」層を地域秩序を担うものとする、とされる。

稲葉継陽氏の研究をみてみる。(6) 十五〜十六世紀に百姓身分(凡下)の中から名字を蒙むり、「新侍」と称する新しい身分が形成される。十五〜十六世紀以前の名主が既成武士団と主従関係を結び被官となり、主に「侍」う存在になったから「侍」という。この主従関係を結ぶ際、被官主は村の側が選ぶ。「侍衆」は、村落共同体の推持再生産のために奉仕する。「侍」は共同体の支配者をめざすが、他の「侍衆」の反発により突出できない。「侍衆」の職能は近世の年寄層に引き継がれた、とされる。

以上、久留島・伊藤・稲葉の各氏の研究をとりあげてみた。各氏の研究をまとめてみると次の四点のようにまとめられよう。1、「新侍」「侍衆」は十五〜十六世紀になって地域社会に登場する新しい身分であり、基本的には凡下身分である。2、彼らは「衆」(グループ)として存在し、故に一人だけ飛び抜けて領主化する可能性はなかった。3、彼らは村落共同体の維持再生産につとめ、地域秩序を担い、自立的村落を形成し、荘園領主権力を無力化させた。4、村落の利益のため、既成武士団と主従関係を結ぶ。

久留島氏らの研究により、中世と近世の連続性が明らかになるなどして、移行期の研究は進んだ。しかしながら各氏の研究は、権力側の動向と村落内の身分差を軽視しているのではなかろうか。(7) 各氏の研究は「村の侍」の一側面に限って述べられたものと思われる。また若党・殿原ははたして「新侍」と呼ばれるような新しく形成された身分であったのか、という点についても再考の余地が残されているように思われる。例えば研究の豊富な高野山膝下荘園の場合なども久留島氏らのいわれる状況とは違った状況をみることができる。岩倉哲夫氏は、高野山膝下荘園の殿原は農民的色彩の強い者のみととらえることはできない、とされ在地領主的殿原層の存在を指摘されている。(8)このことをより具体的にみてみるならば、高野山膝下荘園の名手庄の殿原である宇野氏は大和源氏宇野氏の庶流の武士であり、城郭を構え、名手庄の下司・公文・惣追捕使等の庄官を鎌倉時代中期から代々継承する家であった。またこの宇野氏出身の高野山僧頼暹などは、高野山金剛峯寺大衆の最高位である検校にまで就任している。また同じく名手庄の殿原名手氏は、名手庄の開発領主であり、城郭を構え、宇野氏と同族化していた。彼ら殿原層は元来の侍身分であり、政治的に小武士団であったといえる。(9)このように高野山膝下荘園の殿原の中には、百姓的殿原だけではなく、武士的殿原が存在していたのである。

殿原層の中にこのような元来の侍身分の者がいるのであれば、久留島氏らのいわれた「村の侍」の存在形態もちがった形態であらわれてくる可能性もあると思われる。そこで本稿は大和国の若党を素材にして、その存在形態を明らかにしてゆくことを目的としたい。

一　若党・中間身分について

1　若党身分

先述したように諸先学の研究では「新侍」・「侍衆」(若党・殿原)とは、十五〜十六世紀になって地域社会に登場する新しい身分であり、基本的には凡下身分・被支配身分であるとされている。しかしながらそうした見解は、殿原・若党の一側面しかあらわしておらず、まだ再考の余地が残されているのではないか、と考えられる。そこで本節では、十五世紀段階における大和国の若党・中間の身分について考察を加えることにする。(10)

考察に先立ち、従来の研究では若党身分がどのような見解でとらえられているのかをまとめてみる。(11)

横山晴夫氏は、近江国浅井氏の家臣団編成を明らかにされた(12)。横山氏の見解をまとめてみる。浅井氏の部将の武士団は、部将の一族と非血縁の「同名衆」「与力」に区別されるが、いずれも「侍分」であった。この「侍分」の他に、「若党・定使・中間」等が、侍分に隷属し戦場に狩り出された。侍分は戦死すれば、その名が記される。しかし若党以下はたとえ戦死しても記録の上にも留められない存在であった。また記録された者も侍分とはいえ、郷村に生活する地侍であった。以上が横山氏の見解である。

宮島敬一氏は、甲賀郡中惣の中にみえる若党について考察されている(13)。宮島氏の見解をまとめてみると、次のようになる。

甲賀郡中惣の若党組織は、小領主層(殿原・土豪・地侍)が惣村を分断するための平百姓一本釣り作戦である。平百姓は若党入りすると、名字が与えられるが、彼らはそれまで名字をもたない存在であり、この点、本来名字をもつ土豪・地侍とはその地位・身分が明確に異なる。

久留島典子氏もまた、甲賀郡中惣における若党について考察されている(14)。久留島氏の見解は次のとおりである。若党は名主・百姓とならんで同名中(在地領主連合(15))に支配される身分である。このうち、名主・若党は同名中と特殊な結合関係にあったと思われるが、あくまで同名中とは区別される村落の側にあり、村落上層としてその農民的結合の中核だった。

以上、横山・宮島・久留島の各氏の若党に関する見解をまとめてみた。各氏の研究では、いずれの研究であっても、若党とは被支配身分の百姓であり、侍・凡下身分でいえば、凡下身分に属するもの、との見解になるようである。つまり「若党」という語に限ってみても、「新侍」と同じ見解でとらえられていることがわかる。ところが、大和国の若党は、右のような見解ではとらえられない。以下、大和国の若党について考察を加えてゆくことにする。

まず興福寺衆徒であり大和国の有力国人(16)である古市氏の若党であった鹿野薗三郎左衛門を取り上げることにする。

鹿野薗三郎左衛門は『経覚私要鈔』宝徳二年（一四五〇）七月二十日条では、「播州青侍男(古市胤仙)三郎左衛門、」として登場する。長禄三年（一四五九）三月二十八日条では古市氏が合戦を行った記事があり、その中に「又殿原ニハ小太郎・同与三・長井小次郎・鹿野苑三郎左衛門等負手云々」とあり、古市方として戦った殿原の中にその名を見せる。また文明四年（一四七二）一月一日条では、経覚のもとに正月の挨拶にきたメンバーのなかに「若党両人年比也彦次郎・三郎左衛門」とあり、古市氏若党として姿を見せている。

つまり古市若党鹿野薗三郎左衛門は、殿原層であり、また青侍とも呼ばれる存在であったことがわかる。それでは、大和国の若党とは具体的にはどのような身分であったのか、ということを以下にみている。

『経覚私要鈔』康正三年（一四五七）七月二十日条に、大和の有力国人古市胤栄の記事がある。

①今夜亥刻古市春藤(胤栄)十九歳、迎妻女、窪城女也、請取山田宗朝(順専)、直垂、大口、騎馬一騎、上下、古市若党十騎、上下、負弓矢、中間六人弓矢負テ直垂着タル中間六人、其身張輿、其外板輿二丁、乗馬女房一人、自帯解至古市立手松在之、自其南窪城立之云々、窪城渡手広瀬金剛寺云々、

胤栄の結婚に際し、花嫁の請取を行った山田宗朝につき従っていた古市若党は「十騎」と記されるような騎乗身分であることがわかる。中間は「六人」と記される徒歩身分であり。若党と中間の間には明らかに身分差があることもわかる。

享徳二年（一四五三）三月十一日に古市氏は、当時敵対中であった大和の有力国人筒井氏に夜討ちをかけた。その「夜討衆」の交名が『経覚私要鈔』の同年同月十二日条に記されている。

②　夜打衆

畑蔵人(経胤)　大山入道　吉田伊豆公(通祐)　紙屋修理亮(定久)　長田兵庫助(家則)　坂口五郎　良順　彦三郎　大郎左衛門　小太郎

中河　五郎左衛門　孫三郎(松岡近忠)　市川　弥四郎　新三郎　川西　斎次郎(土屋)　彦次郎(下村)　四郎左衛門　彦左衛門(鹿野薗)　弥九郎

与次郎（長井）　三郎左衛門（鹿野薗）　藤若丸、此外京都仁三人在之、有如此事加其数之由申者也、仍召加了、

鹿野薗矢負五人　古市矢負五人

其外七人在之、以上四二人歟、

この交名のうち、畑経胤はこの日記の書き手であった前大乗院門跡経覚の内者、吉田通祐・紙屋定久・長田家則の三名は古市氏の一族である。小太郎・松岡近忠・新三郎・土屋斎次郎・下村彦次郎・鹿野薗彦左衛門・長井与次郎・鹿野薗三郎左衛門は古市若党、もしくは古市氏若党と判断できる者である。[17] つまりこの交名では古市氏の一族と若党とが並列でその名を記されているのである。[18] この交名で「矢負」はその名を記されず、人数のみが記されている。つまり一族・若党と矢負の間には明らかに身分差があったことがわかる。

次に『大乗院寺社雑事記』[19] 長享元年（一四八七）八月二十七日条の古市惣社遷宮の記事をみてみる。

③今日古市惣社之宮遷也、金晴芸能在之、各為見物罷向云々、能十一番云々、拝殿正面修学者座、簾懸之、其南方女中衆簾懸之、拝殿北ハ衆徒・国人以下奈良・田舎衆・若党等一所也、地下人共南西ニ仮屋在之、（後略）

古市惣社遷宮の時に行われた能の見物の際に、若党は衆徒・国人とともに拝殿北に座しており、南西の仮屋にいる地下人（凡下）とは、明確に地位・身分が異なることがわかる。

『雑事記』文明十二年（一四八〇）十一月五日条に、土一揆が南都を攻めた時に南都防衛にあたった者の交名が記されている。

④一北面衆以下今日出陣

明恩　善賢　堯善　堯順　寛明　宗順　宗禅　舜恩　木阿　春阿　立阿成就院之内　三郎多聞院内　青侍因幡之内

若党二人堯善之内

以上侍分

小法御童子　千松同　松菊同　入道丸子同　太郎同　鶴若同　晴菊同　菊若《ツハイ》同　春藤《宿院》同　春若《伊勢屋》同　孫三郎《北鶴》同
孫六牛飼　菊松同　春松《小南院》同
　以上御童子等、此外力者三人慶力、慶万、徳力、

交名のうち、北面衆とともに「若党二人」が侍分に入っており、若党が侍身分であることがわかる。しかもここでは、興福寺のトップである尋尊の日記に「侍」と記されているのである。これは、事実上の大和守護ともいえる興福寺権力が若党を侍と認めていることを意味している、といえる。ちなみに、御童子の小法以下は凡下身分である。[20]

『雑事記』明応二年（一四九三）十二月後付にも興味深い記事がある。

⑤　今度受領輩
井上九郎任近江守上、　越智彊（弾）正忠任伊賀守小、
堤勘解由左衛門尉任伊豆守大、　岸田新左衛門尉任山城守上、
松川新九郎任図書助

この記事は明応二年に任官した大和武士の名簿である。このうち井上氏は古市氏一族、越智氏は大和の有力国人、堤氏は越智氏の一族である。そして岸田氏は越智氏の若党であり、松川氏もまた古市氏の若党と推測できる者である。[21]つまり若党もまた衆徒・国民といった大和国人とならび任官しているのである。また彼らの官途名は決して私称ではなく、公的なものであったと考えてよいと思われる。[22]

以上のことより、若党は凡下身分でないことは明らかである。若党は騎乗身分であり、衆徒・国民と同じく侍身分である。また官途としては「山城守」にまで任じられるほどであった。そして常に凡下身分とは異なった待遇を受けていたこともわかる。

2　中間・矢負身分

前項で若党は侍身分であり、中間・矢負とはその身分・待遇に違いのあることを述べた。それでは中間・矢負とはどのような身分であったのか、を本項では考察してみる。

まず『経覚私要鈔』長禄三年（一四五九）三月二十二日条をみてみる。

⑥越智下弥三郎并吉田伊豆房（通祐）両人、川上夜叉五郎所ニテ取物共渡遣了、畑経胤古市中間五六人仰之、召具罷向了、寛円（専親）モ相副了、昨日逐電横行両人家内ヲハ焼払了、而依余煙二間焼了、不便之至也、古市矢負等少々召具畑男并寛円罷向了、（後略）

この記事は、盗みを働き逐電をした横行の家を、経覚内者の畑経胤と寛円が焼き払った時のものである。経覚は最初に、畑が「古市中間、五、六人」をつれていったと記し、その後で同じ内容のことを、今度は畑が「古市矢負等」をつれていったと記している。経覚は何を勘違いしたのか、同じことを二度記している。しかし経覚のこの勘違いのおかげで、中間が矢負と言い換えられていることがわかり、中間と矢負がイコールで結べることがわかる。

それでは次に、この中間・矢負とはいかなる身分であったのかをみてみる。『政覚大僧正記』文明十八年（一四八六）十月五日条に、山内白石での合戦の記事があり、「昨夕山内白石（山辺郡）ニテ合戦在之、古市衆侍四人・今市衆侍五人、其外矢負・人夫以下廿人計生涯云々、」と記されている。政覚は戦死者の人数を「侍衆」と「其外矢負」とにわけて記している。このことより、矢負・中間とは侍身分ではなく凡下身分であることがわかる。

本節では若党は衆徒・国民（大和国人）と同じ侍身分、中間・矢負は凡下身分と、両者の間には明確な身分差があることを明らかにした。横山晴夫氏は若党と中間を一括して考えておられる[23]。しかし本節で明らかにしたように若党と中間の間には明確な身分差があったのである。

侍身分である彼らの存在形態もまた、宮島敬一氏のいわれてきたような、小領主層が惣村を分断するために百姓を一本釣りしたものというよりは[24]、むしろ小領主層ともいうべき存在であり、支配機構の側に属するものであったのではないか。

　また久留島典子氏は、甲賀郡中惣を小領主連合であるとする宮島敬一氏の説を批判され、甲賀郡中惣を在地領主（国人）連合であるとされた。この説は私も首肯できる。ところが久留島氏は若党については、宮島氏と同じく、若党は百姓とならんで国人の同名中（在地領主連合）に支配される身分であるとされた[25]。とするならば甲賀郡中惣では小領主のような存在はどうなるのか、という疑問が残される[26]。私は甲賀の場合も、同名中のメンバーが大和の衆徒・国民と同じく国人（在地領主）であったのなら、若党も本節で述べたような大和の若党と同様の存在であった可能性もあるのではないかと思う。久留島氏の言われた若党の姿とは、むしろ中間の姿をあらわしているのではないかと思われる。

二　衆徒・国民と若党との関係

　前節でみたように、若党は衆徒・国民（大和国人）と同じく侍身分であった。それでは同じ侍身分の衆徒・国民と若党との間には、どのような身分差があったのかを考察し、また若党の身分上昇についても本節でみてみることにする。

　『雑事記』文明十四年（一四八二）十二月九日条に、興福寺淄州会新入についての記事がある。

⑦五日夜後夜入堂ニ、芇院・龍花院両方新入衆、不具古入衆令入堂、只一人古入在之云々、依之下臈分衆申破、三十余人退加行了、相残衆先途之切口色々雖令計略、不叶而淄州会破了、両読師論義以下用意成無益了、就中就新入体事、下臈分内々及異義輩三人在之、吉祥院住宗宜明禅房、六臈也、河内国人也、令帰国カミヲ切了、於国テ郡役致其沙汰、又令帰寺テ出家了、修学之志者也、此体事不可叶旨雖申之、色々嘆申入間、アワレミ分可許可之由、

下﨟分一決了、
東院弟子兼胤春堯房、三﨟、山村武蔵公胤慶之子也、山村事種姓不足旨申之、并兼胤之舎兄胤宅ハ堂衆也、一段堂衆与学道、兄弟可烈事近来停止之上者、此両条ニ依テ新入事相支云々、古市幡磨公（澄胤）披露、山村事左様ニ嫜（種）姓未練之者ニハ非也、其段則体令哠文云々、胤宅堂衆事ハ可辞退之云々、両条申状神妙、仍下﨟分許可也、
東北院弟子円尊善信房、三﨟、当狭竹（川）之舎弟也、狭川事本小泉之若党也、成上テ此者父初而入仲川衆、願主懃仕之、於嫜姓者以外下烈者也、不可叶旨之、但さ様之儀無之者、同以哠文可申開嫜姓云々、此条古市（胤栄）之西色々雖取申、哠文事ハ不可叶旨狭川申之間未決了、筒井等出頭之時、押而可新入之由、内々申心中也云々、仍今度ハ不可有新入所望云々、番役事可為松林院云々、先年及度々懃仕云々

この記事は大変興味深い記事である。まずこの記事によると、円尊は父の狭川氏の出自が衆徒小泉氏の若党であり、「於嫜姓者以外下烈者」であることが問題となり、淄洲会のメンバーに新入することを拒否されている。淄洲会とは、法相教学の祖師の一人である淄洲大師慧沼の忌日にちなんで、奉謝と追恩とを捧げる法会である。興福寺僧は淄洲会の「淄洲講」の番論義を勤仕し、新入帳に「種姓糺され」「下﨟分の衆」に入るのである。[27]円尊は「種姓を糺され」た結果、父が若党であったことが原因で「下﨟分の衆」に入れなかったのである。これが衆徒・国民の子息であれば新入は可能であった。[28]また鹿野薗三郎左衛門の例で見たように、若党は「青侍」とよばれるような下級の侍身分であった。これらのことをあわせ考えると、衆徒・国民と若党は同じ侍身分とはいえ、その身分的格差は歴然としていたといえる。

次にあげる点もこの史料の注目すべき点であると思われる。衆徒・国民とは明確な身分差のある若党身分であった狭川氏は、「成上」ることにより、衆徒・国民が主催する春日若宮祭礼の願主人組織である「六党」のうちの中川党（長川党）に入り、そして祭礼の願主人を勤め、[29]国民身分へと身分上昇をさせているという点である。

また狭川氏の「種姓」が問題になったとき、狭川氏（円尊）のことをとりなしたのは大和の最有力衆徒であった古市胤栄である。なぜ古市胤栄は狭川氏（円尊）のことをとりなしたのか。それは狭川氏が古市胤栄の縁者であったからである。胤栄の娘が狭川氏に嫁いでいたのである。大和国は尋尊・経覚といった貴種（いわゆる五摂家）出身の貴族僧をトップにした非常に厳しい身分制度がある。[30] それは当該期にも健在であった。もし狭川氏が従来の若党身分のままであったなら、身分制の厳しい大和では、最有力衆徒である古市氏との婚姻関係は考えられない。狭川氏は成り上がることによって、栄達をつかんだといえよう。ここでは興福寺の体制に依存し、利用しながら身分上昇をはたしてゆく狭川氏のしたたかな姿をみることができる。諸先学のいわれる「衆」として存在するために、一人だけぬけでることのできない「村の侍」とは異なる姿がここにはある。

ちなみに狭川氏は諸先学のいわれるような、村の共同利害のためだけに働く存在でもなかった。『雑事記』の文明十七年（一四八五）九月八日条に、次のような記事がある。

⑧佐《狭》川ハ此間者悉皆筒井・成身院等引汲之方也、古市《胤栄》之西之聟也、仍両方相兼之、地下筒井方也、此間色々自越智方入手之間、於于今者悉皆可成越智方支度必定、（後略）

この記事より、次のことがわかる。狭川氏は、大和の最有力国人である筒井・古市両氏に両属していた。この時期、筒井・古市両氏は敵対関係にあったが、中小国人が保身のために有力国人に両属することは珍しいことではなかった。これに対し狭川の地下（村落）は筒井方であった。つまり狭川氏と狭川の地下（村落）の行動には不一致がみられるのである。狭川氏は狭川の村落の共同利害のために働くのではなく、自らの利害を最優先して行動しているのである。この狭川氏の姿には、村の共同利害のために働くという姿はみることができない。[31]

本節で述べたことをまとめてみると、次のようになる。若党とは侍身分ではあったが、衆徒・国民とは明確な身分差がある下級の侍身分であった。しかし若党は成り上がることにより若宮祭礼の願主人を勤め、身分を上昇させることが可能な存在でもあった。身分上昇をはたした者は、最有力国人と婚姻関係を結ぶこともできた。そこには寺家権力に依存し、またそれを利用しながら身分上昇をはたしてゆく若党のしたたかな姿をみることができる。[32]その姿は「衆」として存在するため、一人だけぬけでることのできない「村の侍」の姿とは異なる姿である。また村落との関係も、村落の共同利害のために働くという姿はみることができず、自らの利害を最優先にして行動しているのである。

三 若党の出自の類型

一節および二節では若党は元来の侍身分であり、またより上級の侍身分である国民身分への身分上昇も可能な存在であることを明らかにした。本節では若党とは具体的にはどのような家の出身であったのかを考察してみる。大和国の場合、若党の出自は大きくわけて四つに分類できる。ここでは大和国人古市氏の若党を例にみてゆく。

一番目のものは、古市一族の衆徒・国民の庶家の出身のグループである。まずこのグループから述べる。古市氏の一族に長井氏という衆徒がいる。この長井氏は実名に「胤円」「胤憲」「胤乗」と「胤」の通字を使用している。古市惣領家もまた「胤仙」「胤栄」「澄胤」と実名に「胤」の通字を用いている。[33]このことは長井氏が古市惣領家より「胤」の通字の使用を許されている古市氏の有力一族であることをあらわしている。この長井氏の庶家である長井与四郎と長井九郎左衛門の場合をみてみる。

『経覚私要鈔』宝徳元年(一四四九)六月二十六日条には、

⑨神殿《(添上郡)》間田之内小法師兄弟御恩一町五反也、而只今壹町分注進之間、為糺明仰付長井与四郎、間田分可注進之由内々仰了、是為才学者故也、此与四郎古市若党也、

とある。この記事にでてくる神殿庄は経覚の一円知行地であった。[34]この神殿庄に長井本家は作主職を所有していた。[35]

それを実際に知行していたのは庶家の与四郎であった(36)。よって経覚は神殿庄の間田分を与四郎に注進させたのである。それはともかく経覚は与四郎のことを、「此与四郎古市若党也」と記している。このことより長井氏庶家の長井与四郎は古市若党であったことがわかる。

次に長井九郎左衛門についてみてみる。『経覚私要鈔』文明元年（一四六九）五月十三日条に「依酔過《於長井》今夜新下《今市》人与長井九郎左衛門《古市若党也》下人口論」とあり、長井九郎左衛門が古市若党であることがわかる。つまり長井与四郎といい、長井九郎左衛門といい、古市氏の有力一族長井氏の庶家の者が古市若党になっているのである。

二番目のものは、古市一族以外の衆徒・国民の庶家の出身者のグループである。ここでは松岡孫三郎近忠を例にあげる。近忠は大和国民立野氏の一族であり、同じく国民の松岡氏の庶家であった。近忠は『経覚私要鈔』寛正三年（一四六二）五月二十六日条に「今日連歌来衆、尊誉　清賢法橋　継舜権上座　社家者三人祐松(辰市)・師淳(西)・祐全(辰市)召加了、其外経(畑)胤・尊藤計也、執筆古市若党松岡孫三郎近忠」として登場し、古市若党であることがわかる。近忠が古市若党となったことの理由は経覚の存在に関係があると思われる。大乗院門跡であった経覚は永享十年（一四三八）に足利将軍義教の手により、大乗院から追放される。大乗院を追放された経覚は平群郡立野に隠居させられた(37)。経覚はその頃から立野一族と交わるようになった。そして義教の死後、古市に移住したのである。経覚の古市移住時に近忠も経覚とともに古市にやって来て(38)、古市若党となったのであろう。

三番目のものは、土豪出身のグループである。ここでは鹿野薗三郎左衛門と村井彦次郎を例にあげる。『経覚私要鈔』文明四年（一四七二）一月一日条に

⑩古市胤栄并藤千代来、能酒盃、杉原一束、扇一本遣胤栄、於藤千代者扇一本遣了、一族長田筑前(家則)、藤岡、室、萩七郎左衛、源七《平清水》、今市東、藤原春童、池田北、以上八人、能盃扇一本ツ、遣之了、又若党両人年比者也、彦次郎・三郎左衛門召出扇一本ツ、遣了

とあり、鹿野薗三郎左衛門と村井彦次郎はともに、古市惣領の胤栄やその一族と並んで経覚に年始の挨拶を行っている。この記事で三郎左衛門と彦次郎は「若党両人」と記されており、ともに古市若党であることがわかる。また『雑事記』文明七年（一四七五）八月三日条には「古市胤栄如何存哉、令発道心、同十九日必定可遁世之由存之、跡事ハ筑前守（長田家則）・村井（彦次郎）・与三（下村）ニ申置之、」とあり、古市惣領の胤栄が突然の隠居をした時に、有力一族の長田家則とともに村井彦次郎も胤栄から跡のことを託されており、村井彦次郎が古市氏家臣団の中で長田家則と並ぶくらいの有力者であったことがわかる。また村井は『雑事記』文明十二年（一四八〇）五月十九日条に「御妻権中納言明日上洛云々、古市・村井式部少丞申之」とあり、文明十二年段階には式部少丞に任官していることがわかる。

四番目のものが、凡下身分から登用されたものである。ここでは北野山主計頭を例にあげる。北野山は『雑事記』文明十五年（一四八三）四月十九日条に「又自古市方以北野山若党也此題目尋申入」と記されており、北野山が古市若党であることがわかる。この北野山は凡下身分出身であったことが『雑事記』文明十七年（一四八五）八月十二日条よりわかる。八月十二日条は次のように記している。「古市之代官北野山主計入道今朝入滅了、大明神之御罰也、以外悪行者也、毎時併私地下凡下成上之故、毎時無道者也、」。この記事は北野山の死去の際のものである。北野山の死去に際し、尋尊は北野山のことを「地下凡下成上」と口汚く罵っている。この記事より北野山が地下人凡下の出身であったことがわかる。北野山は凡下身分出身ではあったものの、『多聞院日記』文明十年（一四七八）八月十二日条では「管務之代主計守（頭）」と記されており、当時古市澄胤がつとめていた官符衆徒棟梁の代官までつとめている。また北野山の官途名である主計頭も、他の国人や若党同様に、決して私称ではなく正式に任官したものであったのではないか。北野山は凡下身分出身とはいえ、実力的には元来の侍身分出身の者とはほとんど違いはなかったのではないかと思われる(39)。

本節では古市若党を素材に、若党の出自の類型化を行った。その結果、若党の出自は、①古市一族の衆徒・国民の庶家出身者、②古市一族以外の衆徒・国民の庶家出身者、③土豪出身者、④凡下身分から登用された者、の四類型にわけられることが明らかになった。また古市若党は、古市惣領の隠居に際し跡を託されたり、古市惣領がつとめていた官符衆徒棟梁の代官といった古市家臣団の中の重要なポジションについていたこともわかった。

若党の多くは、衆徒・国民の庶家の出身であり、一節や本節でみたように元来の侍身分であった。彼らは諸先学のいわれるような凡下身分から生まれた「新侍」「侍分」と呼ばれる新しい身分ではなかった[40]。また衆徒・国民の庶家の出身であった彼らは、諸先学のいわれるような村落側のヘゲモニーによる流動的、錯綜的な被官主の選択をしていたとは考えられない。また武家衆との被官関係による外部との交渉ルートの確保という利害関係だけで結ばれた被官関係であったとも考えられない。衆徒・国民の庶家であった彼らは、惣領家（主家）への結束が固かったと思われる。事実、明応六年（一四九七）に古市氏が筒井氏との合戦に敗北し、存亡の危機に見舞われた時にも彼らは皆、討ち死をするか、古市氏とともに落ち延びるかをしている。また前節で明らかにしたように、狭川氏のごとく若党から国民へと身分上昇をさせる可能性をもつ存在でもあった。彼らは村落側の「村の侍」というよりは、衆徒・国民につらなる者という意識が強かったものと思われる。

四　若党の職務

前節でも少し述べたが、古市若党は古市家臣団内部で官符衆徒棟梁代官などの重要な地位にいた。本節では古市家臣団内部での若党の職務について、より詳しく検討してみることにする。

まず若党の軍役的な職務から述べる。当然のことながら、合戦の時に参戦することが最大の職務であり、義務であった。一例のみをあげる。『雑事記』文明十一年（一四七九）十月十四日条に次のような記事がある。「西忍(楠葉)来、古市事相語之、今分ハ雖敵方責来、城中儀不可有殊儀云々、古市(澄胤)・山村(胤慶)・藤原・長井・鹿野薗分ニ甲六百余在之」。

この記事は古市氏が宿敵筒井氏と大和の覇権をかけて争い、軍事的緊張が高まった時のものである。古市惣領家や山村・藤原・長井といった古市一族とともに若党の鹿野薗氏も一軍の大将として軍勢を出していることがわかる。

また同時期に古市氏は筒井対策として西方院山に城を築いている。『雑事記』文明十一年閏九月十八日条には、「西方院山自今日為城構堀之、人夫箸尾郷以下田舎夫也云々、奉行筑前守《（長田家則）》・山村《（胤慶）》・鹿野薗也、」とある。この記事からも鹿野薗氏が古市氏の有力一族の長田家則や山村胤慶とともに城の作事奉行をつとめていることがわかる。宝徳二年（一四五〇）十月に古市氏が筒井対策として古市城の堀を拡げた時にも、「播州《（古市胤仙）》一族・若党三番ニ折テ罷出」て、若党は一族とともに堀を掘っている。なお、こうした作事や合戦の際に人夫・陣夫を徴集するのも若党の職務であった。『雑事記』文明十五年（一四八三）七月二十九日条には、「湯屋辻子エ自古市申付陣夫云々、其例無之、一切諸役皆免所也、無其隠之由申之、仍事子細以宗順鹿野薗奉行之由申之間、巨細仰遣、畏入、」とある。つまり鹿野薗氏は古市氏の命令により一切諸役免許の地から陣夫を徴集しようとしているのである。陣夫の徴集に苦労する鹿野薗氏の姿がここでみられる。

また古市胤栄が長禄二年（一四五八）に八幡に出陣した際に古市城の留守をあずかっていたのは「若党新五郎」であった[41]。その他にも古市氏や経覚の旅行時の護衛、古市氏が禅定院の門役を命じられた時の兵士等も若党の職務であった。

前節で述べたように古市氏が官符衆徒棟梁であった時に北野山氏がその代官をつとめたように、古市氏が官符衆徒棟梁の職務を全うするためにも若党は働いている。『経覚私要鈔』長禄二年（一四五八）九月十一日条では、「古市若党等、於奈良盗人欲取之間、強者而不取之間、両人打了、一人召取之、而古市若党次郎三郎負手了、不便、」と記されている。奈良での諸検断は官符衆徒の職務であった[42]。古市氏はその実行部隊に若党を使っているのである。

これらの軍役的な職務には肉体的な負担のほか経済的な負担も大きかったと思われる。

若党にはこれら軍役的職務のほか、純粋に経済的負担となるような義務もあった。例えば古市で行われる淋間茶湯や功徳湯の準備であった。一例のみあげる。『経覚私要鈔』文明元年（一四六九）八月十二日条では、次のように記す。

⑪今日在林間、古市若党七八人焼之、大方風呂様ハ、水舟ノ上に山ヲ構テ、自山中瀧ヲ二所落之、予上所ニ菊水ノ心地歟、菊酒月ヲ置之、有食籠共、上庭ノ南ノツラニ棚ヲ置テ花ヲ立、有香呂、有香箱、又湯殿ノ南面ニ棚ヲ置テ、上品ノ唐ノ盆ニ三瓶花瓶立、其ノ西東ニ筒置之、酒ノ入物也、鉢ニ唐布ヲ切テ二置之、一献ニハ豆、飯、雑々在之、熟子ヲ鉢ニ入テ置之、愚老令所望取了、此七八人者悉以計会無双者也、一身是ヲ雖非可成、半愚老所ヲ恥テ如此沙汰之由、皆以申間、何ニテモ相応物此煩ヲキヌウ程ノ物ヲ可能事也（ト脱カ）イヘトモ、当時會以無左様物之間、綿一屯遣之様ニ可存由仰含了、（後略）

古市若党の準備した淋間茶湯に招かれた経覚は、そのもてなしぶりに感激してくわしく日記に記している。しかし経覚をもてなした「古市若党七八人」は「悉以計会無双者」であったのである。つまり甚だしく困窮している者ばかりであった。経覚は若党のことを気の毒に思い褒美として「綿一屯」を与えている。若党が甚だしい困窮の中で、経覚を感激させるほどの淋間茶湯を開催したのは、例えどんなに困窮していても淋間茶湯の開催は若党にとっての義務であったからであると思われる。

若党にはこのように様々な職務や義務をはたさねばならなかった。しかし若党はこのような義務をはたすことにより、大和国や古市氏家臣団内部での特権を享受できる存在でもあった。例えば官符衆徒棟梁代官に就任するということは、奈良において政治的にも経済的にも特権を行使できる地位についたということでもあったと思われる。また大和の最有力衆徒の古市氏の代官に就任することも同様の意味を持ったであろう。古市氏権力内部においても鹿野薗氏などは古市惣領家執事となっており[43]、政治的に特権を行使できたのではないか。その他経済的な特権の伴う職務としては、春日社四季大般若経料所河内国大庭関の関守があった。大庭関には古市氏も経覚も関を設けていた。(44)この大庭関の関守として古市若党の藤田次郎四郎が赴いている。(45)興福寺にとり大庭関のような河上関は莫大な金銭を得ることのできる、まさにドル箱であった。藤田次郎四郎の得分もかなりのものであったと思われる。また下村与三は古市知行の越前国カハウ田の代官であった。(46)下村も当然得分を得ていたと思われる。

若党の代官・奉行・執事・大将等への就任は若党の側からすれば、特権の享受であった。これを古市氏の側からみれば、若党を政治的・軍事的に編成していたものといえる。事実、古市氏の家臣団統制はきびしいものであった。古市氏の若党は、罪を犯せば古市惣領による職権的な裁判を受けねばならなかったし、(47)処刑されることも度々であった。(48)この若党の姿には、諸先学のいわれるような村落側のヘゲモニーによる流動的・錯綜的な被官主の選択という姿や「新侍」と武家衆との被官関係は村落が生き残っていくための外部との連絡の器官という様子はみることができない。むしろ古市氏の戦国大名化や大和での主導権掌握のために、編成・統制された家臣団というイメージのほうがあてはまっていると思われる。

おわりに

従来の研究では、中世後期の若党は「新侍」・「侍衆」として、村落との関係に注目されてきた。それらの研究では「新侍」(若党・殿原)は以下のような見解でとらえられている。「新侍」は十五〜十六世紀になって地域社会に登場する新しい身分であり、基本的には凡下身分・被支配身分であった。また彼らは「衆」(グループ)として存在し、故に一人だけ飛び出して領主化する可能性はなかった。彼らは村落共同体の維持再生産につとめ、地域秩序を担い自立的村落を形成し、荘園領主権力を無力化させた。彼らは対外的交渉ルートの確保のため、また荘園領主対策のため、既成武士団と流動的・錯綜的な主従関係を結んだ。

これらの見解は、若党の一側面にすぎないと思われる。本稿で述べたように大和国の若党は衆徒・国民（国人）より下級とはいえ、国人と同じ侍身分であり、凡下身分から生まれた「新侍」呼ばれるような新しい身分ではなかった。また元来の侍身分である若党は、寺家権力（荘園領主権力）に依存し、それを利用しながら、より上級の侍身分である国民身分へと身分上昇をさせる存在でもあった。その姿には「衆」として存在するため、一人だけぬけだせず領主化できない姿はみられない。村落との関係も、村落の共同利害のために働くという姿はみることができず、自らの利害を最優先にして行動している。

若党の多くは衆徒・国民の庶家の出身であった。衆徒・国民の庶家の出身である彼らが対外的交渉ルートの確保のため、衆徒・国民と流動的・錯綜的な主従関係を結んでいたとは考えられない。彼らの惣領家（主家）への結束は固いものであった。衆徒・国民の庶家であり、国民身分への身分上昇が可能であった彼らは、村落側に属する者というよりは、衆徒・国民につらなる者、つまり権力側の一員という意識の方が強かったと思われる。

このような存在形態であった大和国の若党については、村落との関係よりも有力国人の戦国大名化や大和での主導権掌握のために、編成・統制された家臣団という側面に注目すべきと考えられる。よって本稿では若党の権力側の一員としての姿をとりあげて考察してみた。

註

（1）これら従来の諸研究については、個別にはとりあげないでおくが、宮島敬一氏「村落領主論」（『日本村落史講座』一　一九九二年）、池上裕子氏「戦国の村落」（『岩波講座日本通史』一〇　一九九四年）等によってまとめられているので参照されたい。

（2）宮島敬一氏「移行期村落論と国制史上の村落」（『歴史評論』四八八　一九九〇年）にこれらの研究の成果がまとめられている。

（3）「村の侍」「新侍」に注目した研究としては、久留島典子氏「中世後期の『村請制』について」（『歴史評論』四八八　一九九〇年）、伊藤俊一氏「中世後期における『荘家』と地域権力」（『日本史研究』三六八　一九九三年）、稲葉継陽氏「中世後期村落の侍身分と兵農分離」（『歴史評論』五二三　一九九三年）、湯浅治久氏「『惣国一揆』と『侍』身分論」（『歴史評論』五二三　一九九三年）、前掲註(1)池上裕子氏「戦国の村落」等がある。
（4）前掲註(3)「中世後期の『村請制』について」
（5）前掲註(3)「中世後期における『荘家』と地域権力」
（6）前掲註(3)「中世後期村落の侍身分と兵農分離」
（7）こうした批判は、菊池浩幸氏「戦国期人返法の一性格」（『歴史評論』五二三　一九九三年）、前掲註(1)池上裕子氏「戦国の村落」等によってもなされている。
（8）岩倉哲夫氏「紀州における兵農分離」（『南紀徳川史研究』一　一九八六年）、参照。
（9）宇野氏・名手氏については、『那賀町史』一九八一年、小山靖憲氏執筆部分、山陰加春夫氏「蓮上院頼暹とその生家」（『密教文化』一五五　一九八六年）、同氏「金剛峯寺衆徒とその生家」（中世寺院史研究会編『中世寺院史の研究』上　一九八八年）、等参照。
（10）本節と三節の一部は、すでに拙稿「中世後期畿内国人層の動向と家臣団編成」（『日本史研究』四〇六　一九九六年）において言及したところであるが、若党・中間身分について具体的に示すため、もう一度くわしく検討したい。
（11）「新侍」は史料上「若党」として登場することが多い。「新侍」の研究については「はじめに」でみたとおりである。ここでまた「若党」に限って研究をみてみるのは、「はじめに」でみたことと重複することになるようにも思われる。ただ論旨に直接かかわる問題もあるので、「若党」という語に、特に注目してみる。
（12）「戦国大名の支配権力の形成過程」（『国学院雑誌』五五―二　一九五四年）
（13）「荘園体制と『地域的一揆体制』」（『歴史学研究』別冊特集「歴史における民族の形成」一九七五年）、「戦国期における在地法秩序の考察」（『史学雑誌』八七―一　一九七八年）
（14）「中世後期在地領主の一動向」（『歴史学研究』四九七　一九八一年）

(15) 久留島氏は、甲賀郡中惣を小領主連合とされる宮島氏とは異なり、在地領主連合とされる。私は久留島氏のこの説は、首肯できるものと考えている。

(16) 大和国人は、衆徒と国民にわけられる。衆徒・国民とは在地領主らを興福寺が被官化したものである。興福寺は旧縁（譜代）のある者を衆徒とし、興福寺僧とした。新付（外様）の者を国民とし、春日社の末社の神主とした。なお衆徒の中の有力者二十名を官符衆徒といい、その最上首を官符衆徒棟梁という。守護不設置の大和では官符衆徒棟梁とは他国でいえば、守護代に相当する地位である。

(17) 例えば、鹿野薗三郎左衛門については先述したとおりである。松岡近忠については後述するが、古市若党である。新三郎は『大乗院寺社雑事記』文明六年十二月十六日条に、「古市若党新三郎」として登場する。また小太郎は先述したとおり殿原であり、鹿野薗彦左衛門は『経覚私要鈔』文明元年八月二十三日条によれば、鹿野薗三郎左衛門の兄弟である。

(18) 但し、経覚内者の畑経胤がまず記され、それから古市一族、最後に古市若党と、経覚は序列化している。

(19) 以下、『雑事記』と略す。

(20) 田中稔氏「侍・凡下考」（『史林』五九―四　一九七六年）によると、牛飼や力者は凡下身分である。また入道丸子という人物が交名の中にみえるが、入道丸とは大乗院門跡の御童子であった。彼の子息が西金堂衆になろうとした時、凡下身分の者は堂衆にはなれない、とのクレームがついた（『雑事記』文明十一年五月五日条）。このことより入道丸が凡下身分であったことがわかる。

(21) 岸田氏は『雑事記』明応二年閏四月六日条に、「越智之若党岸田」とある。また松川氏は、史料上「若党」としては登場しないが、「古市被官」「古市代官」等として史料上登場するので、古市若党であったと推測してもよいと思われる。

(22) 一例のみを記す。『雑事記』文明元年六月七日条に、古市一族であった長田家則が筑前守に任官した時の記事があり、そこでは、

上卿藤中納言
文明元年六月六日　宣旨

兵庫助平家則

宜任筑前守

蔵人左少弁藤原兼顕奉

と口宣案が記されており、家則が正式に筑前守に任官したことがわかる。

(23) 前掲註(12)「戦国大名の支配権力の形成過程」

(24) 前掲註(13)「荘園体制と『地域的一揆体制』」、「戦国期における在地法秩序の考察」

(25) 前掲註(14)「中世後期在地領主の一動向」

(26) 勝俣鎮夫氏も『中部大名の研究』(『戦国大名論集』四 一九八三年)の「解説」において、これと同様の疑問を述べられている。

(27) 以上、淄洲会については、神谷文子氏「十五世紀後半の興福寺堂衆について」(『史論』三九 一九八六年)、参照。

(28) この記事からも明らかなように、衆徒山村氏の子息の兼胤は新入ができた。また従来からいわれていることであるが、興福寺僧の多くは、衆徒・国民の子弟であった。

(29) 春日若宮祭礼の願主人については、安田次郎氏「祭礼をめぐる負担と贈与」(『歴史学研究』六五二 一九九三年)がくわしい。なお安田氏によると、若宮祭礼の願主人を勤めるためには莫大な費用がかかったとされる。とするならば、狭川氏は経済的にも裕福であったといえよう。

(30) 尋尊・経覚といった貴種僧は身分制に関して大変敏感であり、彼らの日記には身分制に関する記述が多いのが、一つの特徴である。

(31) この記事からも明らかなように、狭川の地下(村落)は、その後大和の最有力国人である越智氏の働きかけにより、越智方になっている。地下が越智方になるという件に関しても、狭川氏と地下の間には連携した行動はみることができない。

(32) 池上裕子氏は、前掲註(1)「戦国の村落」で、地下の侍身分の成立は在地からの荘園制否定であるとされる。しかし大和の若党の場合、むしろ荘園領主権力に依存し、それを利用しながら身分上昇をはたすのである。

(33)　長井氏はまた、官符衆徒にまでなれる有力衆徒でもあった。
(34)　『経覚私要鈔』宝徳二年十月九日条
(35)　『雑事記』文明九年五月十五日条
(36)　『雑事記』文明九年六月十一日条
(37)　永島福太郎氏「大乗院寺社雑事記について」（日本史研究会史料研究部会編『中世社会の基本構造』一九五八年）、参照。
(38)　国際商人として有名な楠葉西忍や、その子息の元次なども、経覚の古市移住後に立野から古市に移住している。
(39)　小山靖憲氏も、前掲註(9)『那賀町史』において、宇野・名手氏といった武士団も、経済的には有力農民と大差はなかったとされている。大和の場合も、これと同様であろう。
(40)　諸先学の研究でみたように、「若党」は「凡下身分」とされており、侍身分の獲得をめざすものとされてきた。しかし「若党」はむしろ、「元来の侍」が中心であり、その周辺に北野山のような「新侍」がいたのではないかと思われる。
(41)　『経覚私要鈔』長禄二年九月二十七日条。ちなみに古市胤栄は、九月二十二日より八幡に出陣していた。
(42)　官符衆徒の職務として、尋尊は『雑事記』文明十年五月十五日条で、寺務領の奉行、興福寺七郷及び寺社の諸検断、神事・法会の奉行をあげている。
(43)　『経覚私要鈔』文安六年一月一日条に「胤仙執事鹿野薗」とある。
(44)　『経覚私要鈔』享徳二年一月八日条
(45)　『経覚私要鈔』享徳二年一月十四日条、同年三月一日条
(46)　『経覚私要鈔』文明二年十月二十六日条
(47)　前掲註(10)拙稿「中世後期畿内国人層の動向と家臣団編成」
(48)　『経覚私要鈔』宝徳二年四月二日条、長禄二年七月二日条、『雑事記』文明二年六月十二日条では、それぞれ古市氏が家臣を処刑している記事がある。

国人古市氏の馬借・関支配について

――南山城を中心にして――

田中慶治

はじめに

大和の最有力国人であり、興福寺衆徒であった古市氏は、興福寺衆徒としては新興勢力であったものと思われる。(1)そのことは、古市氏が春日若宮の願主人の党組織である「六党」のいずれにも所属していないことからも推測できる。(2)新興勢力であったと思われる古市氏は一五世紀半ば以降、強力な家臣団編成を進め、戦国大名化の道を歩みはじめる。(3)古市氏の成長を経済的に支えたのは、古市氏の商業政策であったと思われる。古市氏権力を解明するためには、その商業政策にふれることが不可欠であろう。

本稿は古市氏の商業政策のうち、馬借支配と関支配に注目したものである。古市氏の馬借支配と関支配については、従来から注目されてはいるものの、(4)まとまった研究は管見のかぎり見当たらない。本稿も覚書の域をでないものではあるが、古市氏の馬借・関支配の一端にふれてみることにする。

一　古市氏・経覚と馬借

本節ではまず、古市氏と経覚の関係について述べる。ついで文安四年（一四四七）と長禄元年（一四五七）の二度の馬借一揆を検討し、古市氏・経覚と馬借との関係を考察することにする。

1　古市氏と経覚

大乗院門跡であった経覚は、九条経教の子として応永二年（一三九五）に誕生した。彼は大乗院入室当初から、興福寺内において昇進・待遇等が特別扱いをされる貴種出身の貴族僧であった。経覚は応永十四年（一四〇七）に出家し、応永十七年（一四一〇）に大乗院門跡、応永三十三年（一四二六）に興福寺別当に就任した。彼はその後、永享十年（一四三八）に、恐怖政治を行ったことで有名な室町幕府六代将軍足利義教の手により大乗院から追放される。(5) 経覚追放後の大乗院門跡には、一条家出身の少年僧の尋尊が入った。しかし、あまりの恐怖政治の結果、嘉吉元年（一四四一）に義教は赤松満祐の手により暗殺される。この義教の横死により経覚は復活を果たした。

ところが、興福寺にとりドル箱であった河上五カ関の関務代官の地位をめぐり、大和の有力国人である筒井順永・成身院光宣兄弟と争っていた古市氏が、順永・光宣兄弟との争いに破れたため、古市氏に推戴されていた経覚は、文安二年（一四四五）九月に再び大乗院を追われた。その後経覚は文安四年（一四四七）四月十三日に、古市胤仙の本拠地である古市に移住する。経覚はこれより後、文明五年（一四七三）の死まで、実に二十七年間を古市迎福寺ですごすことになる。

実は経覚の古市移住は、経覚を手中にしようとする胤仙の強い意思によって半ば強引に行われたものであった。(6) 経覚は隠居したとはいえ、わずか十七歳の尋尊の代官であり、(7) 古市移住後も二度にわたって興福寺別当をつとめている。彼は興福寺内・大和国内においても、また中央においても、いまだ権威・実力ともに十分であった。この経覚を半ば強引に手中にしたことは、胤仙にとって当然大きな意味をもった。大和国内で古市氏の勢力が強力になったのはもちろんのこと、中央権力との関係を深めることともなった。

2 古市氏・経覚と馬借一揆

本項では古市氏・経覚と馬借一揆との関係について考察してみる。

まず文安四年（一四四七）の馬借一揆について検討してみる。経覚の古市移住後まもない、文安四年七月、大和をはじめ近江・河内・山城等で馬借一揆が蜂起した。『経覚私要鈔』の文安四年七月十日条に次のような記事がある。

①伝説云、今度馬借蜂起事、予(経覚)并古市(胤仙)以下張行不レ可レ然、欲レ滅ニ亡南都一造意歟、御造替前悪行至也トテ、衆中令ニ蜂起一、予・胤仙加ニ衆勘一云々、事実者先代未聞所行無ニ比類一者哉、（下略）

経覚と古市胤仙が南都を滅亡させようと、馬借を煽動して一揆を起こさせたとして、衆中が経覚と胤仙に衆勘を加えたという説が流れたのである。(8) しかし経覚についてはまったくの無実であったことが彼自身の日記である『経覚私要鈔』よりわかる。『経覚私要鈔』の七月三日条に「徳政沙汰事、江州・河州以下大略如ニ馬借所存一成下了、山城国亦以同前云々、仍今夜奈良ノ西南筒ヲ吹郡(群)集云々、以外之次第也、」と記されており、経覚は馬借一揆に対し「以外之次第」と怒っている。さらに、同日条の別の項には、「筒井(順永)率ニ一族一奈良へ上云々、為レ静ニ馬借一歟、可レ然、」と記し、宿敵であるはずの筒井順永の行った、馬借鎮圧のための出勢を喜んでいる。このような経覚が馬借一揆の煽動者であったとは考えられない。経覚はとんだ濡れ衣を着せられたといえよう。

しかしながら古市胤仙についてはまったく無実であるとは言えないと思われる。古市氏が馬借と深いつながりのある国人であったことは、永島福太郎氏・熱田公氏等によって指摘されている。(9) また鈴木良一氏は、古市氏が土一揆（馬借一揆）を援助・利用したことを指摘されている。(10) 私はこれら諸先学の指摘や、前掲の『経覚私要鈔』に記された伝説からも古市胤仙が馬借を組織し、一揆の蜂起を支援したことは想像にかたくないと考えている。この文安四年の一揆では武士勢力が一揆を支援した事例がある。山城国では、畠山持国が一揆を煽動していたのである。当時持国は細川勝元と対立し、京都政権内で孤立しており管領を辞職していた。管領を辞職し政権内で合法的手段のとれなかった持国は、勝元に対抗するために、一揆を支援するという方法をとったのである。(11)

文安四年段階で胤仙もまた、持国と同様の立場にいた。大和国の守護代ともいうべき官符衆徒棟梁を宿敵筒井順永に奪われ、大和国内で合法的手段をとれない立場にいたのである。(12) 馬借とつながりの深い古市氏が一揆を組織・支援したとしても不思議ではなく、むしろ当然ともいえよう。

大和国人として新興勢力であった古市氏の本拠地は永島福太郎氏も指摘されるとおり、交通の要衝である古市であった。(13) 古市氏は新興勢力ではあったものの、交通や交易の重要性については、他の有力国人よりも敏感に察知していたものと思われる。古市氏は交通・交易を把握するためには、輸送業者であり、中小商人でもある馬借を把握する必要があることを熟知していたであろう。そして文安年間には、馬借一揆を煽動することができる程度にまで馬借を把握・組織していたものと思われる。また馬借側としても、大和の最有力国人・衆徒である古市氏に結びつくことにより、大商人に対抗することができたのではなかろうかと推測される。(14)

次に長禄元年（一四五七）の馬借一揆と経覚の関係についてみてみることにする。長禄元年の一揆の経過を記す。まず長禄元年（康正三年）八月頃に河内国の土民が蜂起し、新関六十六を破壊したという事件が起こった。十月には京都で土一揆が蜂起している。十一月には山城の一揆が奈良への侵入をはかっている。この十一月頃より、土一揆のため京都・奈良間の道が塞がれるようになる。(15)

十二月七日、当時京都に滞在していた経覚が南都に下向することになった。下向の記事が記載されている『経覚私要鈔』の十二月七日条を記す。

② (前略) 又至二脇森辺一門跡北面五六人・見塔院三位房(祐昌)自二門跡一召二賜之一、其外小泉代官(金力丸)中ト申者、騎三騎・人二三十人召二給之一、然木津者不レ通之間、賀茂へ廻テ来云々、仍路次事色々評定、雖レ然依二馬借分済(際)一可二途於違一之条、云二外聞一、云二実儀一、不レ可レ然之間、触二木津大弐房(英専)一欲レ通処、大弐房来間召具了、無二殊事一令レ通之条、尤本意也、木津・中村奉公所レ致也、可レ悦者也、(下略)

経覚の下向を迎えに来た者たちは馬借一揆のため、木津を通れなかった。そこで経覚は木津氏と狛の中村氏に命じて、馬借に道を開かせたことが、この記事よりわかる。この一件により、木津氏・中村氏という南山城の国人・土豪が馬借を押さえていたこと、その木津氏・中村氏は経覚に「奉公」する者であったことがわかる。(16)

十二月十日条には、「山城馬借捧二目安一之間遣二沙汰衆一了、去七日下向時、雖レ塞二通路一、愚老通之間路ヲ開テ通了、結句送之条神妙之間、感二其色一及二披露一了、」と記されている。さらに十二月十九日条には、「山城土一揆申状事、今日仰二遣殿中一了」と記されている。経覚は馬借が道を通してくれたことに感じ入り、馬借の目安・申状を官符衆徒沙汰衆に取り次ぎ、ついで九条家にも取り次いでいるのである。通常ならば、いくら道を通したことに感激したとはいえ、貴種の僧である経覚が土民である馬借の目安・申状を官符衆徒沙汰衆や九条家に取り次ぐことなど考えられない。そこには山城の馬借を把握している木津氏・中村氏といった国人・土豪と経覚との深いつながり、(17)また国人・土豪を媒介としての馬借との深いつながりが想定できる。加えて経覚は馬借とつながりの深い古市氏のもとで生活していた。そのようなことも経覚と馬借を結び付ける一要因であったと思われる。

ここでなぜ経覚が木津氏等と深いつながりを持っていたのかについて述べる。木津氏は一乗院方の坊人であり、大乗院門跡であった経覚からすれば他門に属する者である。その他門に属する木津氏と経覚をつないでいたのは、木津の御問職である。御問職は年貢運搬・馬借の監督者であり[18]、水陸交通業のエージェント的存在であった[19]。そしてその御問職の補任権を掌握していたのが大乗院門跡であった[20]。『経覚私要鈔』の長禄四年（一四六〇）九月二十六日条に、「御問間□(之)内三分一自レ是(経覚)令二知行一、可レ仰二付渡守一之由、仰□(遣)、」とあり、この時期、経覚自身が御問職を知行しており、また渡守＝御問職[21]の補任権を有していたことがわかる。御問職の補任権を握る経覚と木津氏は、当然深い関係にあったものと思われる。

このようにして木津氏と深くつながる経覚を手中にしたことにより、古市氏もまた、木津氏とより一層深くつながることができたし、馬借の組織化も容易に行うことができたのであろう。そして古市氏自身も古くから木津氏と深くつながっていた。古市氏が筒井氏と河上五ヵ関務代官をめぐって争っていた嘉吉二年（一四四二）には、木津父子が古市方として戦死している[22]。また胤仙の子息の澄胤が戦死した時、木津氏もまた運命をともにしている[23]。経覚と古市氏はその両者が結びつくことによって、より一層木津氏・馬借等を容易に掌握することが可能になったのである。

本項では、文安四年（一四四七）と長禄元年（一四五七）の二度の馬借一揆を検討してみた。その結果、古市氏・経覚のそれぞれが、交通の要衝木津にいる木津氏及びその配下の馬借と深い関わりにあったことが明らかになった。

そしてその深い関わりにより、大和国人として新興勢力であった古市氏の交通・交易政策は進展することになったと思われる。

二　古市氏による南山城進出と関支配

本節では、文明二年（一四七〇）以降、積極的に南山城へ進出していった古市氏が、南山城において京都―奈良間の本関及び新関の支配を行い、それを梃子に中小商人・輸送業者である馬借を、より強力に掌握していった過程を検討してゆきたい。

1 古市氏の南山城進出

前節でみたように、古市氏は木津氏と深い関係にあった。また古市氏は木津の御問職の補任権を握っている経覚を手中にしていた。古市氏が木津の御問職の補任権を握る経覚を手中にしているということは、木津渡をも掌握していたことを示している。事実、享徳二年（一四五三）二月には、伊勢国司北畠教具が、石清水八幡宮寺に参拝するための木津舟の手配を古市胤仙に依頼している[24]。また木津渡は関でもあった。当然古市氏はこれをもまた、掌握していたのである。

古市氏は胤仙の子息胤栄の代になり、応仁の乱のころより積極的に南山城へと進出をはじめる。『大乗院寺社雑事記』[25]文明二年（一四七〇）一月九日条に、「昨日古市勢依二椿井之語一出陣、相楽庄事云々、」とあり、胤栄の軍勢が南山城の西軍方国人椿井氏の要請で出陣をしていることがわかる。また七月には西軍方の大内政弘が南山城に進出し、山城国の東軍は合戦に敗北し、南山城は悉く西軍方となっている。

こうした事件の後、西軍方であった胤栄は十月に入り、本格的に南山城への進出を開始する。『雑事記』の十月五日条には、「為二下狛知行一古市（胤栄）勢進発、大将兵庫筑前守（長田家則）也、山田木津可二知行一之由支度云々、仍同道者也、」と記されている。この記事より胤栄は下狛を知行するため、一族の長田家則を大将として軍勢を出陣させていることがわかる。この時、古市軍と同道して出陣した山田氏は、胤栄結婚の時花嫁の請取に行った人物であり、胤栄より山内の進退を任されていた人物である[26]。

『経覚私要鈔』文明四年（一四七二）一月二十五日条に、「昨日自二下狛土屋斉次郎一古市へ申遣云々」と記されている。土屋氏は古市氏の被官である。彼は下狛に駐在していたのである。また『雑事記』の文明七年（一四七五）五月二十六日条に、「北山ハ古市之代官下狛大北之城衆也、」と記されており、文明二年ころより南山城の下狛に進出した古市氏は、下狛を南山城支配の拠点としていたことがわかる。

2　古市氏の南山城本関支配

下狛を南山城支配の拠点とした古市氏は、下狛の関をも支配していた。『雑事記』文明四年五月十二日条に、「八幡御寮今日被レ帰、馬自二一乗院殿一被レ進レ之、千松丸御送ニ進レ之了、狛過書仰ニ付古市（胤栄）一、則進レ之了、」という記事がある。尋尊は姉八幡菩提院の狛通過のための過所発給を古市胤栄に依頼しているのである。この一件について検討をしてみたい。

黒川直則氏は、古市氏が南山城の新関と関わりが深いことを指摘されている。[27]このことは興味深い指摘である。しかしながら、古市氏等の大和国人による南山城の本関支配に言及された研究は管見の限り見当たらない。そこで私は、古市氏による南山城の本関支配にも注目したい。脇田晴子氏は、京都から奈良への通路の関所のうち、宇治橋・宇治関・狛両関・木津渡・高座関は本関だったと思われる、と指摘されている。[28]私もこの説は首肯できるものと考える。そのことについて、以下、興福寺の貴種の僧の関に対する意識をみることにより検討してみる。

大乗院門跡政覚の日記『政覚大僧正記』には関に関する記述が散見されるので、それをあげてみたい。

文明十七年（一四八五）五月五日条に、「此一両日京都七口ニ新関ヲ所司代多賀豊後守（高忠）立云々、以外事也、」とあり、多賀高忠が京都七口に新関を立てたことを政覚は「以外事也」と憤慨しており、新関を立てることには拒否反応を示している。[29]

文明十六年（一四八四）六月十一日条には、「三俣戸料紙未二到来一之間、延福寺方返事為二催促一田舎御童子上レ之、

粮物三十文、上下関四十文下ニ行之、」とあり、三俣戸料紙が到来しないことの返事を催促するために御童子を派遣した時に政覚は、粮物三十文とともに、上下関料として四十文を御童子に下行している。

長享二年（一四八八）四月二十五日条には、政覚が吉野に参詣したおりの記事があり、そこでは、「諸関一銭モ不レ出レ之、一乗院殿（教玄）ヨリ御奉書在レ之、」と記されている。つまり政覚は吉野参詣路にある一乗院支配の関を、一乗院門跡教玄の発給した奉書、すなわち過所をもって通行しているのである。

政覚の関に対する意識としては、新関に対しては拒否反応をしめしている。しかし文明十六年の例では、御童子に関料を支給しており、また長享二年の例では、一乗院門跡発給の過所をもって関を通行している。この二件の例では、政覚は関に対する拒否反応は示していない。この二件の例で政覚が関に対して拒否反応を示していないのは、これらの関が本関であったからだと思われる。

政覚は脇田晴子氏が本関と推測された木津渡と宇治橋に関しても記述している。文明十九年（一四八七）一月二十四日条に政覚上洛の記事があり、「木津下渡如ニ嘉例一十疋被レ遣レ之、宇治橋七升榼壱荷如レ例被レ遣レ之、則上下向悉無為通了、」と記されている。ここでも政覚は木津渡で十疋、宇治橋で七升榼壱荷を出して通行している。しかもこれらの関料を支払うことを「嘉例」とし、つつがなく通行したことを「則上下向悉無為通了、」と喜んでおり、関料を支払うことには抵抗は示していない。このことは脇田晴子氏の推測どおり、木津渡と宇治橋が本関であったことを示していると思われる。

このように興福寺の貴種の僧は、新関に対しては拒否反応を示すが、本関に対しては関料を支払うか、あるいは過所をもって通行している。とするならば、私は文明四年（一四七二）五月に尋尊が、姉八幡菩提院のために古市胤栄に過所の発給を依頼した狛の関も本関であったとしてよかろうと考える。つまり古市氏は文明四年五月段階で狛の本関を支配していたといえる。

古市氏はなぜ、本関を支配することができたのか。木津渡の場合は御問職の補任権を握る経覚を手中にしていたことが最大の理由であろう。それでは狛の場合はどうしてなのか。前述のとおり、文明二年（一四七〇）以来、古市氏が下狛を南山城進出の拠点としていたことも理由としてあげられよう。それとともにここでは、守護権との関わりに注目してみたい。永原慶二氏は道路は公共性の強いものであり、この時期は守護の管理下に置かれるようになっていたと指摘されている。[30]

文明四年段階で山城国の守護は不明である。[31]しかし西軍方の最有力武将である畠山義就が応仁二年（一四六八）十一月に、山城国守護と主張しており、奉書まで発給している。[32]また文明二年には、同じく西軍方の最有力武将の大内政弘の軍勢が南山城に進出してきていた。この時期は南山城では西軍方の勢力が優勢であったといえる。私は西軍方であった古市胤栄が、守護を主張する義就や大内政弘の勢力を背景にして、山城国の守護代的地位にいたのではないかと推測する。そして下狛を南山城の支配拠点としていたものと考える。この後、古市氏は明応二年（一四九三）九月、山城国一揆崩壊後に正式に守護代に補任される。[33]私は明応二年の守護代補任は、文明年間の事実上の守護代としての実績が評価されたからと考えている。[34]尋尊もまた、古市胤栄を事実上の守護代と認め、道路の管理者として認めていたからこそ、狛の関の過所の発給を依頼したのであろう。過所発給の持つ政治的意味は大きく、免税の特権付与を古市氏は自らの主人である大乗院門跡に対して行っていたのである。

3　古市氏の南山城新関支配

黒川直則氏が注目されたように、古市氏は南山城の新関も支配していた。本項では古市氏の新関支配について検討してみる。

『雑事記』文明十六年三月十六日条に、「予（尋尊）今日京上、寺務（政覚）僧正御房同道、山城辺近来新関共在レ之、古市（澄胤）并堤方（栄綱）

二仰二付之一畢、仍無為、」とあり、尋尊と政覚が上洛した時、山城に新関があったが、古市澄胤と大和国人の堤栄綱に関の通行を依頼して、そのおかげで無事、関を通行することができたことが記されている。

同じく『雑事記』の明応三年（一四九四）十二月後付に古市氏支配の新関に関する記述がある。

③正月十八日若君（慈尋）入室十歳中御門（宣秀）弁御共申、難波修理亮常弘参申、自二家門一至二木津一内々如二先例一御板輿、歩行儀也、山城近日新関共在レ之、五ケ所云々、仰二付井上近江守一関々無二相違一、昨日十七日竹内尭善・城土寛明・御輿舁以下済々罷上、毎事上下向無為、珍重々々、

この記事は、明応四年一月十八日に一条冬良の子息慈尊が大乗院に入室するため、京都より奈良へ下向してきた時の記事である。ここでは、山城に新関が五カ所あるため、古市氏の一族である井上近江守に依頼して、関を無事通行したことが記されている。

前述したように、本来尋尊ら興福寺の貴種の僧は新関に対して拒否反応を示していた。しかし文明十六年の一件も、明応四年の一件も尋尊は古市氏の新関に対し、拒否反応を示していない。もちろん古市氏が関を無料で通行させていることは考慮に入れなければならない。しかしながら、古市氏は本来であれば興福寺衆徒・大乗院家坊人として、尋尊に奉仕する身である。井上近江守にいたっては、古市氏の一族にすぎない。私はなぜ尋尊が、興福寺の支配圏外の南山城のこととはいえ、自らの臣下である古市氏に、新関の通行に便宜をはかってもらうことを依頼せねばならなかったのかについて考察してみたい。

脇田晴子氏は、幕府や朝廷の立てた新関は本関なみに扱われることが多いと指摘されている(35)。前述のとおり古市氏は文明二年（一四七〇）以来、積極的に南山城に進出していた。畠山義就や大内政弘の力を背景としたこともあり、事実上の守護代ともいうべき地位にいた。そして明応二年（一四九三）には、正式に守護代に就任している。そしてこの時期、道路の管理は守護の下におかれていた。私としては、これらのことをあわせ考えると、古市氏の

設置した新関は、公権力によって設置された関であるとの認識がなされ、本関なみに扱われていたのではなかろうか、と考えている。だから尋尊は、本来は自らの臣下である古市氏に新関の通行に便宜をはかってもらうことに対して違和感を感じなかったのであろう。

4　関と馬借

古市氏が南山城支配の拠点として、関も設置していた下狛と木津は、ともに交通の要衝であり、また馬借の集住地でもあった。(36) 交通・交易に明るい古市氏が支配の拠点とするには、実に適切な地であった。古市氏は山城国一揆がいまだ健在であった延徳二年（一四九〇）十月に、木津と下狛の馬借を組織・煽動し蜂起させている。(37) 馬借を組織・煽動して一揆を蜂起させるのは、前節でも述べたとおり、文安四年（一四四七）以来の古市氏の常套手段であった。

古市氏はなぜ、馬借を組織することができたのか。それは古市氏が南山城の関を支配していたことに理由の一端があると思われる。永原慶二氏は、山城国一揆の新関撤廃条項を、関を立てられることによって被害を受けた民衆、特に輸送業者であった馬借の要求であったとされる。(38) 脇田晴子氏もまた、新関撤廃条項を自由通商ないし自由通行の確保を目的としたものであったとされる。(39) 私もこの説は首肯できるものであると考える。馬借は新関に苦しめられていたのである。言い換えれば馬借は、関を立てている者には頭があがらなかったということである。

私は、馬借は関を通行させてもらうために、また関料免除の特権を得るために、関を支配している古市氏の支配下に入る必要があり、また中小商人でもあった馬借は大商人に対抗するためにも、古市氏の支配下に入る必要があったものと考えている。

脇田晴子氏が指摘されるとおり、商人が権力に寄生して特権を獲得するのは当然のことであった。(40) このように古市氏は関支配を通じて、馬借の組織化を進めていったものと思われる。交通の要衝である古市出身の古市氏は、交通路・輸送業者を掌握することが、商業資本をも掌握することにつながることを敏感に悟っていたのであろう。

本節では、文明二年（一四七〇）以降、南山城に積極的に進出した古市氏が、事実上の守護公権を背景にして、南山城の本関・新関を掌握し、それにより、馬借を支配下に入れ、組織化を行っていったことを考察してみた。

おわりに

大和国の最有力国人・衆徒であった古市氏は、衆徒としては新興勢力であったと思われる。古市氏は新興勢力ではあったものの、強力な家臣団編成を行い、戦国大名化への道を進んだ。その古市氏権力を経済的に支えていたのは、古市氏の商業政策であったと思われる。

本稿では、古市氏の商業政策のうち、運輸業者・中小商人である馬借の支配と南山城における関支配に注目してみた。

古市氏は文安年間より馬借を組織し、一揆の蜂起を煽動していた。古市氏が馬借の組織化を行いえたのは、古市氏自身が交通の要衝古市の出身であったこと。同じく交通の要衝である木津の御問職の補任権を掌握している前大乗院門跡の経覚を手中にしたこと。またこれにより、以前から深い関わりのあった木津氏及びその配下の馬借を、より深く掌握することができたからである。このことにより古市氏の交通・交易政策は進展することとなった。

文明年間に入り、古市氏は積極的に南山城に進出してゆく。その結果古市氏は、事実上の守護公権を背景にして、南山城の関支配を進めてゆく。このようにして南山城の交通路を掌握した古市氏は、それを梃子に馬借・商人を自らの支配下におき、商業資本をもより深く掌握していったのである。

これらの商業政策で得た経済力を背景に古市氏は、戦国大名化への道を強力に推進していったのである。

註

(1) 大和国人は、衆徒と国民にわけられる。衆徒・国民とは在地領主らを興福寺が被官化したものである。興福寺は旧縁（譜代）のある者を衆徒とし、興福寺僧とした。新付（外様）の者を国民とし、春日社の末社の神主とした。なお衆徒の中の有力者二十名を官符衆徒といい、その最上首を官符衆徒棟梁という。守護不設置の大和では官符衆徒棟梁とは他国でいえば、守護代に相当する地位である。
(2) 「六党」の成立について安田次郎氏は、「祭礼をめぐる負担と贈与」（『歴史学研究』六五二　一九九三年）において、十三世紀前半とされている。「六党」に所属していないということは、古市氏の登場が、他の有力国人に比して遅いということを表していると考えられる。
(3) 古市氏の家臣団編成と戦国大名化への指向については、拙稿「中世後期畿内国人層の動向と家臣団編成」（『日本史研究』四〇六　一九九六年）を参照されたい。また古市氏家臣の存在形態については、拙稿「中世後期の若党に関する一考察」（『高野山史研究』六　一九九七年）を参照されたい。
(4) 永島福太郎氏「古市澄胤」（高柳光寿博士頌寿記念会編『戦乱と人物』一九六八年）、鈴木良一氏「山城国一揆ノート」（『日本歴史』二九六　一九七三年）、熱田公氏「古市澄胤の登場」（日本史研究会史料研究部会編『中世日本の歴史像』一九七八年）、黒川直則氏「地域史としての『山城国一揆』」（日本史研究会・歴史学研究会編『山城国一揆』一九八六年）等の論考において、古市氏と馬借、あるいは関との関係について触れられている。
(5) 以上、経覚については、永島福太郎氏「大乗院寺社雑事記について」（日本史研究会史料研究部会編『中世社会の基本構造』一九五八年）、参照。
(6) 経覚の古市移住については、前掲註(3)拙稿「中世後期畿内国人層の動向と家臣団編成」を参照されたい。
(7) 『大乗院日記目録』嘉吉元年十一月十五日条。以下『日記目録』と略す。
(8) この衆勘は事実であり、またこれが古市氏・経覚の宿敵であった筒井順永により行われたことが、『経覚私要鈔』宝徳二年八月八日条よりわかる。ちなみにこの時期、筒井順永は、衆中（官符衆徒）の棟梁であった。
(9) 永島福太郎氏、前掲註(4)「古市澄胤」、熱田公氏、前掲註(4)「古市澄胤の登場」等。なお熱田氏は、古市氏は

「組織として馬借を掌握していたわけではなく、被官人を有していた程度」とされる。しかし私は、後述する古市氏の関支配などとも関連して、古市氏は馬借を組織的に掌握していたものと考えている。

(10) 鈴木良一氏、前掲註(4)「山城国一揆ノート」。なお鈴木氏は、応仁の乱後、土一揆は国人に利用されるようになるとされる。文安の馬借一揆が古市氏に組織・煽動されたのは、その先駆的なものであったといえよう。

(11) 以上、文安の一揆については、今谷明氏「文安土一揆の背景」(『日本史研究』一四七　一九七四年)、参照。

(12) 経覚を通じて、懇意であった持国と胤仙が共通の敵である細川勝元・筒井順永に対抗するため、連携して行動していた可能性もあろう。

(13) 永島福太郎氏、前掲註(4)「古市澄胤」

(14) 特権的座商人が商業の独占権を持ち、その他の商人を排除していたこと、また馬借一揆は問屋に対する中小商人である馬借の反抗であったこと等を、脇田晴子氏は、同氏著の『日本中世商業発達史の研究』(一九六九年)において、度々触れられている。とするならば、馬借が古市氏に結びつくということは、馬借が古市氏権力を背景にして、大商人に対抗するという側面をもっていたと考えられるのではないか。

(15) 以上、長禄の一揆については、中村吉治氏『土一揆研究』(一九七四年)、参照。

(16) 黒川直則氏も、前掲註(4)「地域史としての『山城国一揆』」において、木津氏と馬借の関係の深さに注目しておられる。私は経覚と木津氏との関係の深さにも注目したい。

(17) 木津氏にしても中村氏にしても、『経覚私要鈔』に度々登場する人物であり、以前から経覚と懇意にしていた者であることがわかる。

(18) 豊田武氏『増訂中世日本商業史の研究』(一九五二年)

(19) 宇佐見隆之氏「木守と問」(勝俣鎮夫氏編『中世人の生活世界』一九九六年)

(20) 豊田武氏、前掲註(18)『増訂中世日本商業史の研究』

(21) 『大乗院寺社雑事記』長禄三年六月九日条に「木津渡子御問職事」とあり、渡守と御問職がイコールで結べると考えてよいと思われる。またこの御問職には、度々木津氏が補任されていた。

(22)『日記目録』嘉吉二年十一月十一日条
(23)永島福太郎氏、前掲註(4)「古市澄胤」
(24)『経覚私要鈔』享徳二年二月二十四日条
(25)以下、『雑事記』と略す。
(26)『経覚私要鈔』康正三年七月二十日条。『雑事記』文明三年閏八月五日条
(27)黒川直則氏、前掲註(4)「地域史としての『山城国一揆』」
(28)脇田晴子氏「山城国一揆と自由通行」(日本史研究会・歴史学研究会編『山城国一揆』一九八六年)。但し、脇田氏はこれらの関の支配者については言及されていない。
(29)奈良の貴種の僧は、自らが本関の知行者であった。自らの収益をおびやかす新関に対して、拒否反応を示すのは当然といえる。また室町幕府も新関は撤廃しようとする意思を持っていた。
(30)永原慶二氏「日本史における地域の自律と連帯」(日本史研究会・歴史学研究会編『山城国一揆』一九八六年)
(31)吉川弘文館刊『国史大辞典』の「室町幕府守護一覧」によると、山城国守護は応仁二年七月より文明六年七月まで不明のようである。
(32)『山科家礼記』応仁二年六月十三日条に、義就が山城国守護として半済を要求している奉書が書写されている。
(33)永島福太郎氏、前掲註(4)「古市澄胤」、熱田公氏、前掲注(4)「古市澄胤の登場」等。
(34)熱田公氏は前掲註(4)「古市澄胤の登場」において、古市氏の守護代就任を、「山城二郡守護代は、戦いとった地位ではなく、中央政界の抗争の中からいわばころがりこんだ地位」とされる。しかし私は、古市氏の守護代就任を文明二年以来の古市氏の南山城での努力の結果であると評価したい。
(35)脇田晴子氏、前掲註(28)「山城国一揆と自由通行」
(36)永島福太郎氏、前掲註(4)「古市澄胤」
(37)永島福太郎氏、前掲註(4)「古市澄胤」、鈴木良一氏、前掲註(4)「山城国一揆ノート」等。
(38)永原慶二氏、前掲註(30)「日本史における地域の自律と連帯」

(39) 脇田晴子氏、前掲註(28)「山城国一揆と自由通行」

(40) 脇田晴子氏、前掲註(14)『日本中世商業発達史の研究』

東播守護代別所則治の権力形成過程について

渡邊大門

はじめに

東播守護代別所則治の研究は、地方自治体史の通史を除けばほとんどされていない[1]。その理由は、別所氏に関する史料がかなり不足しているからであり、そのことが別所氏研究の困難さを物語っている。一般的に室町・戦国期の播磨国の状況に関しては、赤松政則の家臣浦上則宗の実力が強調され、実際に守護代の任にあった別所則治には触れられるところが少ないのが現状である[2]。その中において個別論文では、依藤保氏の研究が代表的なものであるといえよう。依藤氏の研究は、別所則治の系譜・出身地等を探ることにより、赤松政則の守護在任期における則治登場の背景を探ったものである。同論文は当時の政治的背景も十分に調べており優れた論稿ではあるが、別所則治の東播八郡における支配体制・権力形成過程にはあまり触れられていない[3]。かくいう筆者も別所則治について、かつて述べたことがあるものの、短い内容ということもあり不十分な箇所も多く見られる[4]。

確かに、別所氏に関する史料は少ない。しかしながら、別所則治の発給文書の分析等を通して、他の赤松氏有力被官人との権限の違いを検討することにより、別所則治の権力形成過程を探ることは可能であると思われる。室町・戦国期にあって、浦上則宗が守護を凌ぐ権力を保持していたことは否定できないが、別所氏や龍野赤松氏が播磨国（東播・西播）守護代として支配を進めていたことも事実である。従来の研究では、浦上則宗の一側面即ち侍所所司代のような幕府の要職を歴任したことや、守護赤松政則を補佐し守護の権威を背景に領国支配を行ったとする説が主流である。しかし、それは則宗の側から見た播磨国支配の一面であり、やはり別所氏・龍野赤松氏といった有力被官人の動向を無視してはならないと考える。小稿では、特に別所則治の権力形成過程を分析することにより、浦上則宗の権力を再検討する面を合わせ持つことも述べておきたい。

一　別所氏の系譜

まず最初に、別所氏の系譜について触れておく。別所氏が赤松氏の流れを汲む一族であるということは、もはや定説となっている。その系譜は、赤松政則の子息円心の弟円光の子敦光が「別所」を称したとするのが一般的なようである。(5) 別所則治の賛を書いた天隠龍澤によれば、「赤松別所家譜従月潭円心而也」とあり、(6) 十五世紀の末頃においても、別所氏が赤松氏の庶流であるという認識を窺える。

別所氏が赤松氏の庶流であるということは、諸説一致しているところであるが、その本貫地になると主に二つの説に分かれる。印南郡（現姫路市）別所村と加西郡（現加西市）在田村別所がその有力候補である。(7) 近年では、それに加えて赤穂郡別所原（現上郡町高山）を有力候補とする依藤氏の説が発表されたが、いずれも根拠に乏しく未だ確認されていないと見るべきであろう（三木市別所町は近代に至って成立した）。それに関連して則治の本拠が三木城（現三木市）であったことは通説であるが、いつ頃から三木城に定住したかははっきりとわからない。系図によれば、延徳三年（一四九一）に三木城に居を定めたとするが、(8) 確実な史料では文亀三年（一五〇三）のものが確認できる。(9)

別所氏歴代のうち、史料上でその動向がはっきりと確認できるのは、別所則治の代からである。則治以前の別所氏については、全く把握できないため、敦光から則治に至る間の系譜は一切不明である。依藤氏は、別所氏に関する4種類の系図を詳細に検討された結果、どれも確証がないと結論付けられた。いずれの系図も他氏の系図を借用・改ざんしているのである。併せて、依藤氏は則治以前の系譜に記述のないことから、則治が別所氏の名跡を継いだ可能性を指摘されている。以上別所氏の系譜は不明な点が多いが、則治以降の系譜は、断片的ながらも史料によりたどることが可能である。次に、別所氏に関する諸史料により、則治以降の系譜について触れておきたい。

則治には、「別所小三郎」なる子息のいたことが指摘される。(10)「小三郎」は代々別所氏の当主が名乗っていたようである。その後の系譜については、「前別所画像賛」（以下「賛」と略す）を手掛かりに進めて行きたい。(11)「賛」は別所村治の事蹟を記しており、やや村治を礼讃する傾向にあるが、同時代の人物が執筆したこともあって信頼のおける史料である。「賛」によれば、村治には祖父「高峰」、父「耕月」がいたと記す。「高峰」は別所則治であり、この人物は後に述べるとおり史料で確認できる人物である。問題は父「耕月」の方で、こちらは発給文書はもちろんのこと、他の史料でも確認できない。しかしながら、次の点からこの「耕月」を「則定」に比定すべきであると考える。まず、第一に同時代の人物が「耕月」の存在を認めており、その位牌が慈眼寺（現三木市）に存在すること、(12)第二に則治の子供を村治とすれば則治がかなり高齢の時点での子となるので、年代的に大きく矛盾が生じると考えられることの二点である。何より、村治が永正十二年（一五一五）に父を亡くしており、永正十七年（一五二〇）には伯父某と敵対している。則治が、後述するとおり永正十年（一五一三）に没するという事実を考えれば、その二年後に亡くなった村治の父として則定の存在を考えねばならないであろう。(13)

別所氏の系譜はなお不明な点が多く、(14)併せて別所氏がいかなる理由により三木にその本拠を定めたかは今後の課題であろう。その中で、依藤氏が指摘した別所氏の系譜が他氏の系譜を借用・改ざんしたこと、則治が別所氏の名跡を継いだことの指摘は重要である（ただし、後者は推測であり、一次史料による裏付けが必要）。つまり、別所則治は新興勢力なのである。最後に別所氏の系図を掲出して系譜の考証を終えたい。

【別所氏略系図】

```
則治─┬─伯父某（小三郎ヵ）
     └─則定──村治──安治──長治
```

二 山名氏の播磨国侵攻と別所氏

別所則治が史上に登場し、赤松政則の配下で活躍するのは、但馬国守護山名政豊の播磨国侵攻の時である。この侵攻に関しては、石田善人氏の詳細な論稿があるので、以下それに拠りつつ述べてゆきたい[15]。山名氏が文明十五年（一四八三）に、播磨国に侵攻した理由を簡単に整理すると次のとおりである。

①因幡国において毛利次郎が強大な勢力を持ち、因幡国守護山名豊氏を圧迫するほどであった。その毛利氏に背後から援助を行っていたのは赤松氏であった。

②伯耆国では、山名豊氏の弟元之が守護に任じられ、豊之の子政之は元之の追放を企てた。この策動を影で操っていたのは、赤松氏であった。

以上の赤松氏による山名氏への圧迫が原因となったことに加え、応仁の乱によって播磨・美作・備前の守護職を赤松政則に奪われたという感情のこじれが、山名政豊に播磨進攻を企てさせたものと思われる。

赤松氏と山名氏の戦いは文明十五年（一四八三）十二月二十五日未明、突如として播磨国と但馬国の国境付近の真弓峠で勃発した。垣屋越前守率いる二千余騎の山名軍は、一気に赤松軍に攻め掛かり瞬く間に粉砕。大敗を喫した赤松政則は、家臣らと姫路を目指したが、途中で行方知れずになった。敗戦の報を聞いた赤松氏の家臣浦上則宗

【山名氏略系図】

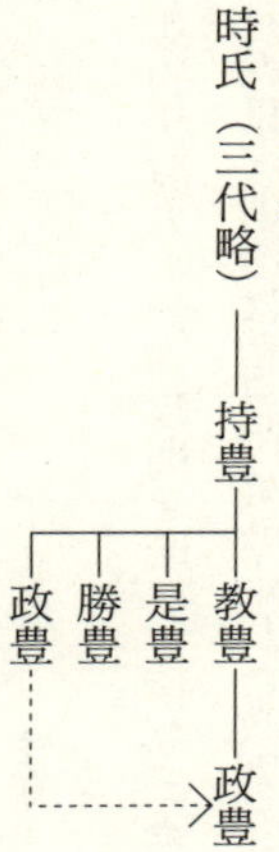

は激怒し、その他の有力被官とともに政則の三ヵ国守護職を有馬慶寿丸に譲る旨を幕府に願い出たのである。

（端裏書）「赤松殿衆連署案文明十六　二　八到之」

今度国之儀、依政則成敗相違候、諸侍并国民以下背候之間没落候、然間為猶子刑部大輔子（有馬澄則）慶寿丸申定候、家督事早々被仰出候者、各可忝存候、以此旨可預御披露候、恐惶謹言

（文明十六年）二月五日

明石与四郎　祐実

依藤　弥三郎

中村駿河守　祐友

小寺藤兵衛尉　則職

浦上美作守　則宗

蜷川新右衛門尉殿[16]

この史料は、赤松氏の有力被官人が「諸侍并国民以下背候」という理由により、有馬慶寿丸を三カ国守護に任ずるように願い出たものである。依藤氏も指摘されているとおり、幕府に政則解任を申請した明石・依藤・中村・小寺・浦上の五氏は、いずれも長禄の変において活躍し、赤松氏再興を担った者（あるいはその子孫）である。この赤松氏重臣グループによる政則解任は、いかなる影響を及ぼしたのであろうか。その間の事情を『大乗院寺社雑事記』によって見てみよう。この後、有馬慶寿丸を擁立した則宗は山名軍を打ち破り、播磨国における勢力をかなり取り戻している[17]。ところが、先の政則解任の文書は、「今後有馬之息総領職御判事ハ、謀書之御判也」とあるように無効となった[18]。赤松氏に属する国人も動揺したのか、まず有馬右馬助が山名氏と同心し、同じく播磨国の有力国人である在田氏・廣岡氏は「新赤松」を擁立し、それぞれ政則に叛旗を翻す様相を呈した[19]。この間、山名氏の播磨国支配はますます本格化し、寺社・武士等に所領の寄進・安堵などを行っている。政則という軸を失った播磨国では、ますます混迷を深めていったのである。

【赤松氏略系図】

則村─┬─範資
　　　├─貞範
　　　└─則祐──義則─┬─満祐
　　　　　　　　　　　└─義雅──性存──政則

この危機的状況の中で、政則を助けて再び三カ国守護職に復活させたのが、別所則治である。文明十六年（一四八四）三月九日、則治は和泉国に敗走した政則を伴って入京し、将軍義尚に謁見させた。その後、京都を離れると、同年十二月二日摂津国有馬郡を経て播磨国に戻ったとされている。政則は則治の忠勤に感謝し、東播八郡を与えたというのが通説である。[20] 則治が政則を救った過程や東播八郡を与えられた事実については、確実な史料により確認できない。加えて、則治にはこの侵攻以前の動向を示す史料がなく、その登場が突然過ぎる感がある。しかし、政則が諸侍・国民から見放されたことを考慮すれば、応仁の乱以降政則を支えてきた勢力は皆叛旗を翻したため、則治のような新興勢力が求められていたことは十分に考えられる。先の依藤氏の指摘のとおり、政則が新興勢力であるがゆえ別所氏を登用したことも十分推測されるのである。

赤松氏が東播磨に駐在する山名氏を駆逐したのは、[21] 文明十七年（一九八五）閏三月二十七・二十八日の蔭木城合戦である。合戦に備え、政則は同年閏三月四日に光明寺（現加東郡）に着陣している。[22] この合戦で蔭木城（現小野市カ）の垣屋氏を寄襲した赤松郡は、わずか数日で城を攻め落とした。山名軍は、これを機会に本拠を坂本城（現姫路市）へと移し、東播八郡での基盤を失った。山名氏の播磨完全撤退は、長享二年（一四八八）まで待たねばならない。[23]

この播磨国における山名氏の侵攻に対して、則治は軍事指揮官的な役割を果たしていたようである。則治の発給した初見史料としては、次の史料がある。

　人夫五人之分可令罷越候也、
当庄之事、為上被仰合子細候、地下之儀、従此方可成敗候、随而、当陣へ人夫事申付、早々可罷越候、自他所、
雖申子細候、不可致承引候、一段之以御制礼、地下可拘置候、此旨、各可令存知候、暮（呉）々人夫不可有無沙汰候、
早々申合可越候、仍状如件、

　閏三月九日　則治（別所）　判

田中庄
名主・百姓中[24]

この史料は、山名氏との決戦に備えて、赤松方の陣へ人夫を催促した内容の史料である。この史料は年紀を欠くが、閏三月は文明十七年(一四八五)にあたり、ちょうど赤松氏が蔭木城攻撃に備えて準備を進めていた頃である。したがって、この史料の年紀は、文明十七年(一四八五)のものと見てよいであろう。この頃、則治を含めて赤松氏の有力被官が播磨に集結していたことは既に述べた。則治は複数の有力被官とともに、東播方面の軍事指令官的な役割を果たしていたのである。この史料の特色を一つ挙げれば、書止文言が「仍状如件」となっており、直状の形式を取っていることである。守護の意を奉ずる場合、書止文言に「仍執達如件」というような奉書形式を取るのが通常のスタイルである。そのことを考えれば、緊急であったことはもちろんであるが、則治に対して現地における軍事指揮権、つまり自陣に人夫を催促する権限が付与されていたと推測される。次に、もう一点史料を掲出する。

英賀陣へ敵手遣由候、彼方之時儀如何候哉、定其方へ可聞候、有様急度可被申候、為其急令申候、然者其方之事用意候て、此方手遣候ハ、、一段出張候て、忠節可為簡要之由候、恐々謹言

(文明十七年カ)十一月五日　別所
則治(花押)

松原庄
寺家中(25)

この史料は、松原庄寺家に宛てられた軍勢催促状であり、山名氏の播磨国侵攻に際してのものである。同年の英賀における山名氏との合戦は激戦であったらしく、いくつかの関連文書が見いだせる。この史料も、書止文言が「恐々謹言」という、書状形式を取っていることに特色を見いだすことができる。文明十七年六月二十六日、櫛橋則伊は松原八正寺に対して軍勢催促状を発給しているが(26)、この時の書止文言は「仍執達如件」となっており、奉書形式を採用している。文書の形式から比較すれば、守護奉行人則伊よりも則治の地位の方が上であることは明白で

ある。

かくして、則治は山名氏の播磨国侵攻に際して政則から信頼を得、軍事指揮権という側面から徐々に赤松氏内部における地位の確立を築いていたのである。突如としてあらわれた則治が、これだけの権限を与えられたことを考えれば、政則の信頼を一身に集めていたことが推測される。当然、先にあげた赤松氏重臣グループとの和解も結んでおり、浦上則宗はもちろんのこと中村駿河守祐友も山名氏との合戦においては活躍していたことが確認できる。(27)更にいうならば、文明十七年（一四八五）には「相公（足利義政）曰。赤松事。（中略）仍近国諸軍奉公衆。堅赤松合力之事」とあるように、幕府からもバックアップを得るようにまでなっていた。(28)赤松氏は則治の活躍もあって、山名氏との戦いを有利に進めたのである。

三　別所則治の東播八郡支配

まず最初に、応仁の乱以降の赤松氏家臣の有力者である、赤松政秀、浦上則宗について触れておきたい。

浦上則宗については、水野恭一郎氏の詳細な論稿があるので、ここでは簡単に述べておくに止めたい。浦上氏は紀氏をその本姓とし、播磨国揖西郡浦上荘をその所領とした。代々赤松氏に仕え、備前国等守護代を歴任している。則宗は、長禄の変により赤松氏が再興を遂げてからその手腕を発揮し、山城国一揆などでは先頭に立ってその鎮圧に臨んだ。応仁の乱後は、幼い守護赤松政則のもとで侍所所司代を務め、幕府による則宗の評価はかなり高いものがあった。則宗が後に山城国守護を仰せ付けられたことからも、十分に納得できる。水野氏は則宗の権力の淵源を幕府＝守護体制の中に求め、所詮は守護の権威の中でしかその実力を発揮できなかったとする。即ち、則宗は守護体制の枠を越え自立的勢力を形成する意志はなく、あくまで守護体制の中でしかその辣腕を発揮しえなかったのである。しかしながら、水野氏の論稿では則宗の持つ権限を室町幕府における地位や、戦乱時における行動を通したものでしか検討されておらず、実際に則宗がいかにして在地支配を行ったのか十分に触れられていない。私見によれば、則宗は在京期間が長く、播磨国には強固な支配体制を作ることができなかったと考える。その点については、播磨国（西播・東播）守護代赤松政秀・別所則治の動向を通して検討したい。

次に、赤松政秀について述べる。応仁元年（一四六七）五月、赤松政則は応仁の乱の混乱に乗じて、一気に播磨国を奪還した。この時、その先頭に立って活躍したのが赤松政秀である。政秀は、赤松を名字としつつもその出自には不明な点が多い。「宇野」と書かれた史料もあることから、本姓は「宇野」であるとも考えられる。政秀は播磨国奪還後、その守護代を任されていたことが知られる。

播磨国賀東郡浄土寺同寺領等、任先規諸公事并臨時課役以下所令免除也、弥可被致御祈禱精誠由候也、仍執達
如件

応仁元　「丁亥（押紙）　下野守（政秀）」

十二月一日　　　　　　政秀（赤松）（花押）

浄土寺衆徒中(29)

この史料は、政秀が浄土寺衆徒に「任先規諸公事并臨時課役以下所令免除」のことを伝えた内容のものである。政則が播磨国を奪還してからほぼ半年後に発給されており、どちらかといえばスムーズに在地支配を行っていたと推測される。もちろん、これ以外にも政秀の発給文書は存在するが、主として守護膝下にあった浦上則宗から命令を受けて、それを執行していたのである。当時、則宗は政則とともに在京し、侍所所司代等幕府の要職を務め、あるいはまだ若い政則の補佐を行っていた。政秀とともに堀出雲守秀世も播磨国に下っていたが、堀はどちらかと言えば政秀の補佐に当たっていたようである。そのことは、次の史料から見出すことができる。

【史料1】

山科家雑掌申播州揖保庄領家職事、号半済守護代押領之旨、度々就被成奉書、同遵行之処、于今不承引云々、太無謂、不日退其妨、被沙汰付雑掌一円被全所務之由、被仰出候也、仍執達如件

文明二

九月廿四日　　為信　在判

之種　同

赤松兵部少輔殿(政則)

【史料2】

山科家雑掌申播州揖保庄領家職事、号半済押領之旨、度々就成奉書、同遵行之処、于今不承引云々、太無謂、所詮不日渡付雑掌一円可被全所務、猶以令難渋者可有異沙汰之由、被仰出候也、仍執達如件

同日(文明二年九月廿四日)　　為―

之―

赤松下野守殿(政秀)

【史料3】

山科家雑掌申播州揖保庄領家職事、号半済守護代押領之旨、度々就被成奉書、同遵行之処、于今不承引云々、太無謂、所詮不日渡付雑掌一円被全所務之旨、堅可被申含之由、被仰出候也、仍執達如件

同日(文明二年九月廿四日)　　為―

之―

堀出雲守殿(秀世)(30)

以上の三点の史料は、守護代が播磨国揖保庄を半済と号して押領するのを止めさせるよう命じた、室町幕府奉行

人奉書である。史料1・3には、「号半済守護代押領之旨」という文言が入っているが、史料2にはその文言が入っていない。つまり、揖保庄を押領した当事者つまり播磨国守護代は、赤松政秀だったのである。しかも、史料3には「堅可被申含之由」という文言が挿入されており、堀氏が守護代赤松政秀に伝えるようになっている。播磨国において、堀氏は政秀を補佐する立場にあったのではないかと推測される。

ところが、山名氏の播磨国侵攻以降は、東播地区における政秀の発給文書が確認されず、かえって西播地区において発給文書が多く見られる。後に、円山・内海といった土豪を郡代として任用しており、その支配は西播に展開した。山名氏の播磨国侵攻を境にして、政秀は播磨国一国守護代から、西播守護代へとその勢力範囲が縮小されたのである。それでは、東播地区はいかにして別所則治の支配下へと移っていったのであろうか。

則治の東播八郡支配について述べる前に、東播八郡がどの地区を指すのかを検討したい。これについては、次のような史料がある。

東播八郡トハ所謂三木郡明石郡加古郡加東郡加西郡印南郡多可郡神東郡以上八郡也(31)

確かに地図上で線を引くと、巧い具合に播磨国を東西に分割できることがわかる。『播磨鑑』は近世に成立した地誌であるが、現在これより良い説がないと思われるので同書の東播八郡説に従いたい。

次に、具体的に則治の東播八郡支配の過程について、史料に沿って見て行きたい。文明十八年(一四八六)五月二日、室町幕府から赤松政則・別所則治・浦上則宗・櫛橋則伊に宛てて、冷泉家領細川庄(現三木市細川町)に兵粮米の徴収と守護使入部の禁止を命じた奉行人奉書が発給された(32)。このことは、細川荘に限らず文明十七年(一四八五)十一月の時点において、既に「国中所々対陣。以故如此寺社本領皆充行軍勢兵粮料」とあり、播磨国に荘園を持つ領主はいずれも対応に苦慮するところであった(33)。これを受けて、同年八月則治に宛てて、「守護使不入之儀、先例被停止訖」という内容の赤松氏奉行人連署奉書が発給された(34)。その命を受けて、則治が発給したのが次の文書である。

冷泉殿御家領三木郡細川庄并御寺分等之事、為諸役免除之地、可停止其綺旨、去八日被成奉書訖、向後其旨可被存知者也、仍下知如件、

文明十八

八月十七日　　　　　　　　則治（別所）　判

佐々木（ママ）四郎左衛門尉殿[35]

これは、則治が冷泉殿の家領である三木郡細川庄に対する諸役免除を守護使佐々氏に命じた史料である。文明十七年（一四八五）になると、山名氏の本拠は東播を離れ、坂本城（現姫路市）に移ったことは先に述べた。したがって、東播八郡は戦時体制からやや安定した状況となり、則治は東播八郡の守護代としての下地を築いていったものと考えられる。なお、この史料の解釈について、依藤氏はほぼ同内容の文書を小寺則職が発給しているので、「守護代の権限が東西に二分されたものではないことは明白である」とされている。筆者は、西播守護代を赤松政秀であると考え、小寺則職は段銭奉行を勤めていたのではないかと考えている。[36]次に則職が発給した文書を掲出し、則治の発給したものと比較しておきたい。

細川庄冷泉殿御家領并御寺分等事、為諸役免除之地上者、守護使不入儀、任先例被停止旨、去八日奉書令存知者也、仍執達如件、

文明十八

八月十七日　　　　　　　　則職（小寺）　判

冷泉殿御雑掌[37]

この内容は則職が冷泉家御雑掌に、細川庄が「諸役免除之地」であること「守護使不入儀」が先例とおり認めら

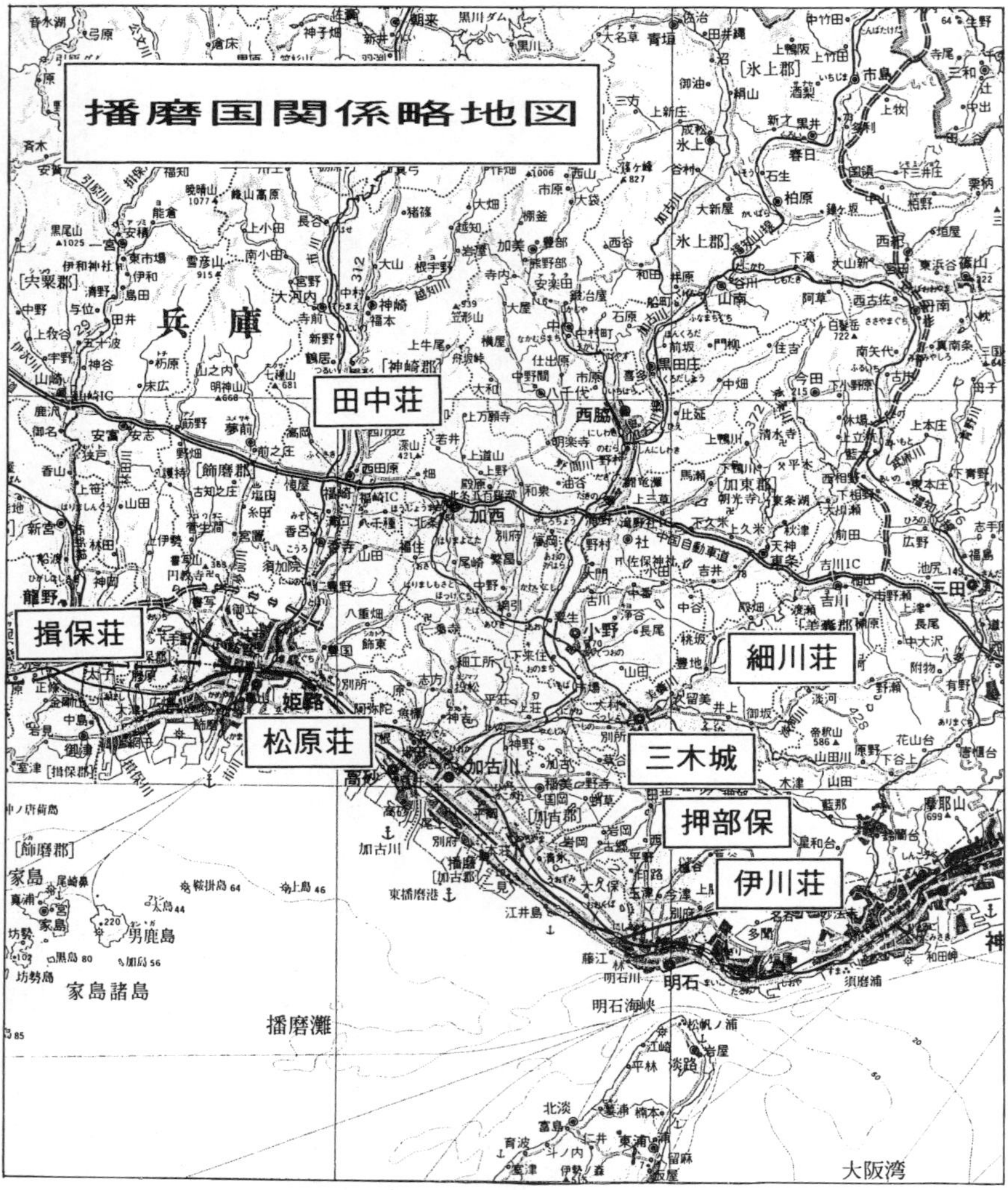

平凡社編『日本大地図帳』(平凡社、1994)をもとに作成。

れたことを伝えた内容の史料である。書止文言の「仍執達如件」は、まさしく守護の意を伝える奉書形式である。このことを先の則治の発給文書と比較検討すれば、則治の方が在地に対して強い権限を有していたことは明白である。いわば、則職は段銭奉行として結果を冷泉家御雑掌に伝えたに過ぎず、実際に現地の守護使に命令を執行し得るのは則治の方だったのである。あるいは、次のような史料もある。

　明石郡近江寺事、今度為御祈願所、諸御公事御免候処、只今被相懸兵粮之由候、近比曲事候、早々可被停止其綺候、於以後候ても其分可有御存知旨、具可申由候、恐々謹言

　　（文明十八年）三月十三日　　　　則季（後藤）（花押）
　　　　　　　　　　　　　　　　　則綱（喜多野）（花押）

　別所大蔵少輔（則治）殿
　　　御陣所[38]

　この史料は、近江寺（現在兵庫県神戸市西区）に兵粮を課すのを停止するよう、別所則治に伝えた内容のものである。この文書には年紀が付されていないが、関連史料から検討して[39]、文明十八年（一四八六）のものと考えられる。史料は多く残っていないが、近江寺同様則治は山名氏との合戦に際して、東播八郡の広い範囲に兵粮米を課していたと推測される。このように、別所氏は現地（東播八郡）において、櫛橋・後藤・喜多野など守護膝下の奉行人よりも強い影響力を持っていたのである。

　長享年間になり、山名氏が播磨国から撤退すると、則治の東播支配は比較的安定したものになったのではないかと考えられる。次に、明石郡伊川庄（現明石市）に関する史料を掲出する。

　守護代渡状。
當郡（明石郡）伊川庄事。去十日以御成敗旨。伊豆次郎（赤松範行）殿代。明石周防守早可被渡沙汰仕者也。仍執達如件。

長享弐

三月十四日　　　則治《別所》　判

稲屋与次殿

佐々四郎左衛門尉殿(40)

この史料は、十日の成敗に任せて明石郡伊川庄を押領する細川玄蕃頭を退け、赤松範行の代官明石周防守に沙汰させるより、則治が稲屋・佐々の両氏に伝えたものである。大光明寺領伊川庄は、早くから赤松春日部家が代官職を務めていたが、文明十八年（一四八六）七月から細川玄蕃頭との間にその代官職を巡って争いが生じている。(41)なお、この史料にははっきりと「守護代打渡状」と書かれており、則治が守護代として認知されていたことを示している。他にも、延徳年間に性海寺の諸役免除を行うよう、稲屋・佐々両氏に伝えた史料が存在することから、(42)稲屋・佐々両氏が則治の有力な被官人（あるいは守護使）であったのではないかと思われる。ただし、残念ながら、稲屋・佐々両氏の出自・動向等については不明である。

また、則治は明石郡押部保三ケ村代官職を勤め、(43)年貢五貫文を正法庵に納めたことが知られる。(44)更に、則治が独自に夫役を課していたことも明らかである。明応九年（一五〇〇）の「播磨国寺田村公事銭納下日記」によれば、「別所方へ就八朔夫懸」と記載されており、一貫文が支払われている。(45)文亀二年（一五〇二）には、徳禅寺領田中庄と寺田村に若菜夫を懸けており、浦上則宗から「任先例可被差除候」と指示を受けている。更に、文亀三年（一五〇三）から文亀四年（一五〇四）にかけては、大塩庄・寺田村の年貢算用状に「別所方札」「三木別所殿年始礼」など様々な名目で銭納が行われている。(46)このように則治は着々と東播八郡に勢力を伸ばしつつ、経済的基盤を築いていったのである。

このようにして、東播八郡に勢力を築いた則治は、赤松氏家臣団における地位も上昇している。政則死後の守護職継承に際しての史料により、その一端を窺うことができる。

左京大夫（赤松政則）遺跡事。息女松御料人（瑞松院殿）与同名刑部太（大）輔息男道祖松丸と申合。可為家督之由。譲與之状分明候。此趣則可致言上候之処。毎々忘却候之條。于今遅々更非疎略候。存日如此相定置候條。一門衆年寄等各々同心仕候。茲本今少取静。以人体可申上候。先可然様御披露可畏入候。恐惶謹言。

明応五

五月十三日

薬師寺越前守　貴能

小寺加賀守　則職

浦上美作守　則宗

別所加賀守　則治

（赤松）下野守　則貞

伊勢守殿[47]

この史料は、赤松政則の後を刑部大輔（赤松政資）の息道祖松丸（赤松義村）に継がせることを赤松氏の有力被官人たちが幕府に対して願い出たものである。ここにあがっている薬師寺貴能と小寺則職は段銭奉行であり、また別所則治と赤松則貞はそれぞれ東播・西播守護代を務め、そして浦上則宗は赤松氏の家臣の代表格としてそれぞれ活躍していた人物である。守護の補任権は通常幕府にあるわけであるが、文明十六年（一四八五）の政則解任時と同様、守護の有力家臣が後継者を決定しているのである。赤松義村は、スタート時から大きなハンデを背負って守護職を継承したのである。

先にあげた有力被官人の中でも、則治は、則宗と権力を二分するほどの実力者であったことが、次の史料より窺える。

　赤松ハ三ニ分了、七条殿息ハ浦上取之、大河内ハ又一方取之、細川兄弟尾（ヲ）ハ別所之為女房取之[48]

この史料から、赤松義村を奉ずる則宗と播磨北部に勢力を持つ赤松大河内一派、そして細川氏を後ろ盾にした則治と三極に分かれていったことが知られる。このことは、後に「東西取合」と言われ、播磨国を浦上氏と別所氏とで二分する争いへと転化していったのである。

永正元年（一五〇四）には、守護が政則からその子義村へと代わっていたものの、義村は幼少であり播磨国は未だ不安定な状態にあった。その一例として、則治は郡代を自ら補任していたことが知られる。

　当郡(賀東郡)代職之事、申付福原弥四郎候訖、其分可有存知者也、

　　永正元
　　　六月一日　　　　則治(別所)
　　　　賀東郡
　　　　　諸寺庵中

　(折裏異筆)「福原弥四郎殿郡代給折紙」[49]

この史料は、則治が福原弥四郎を賀東郡郡代に補任したことを示したものである。宛所の福原氏は別所氏の一族であったことが、依藤氏により指摘されている。「賀東郡諸寺庵中」と記されていることから、賀東郡内のすべての寺に同様の文書が発給されたことがわかる。この史料の書止文言の「其分可有存知者也」という箇所を見れば、

文書の形式において薄礼化が進んでいることが指摘され、郡代補任に関する則治の強い意志が感じられる[50]。守護領国支配機構が、守護—守護代—郡代を軸として、郡単位で行われていたことは既に定説化され、守護代等の補任について今谷明氏は、「守護代—小守護代—郡代らの管国吏員の補任権は守護の手中にある」とされている[51]。一族を郡代に補任し、守護の権限を吸収することにより、則治は少しずつ東播における地歩を固めていったのである。西播守護代である赤松政秀の下にも郡代が存在したが、彼らは政秀の一族ではなく在地の有力な土豪でしかなかった[52]。ここに、一族を登用し在地に勢力を築くという、則治の権力形成の一端を見ることができる。また、守護が幼少であるということは、有力被官人が守護を支えることを意味し、次の史料にもその様相があらわれてくる。

同（永正九年十一月）五日、浦上殿（村宗）并別所殿（則治）京都より下国、当方ト京都ト無事為間、則御屋形様（義村）御官途并御字等申ニ上洛[53]

この史料から浦上村宗と別所則治が、赤松義村の官途等の相談のために上洛していたことがわかる（なお、永正九年は則治の死の前年である[54]）。通常、武家の官途とりわけ守護大名自身の官途の場合は、自らが申請するものである[55]。その点において、浦上氏・別所氏といった有力家臣が申請にあたるということは、全く異例の措置であったと考えられる。いわば、浦上氏と別所氏は播磨国を二分する勢力を持ち、赤松義村の後見人のような立場にもあったのである。

むすびにかえて

以上により、別所則治の東播八郡における権力形成過程を見て来たが、簡単に整理しておきたい。まず、則治は応仁の乱以降赤松政則を支えて来た被官人とは異なり、新興勢力に属するグループであった。政則の信頼を得た則治は、軍事指揮権を背景に、山名氏の侵攻により混乱した播磨国を統括し、次第に東播八郡を支配下へと納めた。

また、荘園の代官職に任ぜられ、荘園に独自に夫役を課すなど経済的裏付けを得て行きながら、郡代補任という守護の権限までも吸収して行った。その過程において、ついには浦上則宗と比肩する程の実力を保持したのである。

従来、播磨国の赤松氏と言えば、即浦上氏が連想され、その実力が過大に評価されてきた傾向が見られる。実際、浦上氏は政則の膝下でその補佐にあたっていたが、播磨国において十分に在地支配を行えなかったようである。つまり、則宗は在京して幕府の中核における役割（侍所所官代等）を果たし、若い播磨国守護赤松政則を補佐することでその実力を発揮したのである。逆に、則治は赤松氏内部では新興勢力であったが、政則から与えられた軍事指揮権をもとに着々と在地（特に東播八郡）にその勢力を浸透させた。山名氏の播磨国侵攻により、赤松氏は崩壊の危機を迎えたが、その危機を救った則治の手腕というものをもっと評価しても良いのではないか。政則の死後、別所氏の勢いが浦上則宗と二分する勢力となったことは、既に述べてきたところである。

とは言え、小稿においては則治の動向を述べるのに終始したが、則治・則宗以外の有力被官人についても言及する必要がある。特に、一方の雄西播守護代赤松政秀に関しては、未だ触れられるところが少ない。段銭奉行である小寺則職や薬師寺貴能なども十分に研究されていない。まだまだ課題は多いが、とりあえず別所則治の報告をもって、小稿を終えることとしたい。

註

（1）『兵庫県史』第三巻（一九七八）、『三木市史』（一九七〇）

（2）浦上則宗の研究として、水野恭一郎氏「赤松氏被官浦上氏についての一考察——浦上則宗を中心に——」（『武家時代の政治と文化』創元社　一九七五）がある。以下本文中水野氏の研究を示す場合は、同論文による。

（3）依藤保氏「別所則治登場の背景」（『三木史談』第二十七号　一九九二）。以下本文中依藤氏の研究を示す場合は、同論文による。
(4) 拙稿「別所則治の東播八郡支配について」(『歴史と神戸』一八八号　一九九五)
(5) 「赤松系図(梶井宮本)」(『群書系図部集』第三巻)では、「別所殿ハ円心ノ落淫腹ノ御子云々」と記す。
(6) 「赤松別所大蔵少輔則治公寿像賛」(「天隠語録」『続群書類従』第一三輯上)
(7) 『兵庫県史』第三巻(一九七八)
(8) 「赤松諸家大系図」(『大日本史料』第九編之四、永正十年十月十五日条)
(9) 「大徳寺文書」四八三号(『兵庫県史』史料編中世七)に所収。
(10) 『蔭凉軒日録』延徳四年二月二十六日条
(11) 「前別所画像賛」(『図説三木戦記』三木産業刊　一九六八)
(12) 森下賤男氏「別所氏の菩提寺について」(『三木史談』五号　一九八一)
(13) 「賛」には、「耕月」の画賛を茂叙和尚が執筆したと記すも、未だその画賛は発見されていない。前掲註(11)『図説三木戦記』一八二頁参照。
(14) この他に『蔭凉軒日録』には、別所新九郎則正という人物が見える。
(15) 石田善人氏「山名政豊の播磨侵攻と蔭木城合戦」(『今井林太郎先生喜寿記念国史学論集』同論集刊行会　一九八八)。なお、蔭木城の所在を推定した論文として、宮田逸民氏「播磨蔭木城推定地について」(『歴史と神戸』一八八号　一九九五)がある。
(16) 「古文書」(『大日本史料』第八編之十六、文明十六年二月五日条)
(17) 『大乗院寺社雑事記』文明十六年二月二十日条
(18) 『大乗院寺社雑事記』文明十六年三月一日条
(19) 『大乗院寺社雑事記』文明十六年三月八日条
(20) 「赤松別所則治公寿像賛」(「天隠語録」『続群書類従』第一三輯上)
(21) 『大乗院寺社雑事記』文明十六年正月十一日条に「播磨国東方ハ山名方知行與云々」とあり、東播磨から山名氏の支配が始まったことが知られる。

(22) 「光明寺文書」十五号(『兵庫県史』史料編中世二)。なお、同史料により、別所則治が従軍していることも知られる。

(23) 『蔭凉軒日録』長享二年八月十八日条

(24) 「醍醐寺文書」一三三号(『兵庫県史』史料編中世七)に所収。なお、則治は文明十七年閏三月二十九日にも人夫を催促している。

(25) 「松原八幡神社文書」四四号(『兵庫県史』史料編中世二)に所収。後藤則季・櫛橋則伊・喜多野則綱は、赤松政則の奉行人であった。

(26) 「松原八幡神社文書」三八号(『兵庫県史』史料編中世二)に所収。

(27) 「松原八幡神社文書」四三号(『兵庫県史』史料編中世二)に所収。

(28) 『蔭凉軒日録』文明十七年十一月十三日条

(29) 「浄土寺文書」十号(『兵庫県史』史料編中世二)に所収。

(30) 『山科家礼記』文明二年九月廿六日条。榎原雅治氏「荘園制解体期における荘官層――東寺領矢野荘の十五世紀――」(『史学雑誌』第九十四編第六号 一九八五)により、政秀が西播守護代であったことが指摘されている。

(31) 平野庸修『播磨鑑』(一七六二)、後に播州史籍刊行会より一九五八年に刊行。

(32) 「冷泉家文書」六〇・六一号(『兵庫県史』史料編中世八)に所収。

(33) 『蔭凉軒日録』文明十七年十一月十三日条

(34) 「冷泉家文書」六二号(『兵庫県史』史料編中世八)に所収。

(35) 「冷泉家文書」六四号(『兵庫県史』史料編中世八)に所収。

(36) 『九条家文書』第二巻四〇〇・四一九・四二九各号を参照。

(37) 「冷泉家文書」六三号(『兵庫県史』史料編中世八)に所収。

(38) 「近江寺文書」一〇号(『兵庫県史』史料編中世二)に所収。

（39）「近江寺文書」八・九号（『兵庫県史』史料編中世二）。なお、上記史料により、近江寺に諸公事免除の政則の書状・則宗の奉書が発給されていたことがわかる。
（40）『蔭涼軒日録』長享二年四月二十五日条
（41）『蔭涼軒日録』文明十八年七月三日条
（42）「性海寺文書」二八号（『兵庫県史』史料編中世二）に所収。
（43）『蔭涼軒日録』延徳二年八月二十六日条
（44）『蔭涼軒日録』延徳二年閏八月二十三日条
（45）「大徳寺文書」（四七五号『兵庫県史』史料編中世七）に所収。
（46）「大徳寺文書」（四八三号『兵庫県史』史料編中世七）に所収。
（47）「播磨国書写山縁起付録」（『続群書類従』第三四輯）
（48）『大乗院寺社雑事記』明応八年五月十九日条
（49）「清水寺文書」二五八号（『兵庫県史』史料編中世二）に所収。
（50）山室恭子氏『中世の中に生まれた近世』（吉川弘文館　一九九一）
（51）今谷明氏「鎌倉・室町幕府と国郡の機構」（『日本の社会史』第三巻、岩波書店　一九八七）および同氏「守護領国制下に於ける国郡支配について」『室町幕府解体過程の研究』（岩波書店　一九八五）
（52）「大徳寺文書」（『兵庫県史』史料編中世七に所収）によると、摂西郡の郡代として内海氏が、摂東郡の郡代として円山氏が存在したことが知られる。
（53）「鵤庄引付」（『兵庫県史』史料編中世三）に所収。
（54）「赤松諸家大系図」（『大日本史料』第九編之四、永正十年十月十五日条）
（55）今谷明氏『戦国大名と天皇』（福武書店　一九九二）

III　文化・芸能

稚児愛満丸二十八年の生涯

森田恭二

はじめに

『石山寺縁起』や『春日権現験記絵』に、寺院の稚児が描かれていることは、古くから知られている。黒田日出男氏は、これらに注目して、『姿としぐさの中世史』(1)の中で、「『女』か『稚児』」かの一節を設け、これを検討し、稚児を描いたものであろうと推定している。

『春日権現験記絵』には、興福寺維摩会《ゆいまえ》の場面が描かれている。講堂の内部の須弥壇には三尊仏が安置され、その前では左右の蓋高座にそれぞれ高僧が座している。そしてその後ろには聴衆がずらりと居並んでいる。基壇と庭上に眼を移すと、そこには聴聞のためにきた裹頭《かとう》姿の衆徒たちが参集している。その中に数人の稚児の姿が見える。「鈍色《どんじき》の僧衣に交じって、稚児の派手な衣装がひときわ眼を引く。」(続日本絵巻大成『春日権現験記絵』)と説明されている。

また、『石山寺縁起』には、石山寺の常楽会が再興されたところが描かれている。金堂前の広庭に舞台が作られ、楽人が舞っている。老樹の前に座る裹頭《かとう》の衆徒の最前列には、四人の稚児がいる。稚児は、服装・化粧・履物・そして「しぐさ」に至るまで、ほとんど「女」であり、僧侶と稚児の恋愛も『芦引絵』（続日本絵巻大成）等にも見られるという。

このような稚児について、「大乗院寺社雑事記」の記述が注目される。

そこには、「愛満丸」・「愛若丸」・「愛千代丸」・「藤若丸」らの稚児の名を見ることができ、又彼らの活動が詳細に記述されている。

特に「愛満丸」については、その大乗院への出仕から、二十八年の生涯を経て、死去（自害）するまでが書かれ、またその父又四郎についても詳しく記述されている。愛満丸の父又四郎は、もと立田の土豪上田行春の下人であり、又四郎の売買証文が掲載されていることから、研究者の注目を集めて来た。

三浦圭一氏はその著『日本中世賤民史の研究』[2]で、愛満丸父又四郎の身柄の売買証文について触れている。

そこでは嘉吉三年（一四四三）六月二十八日付で主人上田行春から自身を十貫文で買い取り、下人から興福寺散所身分となっていた又四郎が、興福寺丼舜によって妙徳院に売却されようとした事件を扱っている、従って愛満丸自体については、ほとんど触れられていない。

徳江元正氏は世阿弥の生涯と愛満丸の生涯を比較して、「世阿弥童形考」[3]を著わした。

愛満丸・愛千代丸という二人の稚児が、大乗院尋尊の寵愛を受けたが、身分上の違いによって愛満丸には遁世者として阿弥号を与えるに留まったこと、二人は共に早世したことなどを指摘している。

これを受けて、細川涼一氏は、『逸脱の中世』[4]の中で、「第二章　中世寺院の稚児と男色　2　大乗院尋尊と二人の童形」という一節を設け、次のように書いている。

尋尊の愛満丸に対する寵愛に男色関係があったことは、後年、愛満丸が尋尊に奉公すること十四年、二十八歳で自殺死を遂げた際、尋尊はその日記に、「手ヲ、リ《(折)》テアヰミ《(相見)》シ事ヲカソ《(数)》ヲレハ十ト云ッ、四ハヘ《(経)》ニケリノ本歌思出ラレケリ」と書き付けていることからもほぼ疑いがないであろう。（中略）尋尊という権力者による稚児男色の対象としての寵愛が、唯一彼の、賎民身分からの脱出と立身を保証することの果ての、稚児という自己同一性の保てなくなった年齢での死であった。

細川涼一氏は、愛満丸・愛千代丸という二人の稚児と大乗院尋尊の男色関係の究明に迫った。愛満丸は門跡の男色の対象者であると推測して、中世寺院における男色関係を考察したのである。

本論では、大乗院の稚児であったこの愛満丸の生涯を追ってまとめてみたい。

下人身分の又四郎を父に持つ愛満丸が十四歳で稚児として出仕するが、二十六歳で大乗院の「同朋衆」的僧丞阿弥に変身する。しかし、二十八歳で死去（自害）し、悲劇的生涯を終えることになる。

愛満丸を題材として、稚児となった少年達の出自、その成人達の同朋衆的身分形態をたどることができよう。

大乗院門跡の尋尊の日常生活を探る上で稚児愛満丸の存在を無視することはできない。愛満丸は、正月には必ず挨拶に参上し、扇や衣裳を与えられている。尋尊の参加する連歌会がしばしば愛満丸の部屋で行われており、寺院内での遊興には、なくてはならない存在であったと思われる。

寛正三年（一四六二）正月二十八日の石清水八幡参詣には、愛満丸・藤若丸の両名が伴として参列するなど、その外出には必ず供奉している。

そこには、門跡の側近として供奉する稚児達の性格を窺うことができる。すなわち、寺院における稚児文化ともいうべきものが、存在するのである。稚児は寺院の中にはなくてはならぬ存在であった。

一方、出家した愛満丸は、丞阿弥という同朋衆的僧に変身する。丞阿弥はその義父となる木阿弥と並んで、門跡の家政的業務、あるいは座敷飾や台所方といって分野で活躍する。

将軍家の同朋衆と同様の業務に携わる人々が、大乗院門跡内にも存在したのである。以下、その一生をたどって行こう。

一　父又四郎

愛満丸の父は、大和立野一族の上田行春の被官で、鵤又四郎と言った。この上田行春は土豪（地侍）クラスの人物と推定されるから、鵤又四郎とは土豪の下人クラスの階層ではなかろうか。

のちに愛満丸が大乗院門跡に出仕したことから、「大乗院寺社雑事記」の中に、その父又四郎に関する記録が次のように残っている（以下〔　〕で年月日を示す史料は何れも「大乗院寺社雑事記」）。

①〔文正二年正月二十二日条〕

一、小者愛満丸父又四郎男ハ立野之上田之披官也、千疋ニ身ヲ請抜了、其後自立野惣領方雖有及違乱子細、以上田放状令問答之間、重而不可有違乱之旨出書状了、如此田舎方儀落居後、御領中ニ住屋在之間、隆舜法眼之参所（散所）之中間ニ成畢、又自然相応儀ハ立所用了、然而丼舜寺主普（譜）代之由申懸之、方々質物ニ入之令流之間、可成他人之披官云々、此条歎存之由申入之間、以触舜上座奉弘、此間令問答丼舜了、申条一向無其謂者也、向後ト云以前ト云、不可有披官之由以晧文不去進者、丼舜事可停止奉公之由仰了、

上田放状云

鵤ノ又四郎ヲ十貫ニ売申、驄又四郎ニ売申、更々ケコウアルマシク候、猶々永代売也、

嘉吉三年癸亥六月廿八日　行春判

内カタ判

上書云　鵤又四郎売状　上田

②〔文正二年正月二十六日条〕

一、又四郎進退事并舜寺主去状進之、当月事唘文放入歟、仍来三日日付ニ書進上了、則答愛満丸了、
敬白　天罰起請文事
右子細者、元興寺鵲之又四郎父子又六并愛満丸等事、非披官人之處、入置借物等条不可然々旨被仰出候、則并舜之披官歟否事、蒙御糺明之處、非披官人之由一決畢、仍無一紙証文上者、入置借物之条越度至候、向後事修非主従上者、於彼両三人者不可成綺候處、云旧借下只今云妙徳院借下、雖入置彼躰無其謂上者、自并舜方返并仕可成敗候、更以後両三人之身上ニ始中終不可相懸候、若雖申方候、就并舜可催促旨、可有返答候、若此条偽申入候者、可蒙春日大明神・七堂三宝之御罰候、仍為後日起請文如件、
文正二年丁亥二月三日　福智院因幡権寺主　并舜判
抑如此非披官人之由一決上者、近来自又四郎方并舜父子方へ米銭等引違分ハ、加利平等又四郎方へ可返并条勿論歟、雖然於其段者不可有催促之由と、并不可成他人披官之由と、両条并舜方へ遣折紙了、

③〔文正二年正月十日条〕
一、愛満丸事父又四郎進之、則答愛満畢、今度身上事申入候處、因幡寺主方ノ去条唘文クタサレ(候脱カ)条畏入候、就其ハ又四郎・又六両人ノ事ハ、自余ノ主ヲ相タノミ候共、愛満丸ニヲキ候テハ、永代当門主ニ進上仕候、更以両人ノ進退ニハ混乱アルマシク候、仍為後日進上之状如件、
文正二年丁亥二月六日　又四郎判
又六判
御判
就愛満丸進退、父又四郎并又七申状如此、自是以後事ハ、進退一向愛満丸可為所存哉、仍後状被遣(為脱カ)候之由所也、
文正二年二月六日

愛満古曽

御判

寛正二年十一月廿八日ニ愛満丸初参、因幡法眼召進之、主従義と被思召候間、雖召置御小者下地主従事、不可有相乱之由候て、翌日折紙一行を被遣法眼了、然今度御糺明之處、捧皓文上者、其時御一行不可立用候、則皓文写被遣候、正文ハ給又四郎了、後々為相乱如此被仰出也、

文正二年二月六日

愛満古曽

御判

又四郎者立野之上田行春之所従也、然而去嘉吉三年以千疋其身を請抜了、依為住屋御領内、為自然福智院因幡法眼方ニ立入了、為参（散）所分立入計也、然而因幡寺主申趣ハ、自下地主従之由申懸之、入置借物等云々、此条又四郎歎申入之間、被経糺明之處、非主従之由皓文如此、則被遣候、此分又四郎ニ可被申付也、

文正二年二月三日

愛満古曽

皓文写ハ予ウラヲ報（封）了、正文ハ又四郎方ニ給之、

史料①は、鵠又四郎の出自を語る有名な一節である。これについては、三浦圭一氏の『日本中世賤民史の研究』（部落問題研究所、一九九〇年）が詳しく書いている。

又四郎は、大和立野一族の上田行春の被官であったが、嘉吉三年（一四四三）六月、十貫文（千疋）でその身を

上田行春から又四郎自身に売却（請抜）したという。その後も立野一族の惣領から異議が唱えられたが、上田行春の放状にて落着した。その後又四郎は、興福寺領内である降舜法眼支配の散所の中間となった。ところが、文正二年（一四六七）、弉舜が又四郎は自分の被官であるとして、質物に流すという事件が起こったのである。又四郎が仕える福智院隆舜法眼のもとにあって福智院経営にあたっていた弉舜が、世間を偽って又四郎は福智院の下人であるとし、又四郎を担保に借銭をした。その借銭が払えなかったため、銭主妙徳院が又四郎の身柄を差し押えに来たのである。

史料②によると、大乗院門跡の圧力により弉舜は又四郎への支配権を放棄し、その旨を記した文正二年二月三日付「天罰起請文」を提出した。すなわち鵲又四郎とその子又六・愛満丸両名について被官でないにもかかわらず質物としたことを止め、自分の被官ではなく、借物については自分が弁済するとした。弉舜は以上を記した「天罰起請文」を大乗院門跡に提出した。これによって、鵲又四郎と又六・愛満丸父子の自由の身であることが保障されることになった。

史料③によると、鵲又四郎は、文正二年二月六日付で、子息愛満丸を大乗院門跡に進上する申状を提出している。「愛満丸ニヲキ候テハ、永代当門主ニ進上仕候、」とあり、ほとんど人身売買に近い形で門跡に出仕することになったのである。もとよりすべての稚児がこのような形で出仕したのではない。「散所の中間の子息」という愛満丸の出自によって、門跡に進上されるという苛酷な運命が待ち受けていたのである。

三浦圭一氏の考察によると、(5) 次のようにある。

又四郎が仕える福智院隆舜法眼のもとにあって福智院経営にあたっていた弉舜寺主は、世間を偽って又四郎は福智院が以前から使役してきた下人だと称し、又四郎を担保にしてはあちらこちらから銭を借りていた、ところがとうとう妙徳院からの借物が返済できなくなって、妙徳院は担保に入っているからという理由で、又四

郎の事柄を差し押さえに来たのである。(中略)

翌文正二年の正月になって、興福寺三綱の職にあった継舜と泰弘は、まさに同職にあった弁舜に対する事実審理を開始した。そして二十二日に弁舜を非とする結論が出た。そこで尋尊は弁舜に対し、厳しい反省文の提出を求めたのである。二十六日に弁舜は詫び証文に近い反省文を書いて尋尊のもとに提出した。(中略)

散所の古い一枚の下人の解放証文は、大寺院の支柱ともいうべき憲章に真正面からぶつかったのである。そして散所の主張を貫徹させたのである。

このように愛満丸父又四郎は、大和立田の国人上田行春の下人であった。その下人身分から自己を買い取った「上田放状」が「大乗院寺社雑事記」に記録される嘉吉三年(一四四三)六月二十八日付の証文であった。

そして、福智院領内に住んだ又四郎父子に再び下人としての身柄差し押さえ事件が起きたが、文正二年(一四六七)正月、大乗院尋尊の意を得た興福寺三綱の審理によって、又四郎は福智院弁舜による身柄売買からも解放されたのであった。

身柄を解放された又四郎は、「又四郎・又六両人ノ事ハ、自余ノ主ヲ相タノミ候」ことを保障された。しかし「愛満丸ニヲキ候テハ、永代当門主ニ進上仕候」という証文を門跡に提出したのである。

こうして寛正二年(一四六一)十一月二十八日、十五歳の愛満丸は大乗院門跡稚児として初参することとなった。下人および散所の中間である又四郎を父に持った愛満丸に、寺院の稚児としての生活が始まったのである。

二　愛満丸の出仕

鵲又四郎の子愛満丸が、大乗院門跡に出仕し始めたのは、寛正二年(一四六一)十一月のことであった。それ以降、文明四年(一四七二)四月に出家するまで、稚児愛満丸としての生活が十一年に及んだのであった。尋尊の記した「大乗院寺社雑事記」にある愛満丸関連の記事を年次順に考察してみよう。

〔寛正二年十一月二十三日条〕

一、又四郎子奉公事、不可有子細云々、

〔寛正二年十一月二十八日条〕

一、又四郎子自今日子者ニ召置之了、愛満丸、

〔寛正二年十二月八日条〕

一、愛光丸（ママ）食事以若槻御米内一石分且下行云々、

十一月二十三日に、又四郎の子の奉公について許可を出し、十一月二十八日、子（小）者としたその子を、「愛満丸」と名付けている。

〔寛正三年正月一日条〕

一、小者愛満小袖二・扇一本給之了、

寛正三年（一四六二）正月一日には、新春の参賀に来た愛満丸に「小袖二着・扇一本」を与えている。小者とは、寺僧等に従した稚児であり、『春日権現験記絵』等に長髪で、色鮮やかな衣裳をまとった少年が描かれている。愛満丸は小袖を身にまとい尋尊に近侍する稚児として、新春の引出物をもらう初めての正月を迎えたのであった。

〔寛正三年正月十八日条〕

一、予当年三十三役（厄）也、為祈禱令参八幡役（厄）神、自西下剋出門了、予板輿、不動寺殿同道申了、乗馬、御共騎馬衆丼舜・尊藤・歩行衆寛円・舜専・善賢・琳教・楠葉新（元次）衛門・宗順・與三郎・木阿ミ・明恩、小者両人愛満・藤若、御童子千松・松菊、力者善陣・徳陣・慶徳・善徳、此外孫六・晴菊、各粮物五疋下行了、古市・吉田以下歩行ニテ参向木津了、自木津至下津屋船也、修理船二艘召之了、下行物一向無之、木津榼等持

参之、対面、太刀給之了、

寛正三年正月十八日、尋尊は、三十三歳の厄年を迎えて、石清水八幡宮に参詣した。奈良から木津に向い、木津から下津屋迄船で往復する行程であったが、輿に乗った尋尊に、𠂤舜・尊藤らが騎馬で、寛円以下九人が徒歩でつき従ったが、その後に御童子・力者らと共に小者の愛満丸・藤若丸が続いている。大乗院門跡の小者は、この時二名であったと思われるが、この年七月には「愛若丸」十四歳が出仕しているので、尋尊の側には、愛満丸・藤若丸・愛若丸がいたことがわかる。

〔寛正三年七月二十九日条〕

一、小者愛若丸召仕了、当年十四歳云々、仍食事下行了、

寛正三年七月二十九日には、小者愛若丸という者が新たに召し加えられている。十四歳とあり、十三、四歳が稚児として出仕する年齢であることがわかる。

〔寛正四年正月一日条〕

一、小者愛満丸上下二具・小袖一・袷一・扇一本・刀一腰金作代三千疋云々、給之了、自今日刀初テ指之云々、

愛若丸上下・小袖等給之了、各畏入云々、

寛正四年（一四六三）正月一日条では、愛満丸・愛若丸双方に刀・小袖・袷・扇等を与えており、刀代が三千疋もかかったこと、この日初めて愛満丸が刀を指したことなどを記している。

〔寛正六年正月十三日条〕

一、光宣《（成身院）》法印招請愛満丸、色々活計云々、引物段子一反・香合一・杉原十帖給之、過分儀迷惑者也、

寛正六年（一四六五）正月には、成身院光宣が愛満丸を招請した。しかし、段子一反・香合一・杉原（紙）十帖等の引出物を与え、尋尊は「過分の儀」であるとしている。光宣が愛満丸を招請したのは、男色のためか、単なる

遊興のためかは、不明であるが、寵愛を受けている。

〔寛正七年正月一日条〕

一、愛満・藤若扇一本給之、随分扇也、

〔寛正七年正月二十四条〕

一、愛満丸如去年光宣法印招請、堅可斟酌之旨難仰招請了、杉原一束・扇一本送遣云々、

寛正七年正月にも、尋尊から愛満・藤若丸に扇等が与えられたのに続いて、成身院光宣が愛満丸を招き、杉原（紙）一束・扇一本等を与えていることから、愛満丸は光宣からも引き続き寵愛を受けていたことがわかる。

〔文正元年二月二十六日条〕

一、愛満丸部屋月次連歌始之云々、

〔文正元年閏二月十九日条〕

一、愛満部屋連歌、頭継舜上座云々、

〔文正元年九月十二日条〕

一、愛満丸部屋月次頭弉舜寺主、

文正元年（一四六六）頃から愛満丸の部屋に於いて月次連歌会を催すが恒例となったらしく、その記事が散見する。稚児を交えて連歌会を催すことが、尋尊らの遊興であったことがわかる。寺社における稚児文化と呼べるものが存在した。

稚児を交えて連歌会をすることは、興福寺だけではなかった。寛正三年（一四六二）三月十九日、比叡山に上った尋尊は、随心院厳宝らを交えて連歌を行なった。

「大乗院寺社雑事記」同年三月十九日条に、

於円落坊一日会及大酒、双厳坊之虎光・大蔵坊之亀千代以下御童子済々召出之、夜入連歌一折在之、
花ニコソ契ハヲカメ山桜　予
トマラヌ春ヲナヲヤシタワン　虎光
行月ノ空ニ霞ノタナヒキテ　随心院

と、虎光・亀千代らの比叡山の稚児らと連歌を詠んでいるのである。

〔文正二年正月十九日条〕
一、就愛満之父又四郎男進退事、以継舜上座・泰弘問答丼舜及一両度、明日可申返事云々、

文正二年（一四六七）正月十九日条は、愛満丸父又四郎の進退の問題となり、丼舜への問答を行なったことが記される。これについては、前章で検討した如く、又四郎の身柄解放と丼舜の起請文提出が行なわれたのであった。

〔文正二年二月二十五日条〕
一、予与愛満丸二人連歌法楽、

〔応仁三年四月十二日条〕
一、今日愛満丸御連歌申沙汰云々、

〔文明三年正月六日条〕
一、於愛満部屋連歌進之、卯花も卯杖ニきるか春の雪、桃、

〔文明四年正月六日条〕
一、於愛満部屋連歌在之、梅柳いそく都のにしき哉、桃、

文正二年（一四六七）二月以降も連歌会の記事が散見する。正月あるいは二月二十五日（天神法楽）の連歌会を愛満丸の部屋において行なっている。文明三年正月六日条および文明四年正月六日条の「桃」とは、「桃華」を意

味し一条兼良（奈良疎開中）のことではなかろうか。兼良も尋尊らと連歌会に参加するか、あるいは発句を送ったのであろうか。

〔応仁三年四月二十八日条〕

一、木阿ミ与愛満丸可成縁之由仰付之、畏入了、今日治定申入了、

応仁三年（文明元年・一四六九）四月二十八日、尋尊は木阿弥と愛満丸の縁結びを命じている。これはのちに愛満丸が出家し、木阿弥と同一の同朋衆的業務に就くことから、養子縁組ではなかったかと推定される。

〔文明三年正月一日条〕

予社参、禅師・律師同車、各付衣・五帖、牛飼二人直垂、力者六人当色、御童子三人当色、座法師三人直垂、小者愛満丸、榻持木守、

大乗院門跡の正月の春日社社参の様子が記される。門跡後継者たる政覚らを従え、牛飼二人・力者六人・御童子三人・座法師三人・木守に加えて、小者愛満丸の名がある。愛満丸を加えて門跡一行の構成が成立しうる稚児文化ともいうべきものを読み取ることができよう。

〔文明三年正月十三日条〕

一、愛満丸舎利殿出来、絵所松坊法橋沙汰也、

〔文明三年正月十六日条〕

一、愛満丸舎利殿新造随心院殿被延供養了、捧物進上之畢、

文明三年（一四七一）正月、尋尊は愛満丸のために舎利殿を造ったことを記している。

〔文明三年閏八月三日条〕

一、以堯善・愛満巨細香舜・香専方ニ仰遣之、畏入云々、希有比興事共也、

〔文明三年十二月晦日条〕

一、愛満丸小袖并上下給之、

〔文明四年正月一日条〕

一、愛満丸部屋、次堯善部屋ニ行向、堯善扇一本進之、

文明四年（一四七二）四月、愛満丸が出家するまで、尋尊の寵愛は変わらなかった。正月に小袖や扇を与え、時折その部屋を訪ねたり、共に連歌会を催すのが恒例であった。

三　丞阿弥への変身

文明四年（一四七二）四月、二十六歳となった愛満丸は出家することとなる。法名は丞阿弥。阿弥号を名乗る者には、将軍家同朋衆がある。将軍の側近として、学芸に携わった能阿弥・芸阿弥・相阿弥等が知れる。大乗院門跡には、愛満丸の少年時代から、木阿弥という人物が仕えていた。

前にあげたように「大乗院寺社雑事記」応仁三年四月二十八日条には、

木阿ミ与愛満丸成縁之由仰付之、畏入了、今日治定申入了、

とある。これは愛満丸を木阿弥の養子と為したことを意味するらしい。それは、文明四年（一四七二）四月十一日愛満丸が出家し、丞阿弥となった後木阿弥と職務を一にすること、および丞阿弥の死後、次の記事があること等と関連すると思われる。

「大乗院寺社雑事記」文明七年二月十日条に、

木阿ミ息女一昨日円寂、故丞阿ミ妻也、希有也、十六歳云々、丞阿ミ去年四月五日自害、不満一廻又如此、不便々々、

とある。これによって丞阿弥は木阿弥の息女を妻としていたこと即ち、養父が木阿弥であったことがわかる。
この木阿弥とは、いかなる人物であろうか。「大乗院寺社雑事記」には、次のような記事を見ることができる。

〔康正三年五月八日条〕
一、木阿来、昨日京都ヨリ下向云々、
〔康正三年七月二十六日条〕
一、木阿宿所今日立柱上棟云々、禅光院ノ地ニ立之、彼地ノ事予先年十五貫文ニ俊深得業ニ買之了、但俊深ハ名代分也　木阿結之、
〔長禄二年十月二十六日条〕
一、木阿ミ来、尺度庄御米下地三町二反御米、於当年者四石計地理在之云々、以外事也、
〔長禄二年十二月二十九日条〕
一、木阿ミ炭一荷進之、
〔長禄三年七月十八日条〕
一、以木阿弥番匠次郎太郎塔婆修理事伺申入、不可有子細旨仰了、
〔長禄四年正月四日条〕
一、木阿瓶子一両種進之、賞翫之旨仰返事了、
〔長禄四年二月四日条〕
一、北国下向仕丁此両三年及相論、今日武友与友清両人於神前取探了、自安位寺殿御使ニハ印盛琳教木阿ミ自是ハ良弘専長於神前ハ番神人五人シテ取之、
〔寛正二年十二月二十三日条〕

一、木阿ミ炭一荷進上、
〔文明元年十二月二十六日条〕
一、木阿ミ炭一荷進上、歳末也、
〔文明三年正月一日条〕
一、木阿弥円鏡持参之、
〔文明三年十二月二十六日条〕
一、二階堂方油目安庄分弐升、自大安寺長老坊進之、木阿弥方ニ納之了、
〔文明四年正月二日条〕
一、木阿ミ円鏡一面持参之、
〔文明四年十月二日条〕
一、去月鞆田祭神供餅百枚到来之内、二十枚納所木阿給之、定使当年始也、就御幣紙事以泰弘申入事在之、先例可相尋之由仰了、
〔文明五年十二月二十日条〕
一、茶湯具・火鉢・スミ・御簾事、木阿・丞阿、
〔文明六年正月一日条〕
一、今日参仕輩、（中略）木阿弥・丞阿弥・春阿弥、

木阿弥は京都から南都に来た人物と思われ、禅光院の地に宿所を与えられ、大乗院門跡に仕えていた。尺度庄の年貢米にも関わっており、家政的業務に就いていたものと推定される。その他台所方の業務たとえば、炭・油・円鏡（鏡餅）・茶湯具・火鉢・御簾等の差配に携わっていることが注目される。

すなわち、木阿弥は門跡の同朋衆的地位にあったといえよう。将軍家の同朋衆が学芸的な業務にも携わっていたことに比べると、寺院の家政的業務がその主な任務であったことがわかる。

愛満丸は、下人（散所の中間）を父に持つ故に、正式の出家が出来なかったであろうというのが、徳江元正氏の見解である。[6]「世外の者・遁世者としての阿弥号を与えることで精一杯だったのである。」とされる。しかし、私は、稚児出自の愛満丸が、同朋衆的地位に就くルートもあったのではないかと考える。同じく門跡の側近として、家政的業務がその任務であったのである。そのため愛満丸は丞阿弥という同朋に変身したのであった。

〔文明四年四月十一日条〕

一、愛満丸於堯懃坊出家、廿六歳也、法名丞阿弥、戒師法花堂衆樋坊也、取親堯懃也、毎事無為、珍重々々、

〔文明五年七月一日条〕

一、丞阿ミ今日出仕、此間違例間不出頭、

〔文明五年十二月二十日条〕

一、茶湯具・火鉢・スミ・御簾事、木阿・丞阿、

文明四年（一四七二）四月十一日、愛満丸は出家して丞阿弥という法名をもらった。時に二十六歳、十四歳で小者となってから十二年の歳月が経っていた。

文明五年十二月二十日、大乗院で、竪義《りゅうぎ》が行なわれ、その茶湯具・火鉢・炭・御簾の差配は木阿弥と丞阿弥が担当であったことが記されている。竪義とは、興福寺維摩会《ゆいまえ》や薬師寺最勝会《さいしょうえ》など、諸大寺の法会に行われた学僧修学の法で、探題の出す論題について問者の難に竪者が答えるものであった。

文明六年正月一日、大乗院尋尊のもとに参賀した人々の名が、「今日参仕輩」として記されるが、その内に「木阿弥・丞阿弥・春阿弥」の名がある。丞阿弥は出家して、木阿弥と同様の職務に就くことになった。

しかし、同年正月六日条には、

丞阿ミ部屋連歌在之、発句禅閤（一条兼良）ニ申入之、

とあり、出家後も丞阿弥の部屋で連歌会が行なわれたことがわかる。

四　丞阿弥の自害

「大乗院寺社雑事記」文明六年（一四七四）四月五日条に次のように書かれる。

陽明御千句ニ参申、前殿・大納言・随心院・三宝院・修南院・東北院等会合、禅閤・鷹司殿渡御、今日結願之、入会之時予帰院、於内侍原之東小門内聞之、丞阿ミ自害云々、此間長違例也、歎入外無也、不便々々、中々不及是非事也、

すなわちこの日陽明千句が近衛房嗣の奈良宿所（房嗣は疎開中であった）で行なわれ、尋尊もこれに招かれていた。入会の時分、尋尊が帰院した所、「丞阿弥自害」の報を聞いた。尋尊の驚きは大きく、「歎入外無也、不便々々、中々不及是非事也」と記している。ただ「此間長違例也」と、病気であったとも記している。自殺の原因を男色とする説もあるが(7)、それは推測の域を出ない説であろう。

尋尊はこの日の日記に、次のように続けている。

去寛正二年十一月廿三日奉公事、以降舜法眼仰父又四郎男、同廿八日初参、弥二郎男同道、可為愛満丸十五歳之由仰付之、文明四年四月十一日於竹内坊徳度廿六歳、法名丞阿ミ、戒師樋坊延春大、至今年十四年奉公也、廿八歳也、

手ヲヽリテアキミシ事ヲカソヲレハ十ト云ツヽ四ハヘニケリノ本歌思出ラレケリ、

尋尊は愛満丸の出仕以来を回想して、寛正二年（一四六一）以来十四年の奉公であったこと、文明四年（一四七二）に得度して丞阿弥となったことを記している。「手ヲヽリテアキミシ事ヲカソヲレハ十ト云ツヽ四ハヘニケリ」

の歌を記し回想している。

ついで、四月七日、丞阿弥の葬礼で行われた。葬礼から百ケ日まで、尋尊は次のように記している。

〔文明六年四月七日条〕

一、丞阿ミ葬礼今日七時分也、於白毫寺在之、引導ハ極楽坊々主、輿ハ戒壇院物請之云々、不便々々、次当院部屋雑物共悉以令用意注文、以明恩給又四郎父子ニ了、訪事きと可沙汰之由仰付之了、

〔文明六年四月十日条〕

一、丞阿ミ骨拾昨日也、不便、今日自一乗院以書状訪承者也、一段悦入者也、昼夜思出計也、引道布施絹一疋・番合一送極楽坊云々、仏事様石塔等事巨細仰付又六了、

〔文明六年四月十八日条〕

一、丞阿弥二七日也、随求頓写了、

〔文明六年四月二十二日条〕

一、丞阿ミ石塔今日立之、在所極楽坊万陀ラ堂之南也、西向立之、坊主供養之棒物花瓶一双・紙送之、瓶ニハ杜若を立之、予一首相副、

紫の雪かともみよかきつはた此世へたてし人の手向ニ

明日死骨在々所々ニ同可納之之由申云々、

〔文明六年五月十日条〕

一、丞阿弥三十五日也、功徳風呂在之、上下日中飯仰付之於極楽坊万陀ラ供始行云々、予色々又仰付之、

〔文明六年五月十六日条〕

一、丞阿ミ之造立供養之舎利殿、自父又四郎方進上之、使明恩也、則舎利講一座行之、訪者也、新免去年給分

相残可催促之由、仰遣奉行方了、

〔文明六年五月二十四日条〕

一、丞阿ミ四十九日也、仏事於白毫寺千部経之砌致其沙汰、一果下行、此外百疋則躰物加之了、随求頓写等致其沙汰、地蔵一千三百四十九躰摺写供養之了、

〔文明六年五月三十日条〕

一、又四郎・又六父子参申、榼一双・折三合進之、丞阿ミ於部屋酒給之、

〔文明六年六月十六日条〕

一、今日丞阿弥百ヶ日也、地蔵本願経頓写之風呂之上下冷麵給之、為追善也、

文明六年四月七日丞阿弥の葬儀が執り行われて以降、丞阿弥の仏事は丁重を極め、尋尊はそれへの思いを克明に綴っている。

四月十日には、骨拾い後、引道の布施絹一疋・香合一を極楽坊に送り、また石塔等について兄弟又六に指示している。「昼夜思出計也」という記述に、尋尊の丞阿弥への思いを見ることができる。

四月十八日には二七日を迎え、随求陀羅尼《ずいくだらに》（随求菩薩が本誓とするもので、いっさいの罪障を滅し、求める所に従って直ちに福徳を得させようとする本誓を表わす呪分）を頓写している。

四月十二日には、極楽坊万陀羅堂の南に丞阿弥の石塔を立て、次の尋尊の一首を副えた。

紫の雪かともみよかきつはた此世へたてし人の手向《たむけ》に

五月十日には、丞阿弥三十五日として功徳風呂を炊き、極楽坊万陀羅堂で飯が振舞われた。

五月十六日には、丞阿弥供養の舎利殿（舎利塔）が丞阿弥の父又四郎から届けられ、舎利講が行なわれた。

五月二十四日、丞阿弥四十九日を迎えて、白毫寺で千部経会が行なわれ、随求陀羅尼頓写と地蔵一千三百四十九

躰摺写供養が行なわれたという。

四十九日が終わったからであろうか、五月三十日、又四郎・又六父子が尋尊の許を訪れ、榼等を進上、丞阿弥の部屋に酒を供えた。

百箇日の六月十六日、大乗院で地蔵本願経頓写と功徳風呂が行なわれ、追善のための冷麵が振舞われた。

〔文明七年二月二十条〕

一、木阿ミ息女一昨日円寂、故丞阿ミ妻也、希有也、十六歳云々、丞阿ミ去年四月五日、自害、不満一廻又如此、不便々々、

翌文明七年二月十日には、丞阿弥の妻（木阿弥の息女）が死去してしまった。十六歳とあるから、随分な早世であった。「不満一廻又如此、」と記す尋尊の憐みの情がうかがえる。丞阿弥とともにその妻十六歳も短い生涯を終えたのであった。

結びに代えて

大乗院門跡尋尊と稚児愛満丸が男色関係にあったのかどうか、私には断定することはできない。当時の寺院で、僧侶と稚児の関係は、男色関係にあるのが一般的であるのであれば、否定はできないであろう。

確かに尋尊の愛満丸への異常な程の寵愛があったことは、史料の各所から読み取ることはできるであろう。

それよりも、私は、寺院内部において「稚児文化」とも呼ぶべきものがあったことを指摘したい。

寺院に於いては、出家前の十二、三歳から十四、五歳の児童を稚児として置いている。稚児は高い身分の僧に供奉し、主として遊興の相伴をしているのである。高僧の外遊に供奉したり、祭礼や遊興に行動を共にしているのである。華やかで美しい垂髪の稚児は、黒衣一色の僧達の生活の中で、俗的なもの、美的なものであったのである。

特に大乗院尋尊が愛満丸の部屋を訪ね、折から奈良に滞在中であった一条兼良と共に、たびたび連歌会を催しているのは、注目される。連歌会という寄合の遊興の中に、愛らしい稚児の参加というのは不可欠のものであったらしい。尋尊は愛満丸と「二人連歌法楽」を催しており、親密な関係であったことが窺える。また出家後の丞阿弥の部屋で、以前と変わらず連歌会を催すこともあったのである。

出家した愛満丸は丞阿弥という僧に変身する。この阿弥号は、時衆の徒を意味するものではない。将軍に近侍した同朋衆が、その低い身分を打ち消して遁世者としての阿弥号を名乗ったのと同様の風習が、寺院内部に存在したのである。

特に丞阿弥の義父となった木阿弥は、門跡に近侍して、家政一般・台所方・座敷飾や芸能の差配等を担当している。

寺院内部に於いても「同朋衆」ともいうべきものが存在したことが指摘できるであろう。

寺院内部の家政的な業務、台所方等の雑務を行うために、大乗院門跡のような門跡寺院には、阿弥号を持つ僧侶が存在したのである。木阿弥・丞阿弥等は遁世者としての阿弥号を名乗り、門跡の雑務に勤仕しているのである。

寺院の組織研究において、学侶・律衆・衆徒の存在が明らかにされて来たが、童子と並んで稚児や遁世者の存在も指摘できるであろう。

その稚児と遁世者というコースを辿った愛満丸の生涯が、「大乗院寺社雑事記」によって明らかとなった。少年愛満丸という稚児が門跡らの男色の対象となった可能性はあるが、それよりも稚児の存在がなくてはならないものとなっていた寺院文化の側面を認識する必要があろう。寺院内の遊興や連歌会等に稚児が参加することによって、「稚児文化」とも呼ぶべきものが、中世寺院に花開いていたのである。

註

（1）黒田日出夫氏『姿としぐさの中世史』（平凡社　一九八六年）
（2）三浦圭一氏『日本中世賤民史の研究』（部落問題研究所出版部　一九九〇年）
（3）徳江元正氏「世阿弥童形考」（『室町芸能史論攷』、三弥井書店　一九八四年）
（4）細川涼一氏『逸脱の日本中世』（ＪＣＣ出版局　一九九二年、のち洋泉社　一九九六年）
（5）三浦圭一氏前掲書
（6）徳江元正氏前掲書
（7）細川涼一氏前掲書

中世猿楽者の存在形態

森田恭二

はじめに

芸能史研究の中枢テーマとして、「能楽の歴史」は、幾多の先覚が次々とその事実を明らかにして来た。その研究には、一九二八年の折口信夫氏の「翁の発生」(『古代研究』)をはじめとして、戦前の森末義彰氏、能勢朝次氏以降、数々の業績がある。これら研究史は、「共同研究『翁猿楽研究の現況』(1)」が詳しい。

その内、猿楽者の身分や起源については、古くは能勢朝次氏の『能楽源流考』(2)があり、一九六〇年には林屋辰三郎氏の『中世芸能史の研究』(3)が出版されている。

能勢朝次氏は、延暦元年(七八二)七月に散楽戸が廃止されたが、本来散楽戸の民は雑戸の民であってその身分は卑賤視されていたとする。ただしこれら散楽者は、公民に対しては賤民であるか、地方浮浪の賤民芸能者に対しては、遥かに身分高いものであるとしている。能勢朝次氏は、古代の雑戸の民の系譜をひく者を、時代を超えてもすべて賤民芸能者と呼んでおり、時代を追った猿楽芸能者の身分実態を把えきれていないと思われる。

林屋辰三郎氏著『中世芸能史の研究』附節「世阿弥」には、次のようにある。

観阿弥となり世阿弥となる過程にはそれぞれ同朋衆となるために時宗の徒となったのであるまいか。その理由は将軍・大名という貴紳に接近するために、かれらは当時にあっては「乞食の所行」ともいわれるような、賤民的出自をもつものであったから、このような手続きを経ることなくしては、『後愚昧記』の筆者のいうように不浄の者として幕府の門をくぐることさえ、はばかられたにちがいない。

林屋辰三郎氏の「猿楽者は賤民的出自を持つ」見解は、その後の定説となって歴史学者の間では現在も基本的には支持されている。

その後相ついで、後藤淑氏の『能楽の起源』[4]、『続能楽の起源』[5]が出された。後藤淑氏は、能勢朝次氏の研究を引いて、散楽戸の廃止によって民間の散楽者が生まれたこと、平安期には、近衛官人と法師原と呼ばれる専業散楽者によって散楽が演じられたとした。

一方、表章氏の『能楽史新考(一)』[6]、『能楽史新考(二)』[7]も相ついで出版された。表章氏は、大和の「補巌寺納帳」を考察され、世阿弥は曹洞宗補巌寺の檀家であることを指摘し、時宗の徒であるとした定説に問題を提起されている。

一九七三年、雑誌『文学』に掲載された服部幸雄氏の「後戸の神――芸能神信仰に関する一考察――」は、大きな話題を呼び、その後一九八三年の天野文雄氏の「翁猿楽の成立」(『文学』五一―七号)、一九八五年の同氏「翁猿楽の成立と方堅」(『中世文学』三〇号)、一九八五年の山路興造氏による「翁猿楽再考」(『芸能』二七―二・三号)など、修正会における翁猿楽研究が盛んに行なわれて来た。

歴史学の分野では、一九七二年、黒田俊雄氏が「中世の身分制と卑賤観念」(『部落問題研究』三三輯、のち一九七五年岩波書店刊『日本中世の国家と宗教』所収)で、『ロドリゲス・日本大文典』(一六〇四―八年出版)を紹介し、猿楽は七乞食の一つであるとした。

それには、次のようにある。

七乞食。日本人が物貰ひと言ってゐるもの、又は日本でもっとも下賤な者共として軽蔑されてゐるもの七種類、即ち、猿楽・田楽・ささら説経・青屋・河原の者・革屋・鉢こくり。これらは劇をするもの、〝舞〟を語り、人形を踊らせるものなどである。

しかし、これは、十六世紀後期～十七世紀初頭の実態を語るものではなかろうか。

大山喬平氏「中世の身分制と国家」（岩波講座『日本歴史』8・中世4　一九七六年）も基本的に「猿楽者は賤民である。」としている。

大山喬平氏は、ロドリゲス著『日本大文典』を引いて、中世末期に被差別身分は七乞食と総称され、そこには猿楽・田楽・ささら説経・青屋・河原者・革屋・鉢こくりなどさまざまの職種がふくまれ、さらにその中心であるエタ・長吏・河原者などは、斃牛馬の処理権と皮革業・癩病人の管理、刑罰執行などの職業によって特色づけられているとする。また「大乗院寺社雑事記」によって、七道者は、猿楽・アルキ白拍子・アルキ御子・金タタキ・鉢タタキ・アルキ横行・猿飼の七つの雑芸者であるとし、こうした七道者を統轄するのが十座・五ケ所の声聞師の組織であるとしている。基本的には、林屋辰三郎氏・黒田俊雄氏らの理解と同様であると整理できよう。

林屋辰三郎氏、黒田俊雄氏、大山喬平氏らの見解は、中世猿楽者を非人身分（声聞師身分）と見て、観阿弥・世阿弥らの台頭は、「脱賤化」であるとするものである。

脇田晴子氏他編『部落史史料選集』第一巻古代中世篇（部落問題研究所）および、一九九四年の丹生谷哲一氏による「非人・河原者・散所」（岩波講座『日本通史』第8巻・中世2）も、林屋辰三郎氏や黒田俊雄氏の見解に従っている。

脇田晴子氏は、『部落史史料選集』第一巻古代・中世篇（部落問題研究所刊）に次のように記している。

観世座をはじめとする大和四座、また大和四座に吸収された国々の猿楽師が、散所＝声聞師芸能に出自を有するかどうかは、史料的に明らかでない。しかし、この史料（『後愚昧記』）に「乞食の所行」といわれていることによって、賤民出身といわれてきた（林屋辰三郎氏『中世芸能史の研究』岩波書店、一九六〇年）。また禁中参入を停止されていること、大和五ケ所十座の声聞師の支配する七道物に、猿楽が含まれていること、『日葡辞書』の七乞食のなかに含まれていることを総合して、声聞師芸能に出自を有すると考えられる。

近年発表された脇田晴子氏の「神能の位置——猿楽能の寿祝性と在地共同体——」(8)も、基本的に猿楽者は声聞師系賤民であるとする。

丹生谷哲一氏は、「非人・河原者・散所」（岩波講座『日本通史』第八巻・中世2　一九九四年）で、次のように書いている。

> 散所の職能を特徴づけているのは呪術的芸能であった。なかでも猿楽は、すでにみたように「七道者」の第一に挙げられ、ポルトガル宣教師になる『日本大文典』（第三巻）にも（中略）「乞食」の第一に猿楽が挙げられている。したがって、以下、散所の芸能としての「猿楽」についてみよう。（中略）しかしながら、「後戸猿楽」「後戸官人」の呼称は、一四世紀に相次いで法勝寺・法成寺が廃絶するのに伴って見られなくなる。猿楽はいまや新しい勧進興行の時代を迎えつつあったので、柳原散所の小犬大夫事件はそれを象徴している。しかし、将軍義満庇護のもと、勧進興行の先頭に立っていた世阿弥もやはり「乞食の所行」たることを免れなかったし、「七乞食」の一種たることに変りなかった。それは、一休宗純が、公方御庭者も犬狩りも同列に「穢多」とみていたのと異ならない。

以上の見解が、これまでの猿楽者の身分史に関する定説と言えよう。

しかし、これに対し、山路興造氏は異論を唱えておられる。中世の芸能民を「道々の輩」と把え、職人の一つとして理解し、差別が強まるのは、中世後期以降であるとする。

山路興造氏は『翁の座——芸能民たちの中世——』(9)で、中世猿楽者を次のように理解している。

中世前期の諸芸能である田楽・猿楽・咒師・傀儡・獅子舞などの演者が、「道々の輩」と呼ばれた職人に含まれ、課役免除を公的に保証された人々であった。

(中略)

彼らがいわゆる被差別であったと私は考えない。当時、その大部分を占めた農業民などからみれば別の生活形態を持っていたわけであるから、その意味での差別や、ある種の芸能への賤視観も存在していた可能性も大きい。しかし中世後期以降における差別のごときは、まだ原則的に生じていなかったと言える。

(中略)

南北朝期は芸能を支えた基盤の大いなる変革期であった。天皇・院・権門勢家大社寺や国衙・地方官社寺・地方大社寺など、「道々の芸能者」を支えた古代的基盤が徐々に崩壊するなかで、「道々の芸能者」以外の者による芸能が抬頭する。

山路興造氏の見解は、中世の芸能民の実態を時代を追って考察する必要性を唱え、中世後期に芸能民に対する差別が強まったとする。

以上のような、中世猿楽者の身分論を参照して、私は時代を追って猿楽者の実態に迫って行きたいと考える。そのため平安期の『新猿楽記』を分析し、修正会・修二会等の寺辺猿楽者、ついで祭礼神事に活躍する群小猿楽座、最後に祝福芸能と声聞師系猿楽者の実態について考察して行きたい。

一　『新猿楽記』に見られる猿楽者

『新猿楽記』は、十一世紀中頃に、藤原明衡によって書かれた京の風俗を描いた書物で、そこには猿楽をはじめとする当時の様々な芸能があげられている。猿楽の名優として、「百太《はくた》、仁南《じんなん》、定縁《じょうえん》、形能《けいのう》、県井戸《あがたいど》の先生《せんじょう》、世尊寺《せそんじ》の堂達《どうたつ》、坂上菊正《さかのうえのきくまさ》、還橋徳高《もどりばしのとこたか》、大原菊武《おおはらのきくたけ》、小野《おのの》福丸《さちまろ》」等の名を見ることができる。

ここには、おおよそ三系統の猿楽者が見られる。

一つは、百太・仁南・定縁・形能などの「散楽」の名手といわれる人々であり、古代以来の散楽の伝統芸を受けついでいる者と思われる。

一つは、県井戸の先生、世尊寺の堂達などと呼ばれる寺社などに関わる人々である。堂達とは、法会・授戒などの際に、唄師・散華などの下にあり、願文を導師に、咒願文を咒願師に捧げるなどの諸事を行なう僧である。従って堂達は咒師の演能に関わっていた可能性が高い。

もう一つのグループは、坂上菊正・還橋徳高・大原菊武・小野福丸などである。坂上・還橋・大原・小野は何れも京都およびその近辺の地名である。また菊正・徳高・菊武・福丸などの名は祝福の意味があり、京都内外に居住した祝福芸能者を思わせる。

特に「小野福丸は、其の体甚だ以て人に非ず、偏《ひとえ》に乞丐《こつがい》にして、衆中に一列すべからず、」とあり、身分的には低位の層にあったことを思わせる。

『新猿楽記』は、事実を忠実に書いたものではないので、人名等はフィクションの可能性がある。しかし、そこに描かれた猿楽者の風態は、当時のそれをモデルにしているであろう。

『新猿楽記』の記述を傍証するものとして「本朝世紀」の次の記述がある。長保元年（九九九）六月十四日条に次のようにある。

今日祇園天神会也、而自去年京中有雑芸者、是則法師形也、世号謂旡骨、実名者頼信、世間交行安等者、件法師等、為令京中之人見物、造材擬渡彼社頭、

長保元年六月十四日、祇園会が行なわれた所、「旡骨」という散楽法師が、大嘗会の標《しめし》物のような物を造って引いて社頭に来たというのである。検非違使がこれを追捕しようとしたが、「旡骨」は逃亡したため、この行為を禁止することにした。ところが、この禁止に対し天神が大忿怒し、礼盤より咒師僧が転落するという事故が起こり、その辺の下人に神がかりがあって託宣があったという。

ここに現われる「旡骨」は、「左経記」万寿二年（一〇二五）正月十日条にも見られる。「左経記」は、参議左大弁藤原経頼の日記で、皇太后姫宮の法成寺御堂入堂について記している。そこでは咒師の舞の後に、「旡骨」の散楽演能を記している。

すなわち「旡骨」は、祇園会に大嘗祭の標物の如きものを引いたり、法成寺の修正会に散楽の芸を演じたりしているというのである。「本朝世紀」によれば、「旡骨」の実名は頼信であり、「仁安」とも交わりがあったという。『新猿楽記』に示す「仁南《じんなん》、常に猿楽の庭に出で、必ず衆人《しょうじん》の寵《てう》を被《かうぶ》る。」とある「仁南」は、この「仁安」を指すかもしれない。

いずれにしても、「旡骨」や「仁安」という法成寺等の寺辺猿楽者が存在していたことが、うかがえよう。

二　修正会・修二会等と寺辺猿楽者

現在の「翁猿楽」の起源が御願寺の修正会・修二会等の散楽にあることは、天野文雄氏[10]・山路興造氏[11]をはじめ、すでに多くの研究者が触れておられる所である。

次に、修正会・修二会等に見られる猿楽者の史料に、彼らの存在形態をできうるかぎり考察してみよう。平安時代の散楽は咒師と共に、六勝寺などの官寺的性格を持つ京都の大寺の国家鎮護の修正会等に姿を現わすのである。この場合、咒師と散楽が一対のものであったことに注目する必要があろう。

咒師は、『國史大辞典』（吉川弘文館）によれば、「律令制下、典薬寮に属して呪言を唱えて物の怪を払ったり、病を治療したりした職員を呪禁師と称したのが源流」と推定するが、この頃散楽者と共に、六勝寺等で演能する咒師は、修正会等で物の怪を払う役割を果たした。

修正会に咒師や散楽が演能する最古の記録としては、小野宮右大臣藤原実資の日記「小右記」（九条家本）の永延元年（九八七）正月六日条に記す京都円融寺の記録である。円融上皇が、本堂の前で江州法師たちによる啄木舞・弄玉・雑芸などの散楽とともに咒師を見物している。

その後、藤原宗忠の「中右記」の記事によって、毎年正月十日前後、法成寺・法勝寺・尊勝寺等で修正会が行なわれ、そこでは咒師と散楽の芸能が行なわれるのが恒例となっていたことがわかる。

康和五年（一一〇三）正月八日条には、「咒師十三手散楽等雑芸種々」、長治元年（一一〇四）正月九日条には、「咒師十余手散楽等種々申、」とあり、咒師十三余人と散楽が対をなす芸能であったことがわかる。

また、長治二年（一一〇五）正月十二日条には、「丹波咒師剣手誠神妙」とあるのが注目される。丹波咒師と丹波猿楽は、本来同一地域に根拠を持ったものであろう。山路興造氏は、両者は本来、丹波国の国分寺や一宮などの法会や祭礼に参勤することを前提に生まれたのではないかと推測する。[12] 少なくとも、同一地域に根拠を持つ丹波咒師と丹波猿楽が、同時に法成寺の修正会に参勤していたことがわかる。

「中右記」で記された法成寺・法勝寺・尊勝寺等に加えて、十二世紀後半上皇御所法住寺殿でも、咒師・猿楽芸が催されていたことが、「百錬抄」に見られる。

「兵範記」仁平四年（一一五四）正月十三日条には、

晩頭入道殿令参法成寺修正給、（中略）呪師一双宮犬丸、次散楽小景丸・面長・面平以下皆悉参尽由也、

とあり、呪師の芸能と散楽の芸能の演者が別個の者であることが明白となる。呪師一双は宮犬丸が演じ、散楽は小景丸・面長・面平が演じたとある。これら散楽者は。「明月記」建仁二年（一二〇二）正月十三日条にも、

今朝猿楽面長、給検非違使季国、夜前不入興、不叫喚奇恠之由、有仰事云々、

とあり、面長の名を見ることができる。

ところで、「兵範記」によれば、呪師や散楽の芸は、天皇崩御や伊勢神宮の火災により停止されている。嘉承三年（一一〇八）の修正会に際し、前年七月に堀河天皇崩御があり、呪師・散楽を停止した前例によって、久寿二年（一一五五）七月の近衛天皇崩御により、翌三年（一一五六）の修正会には、呪師や散楽が停止されている。仁安四年（一一六九）正月にも、伊勢神宮火災により、呪師・散楽が停止されたと記されている。しかし、これらは散楽者が不浄の故、停止されたのではない。天皇崩御や伊勢神宮の火災により、音曲が停止されたのである。

「吉記」養和二年（一一八二）正月八日条には、蓮華王院の修正会での呪師・散楽が記され、呪師に乙宮太郎丸、散楽に木工という侍散楽の名を見ることができる。散楽者に侍散楽と下衆散楽があったこともわかる。

鎌倉期十二世紀後半に入っても、法成寺修正会で呪師・猿楽が演能していた記事が見られるが、「玉葉」の記事は、禁裏で猿楽が演能されていたことで注目されよう。この時代には、猿楽の禁裏演能は、まだ禁止されていないのである。

「玉葉」によれば、建久二年（一一九一）二月二日には、九条兼実の計らいで、禁裏で昼呪師の事があった。未刻（午後二時頃）に始まり、惣十手、終両三手の呪師・猿楽が行なわれ、垸飯が呪師・猿楽者にふるまわれた。二

月七日にも、禁裏において昼咒師の事が行なわれ、俗三人、僧三人が上演している。唱人は蠻絵の袍甲を着し、楽人は烏帽子を着けない躰が「狂物」として認められていたという。建久三年（一一九二）正月八日の法成寺修正会では、「法皇（後白河）不予」にもかかわらず、停止するのはかえって「禁忌」に触れるとして「咒師・猿楽」が行なわれている。

「成勝寺年中相折帳」によると、成勝寺の「法咒師料」は十二石、「法咒師装束科」は七疋七丈二尺の布、「咒師十七手料」は一手七疋で、合計百十五疋であったと記されており、修正会での咒師への禄物がわかる。

「勘仲記」弘安七年（一二八四）十一月十六日条によると、亀山上皇の高倉殿において、「猿楽・物万称・白拍子」を招いて饗宴が催されている。院政期には、禁裏や院御所で宴楽が催されることが、しばしばであった。

鎌倉末期と推定される「住吉太神宮諸神事次第」に次のようにある。

御田殖（マヽ）
三月廿日、定僧中於三昧堂行也、風流以下役人定也、
殖物扠、四月吉日、神人等沙汰也、
当日前日、咒師・宴楽等参、惣官見参、交名進也、
咒師二座、法勝寺十人、尊勝寺十人当時不参、猿楽三座、本座十五人・新座三十人・法成寺十五人、於惣官亭遊也、
酒肴給也下司役、権官方同遊也、酒肴給也、
田楽、僧中沙汰之間、不及見参、
（中略）
次猿楽風流、次咒師二座、次翁面三座、猿楽長以下数輩立也、

鎌倉末期、摂津住吉社で、田楽と並んで、咒師、猿楽が行なわれていた。これは四月の御田植神事であった。こ

れに参勤したのは、咒師二座（法勝寺座十人・尊勝寺座十人）と猿楽三座（本座十五人・新座三十人・法成寺座十五人）であった。猿楽は翁面三座とも書かれていることにより、翁猿楽であったと推測できる。

山路興造氏は、この猿楽三座については、『翁の座――芸能民たちの中世――』(13)に於いて、

本座＝法勝寺猿楽＝丹波住（のちの矢田座）

新座＝尊勝寺猿楽＝摂津住（のちの榎並座）

法成寺座＝法成寺猿楽＝摂津住（のちの宿座）

としている。

一方、天野文雄氏『翁猿楽研究』(14)では、

本座＝丹波猿楽＝賀茂社所属

新座＝法勝寺猿楽＝法勝寺所属、摂津住吉社とも関係

法成寺座＝法成寺猿楽＝法成寺所属

としている。

いずれにしても、丹波猿楽・法成寺猿楽・法勝寺猿楽と呼ばれた京都の御願寺に出仕した猿楽者達が、摂津の住吉社にも出仕していたことがうかがえる。これらの中央の御願寺等に出仕した猿楽者は、寺辺の猿楽者とも呼べるもので、遅くとも十世紀末頃から活躍が見られた人々であった。しかも室町期以降も、近畿一円で、矢田座・榎並座・宿座等の名で、寺社の祭礼・神事にも活躍するようになるのである。

一方、大和四座猿楽の場合はどうであろうか。

「衆徒記鑑古今一濫」に記された内容は、大和猿楽の歴史を物語るものであろう。

一、西金堂修二行者、都率内院常念院之行事遷之、人王五十六代清和天皇御宇貞観十一年己二月三日始之、干

時殿下関白良房謚忠仁公、
一、咒師《シユシハシリ》法者、興福寺賢憬僧都之製作也、軍荼利明王之行法也、就修二月之行法執行払魔障生吉祥之密伝也、
此法者限西金堂行之秘密之行事也、
一説、咒師法者、為外想毎年二月五日西金堂修二月行者等行之事也、自其比此表示預猿楽等、所令行之也、
其以来、就修二月行法退転、而猿楽之芸能者、依難捨去之、咒師法者、二月五日春日之於社頭至于今猿楽等
　勤之者也、
一、四座猿楽
是等者、為西金堂修二行法之間寄人、而従毎年中春朔日至同十四日所遂行之也、令安泰天下国土、擁護仏法、
寺社堅固之為規則、因此而練行之衆等、以咒師十二天大刀払悪魔之為表示、以此為外想、猿楽等表出外想而相
勤咒師《シユシハシリ》庭也、

この史料は、「咒師走」の記事が注目され、天野文雄氏をはじめ先学の研究がある。(15)

これによれば、毎年二月一日から十四日に行なわれた修二会において、咒師の代りとして、寄人であった四座猿楽が咒師の行法の外想を代行せしめたという。すなわち、興福寺に奉仕する大和四座とは、修二会の「咒師《しゆし》走《はしり》」に演能する猿楽座が起源と考えられる。本来、咒師の行なった咒師走を猿楽者が勤めるようになったというのである。

この大和四座の猿楽者は、京都の法成寺や法勝寺に奉仕した猿楽者と同様、大和の大寺社の修正会・修二会等にかかわる寺辺の猿楽者であったと考えられよう。丹波猿楽・摂津猿楽・大和猿楽・近江（江州）猿楽等と呼ばれる人々の源流が、大寺社の修正会・修二会等に奉仕する寺辺の猿楽者であったといえよう。

室町時代以降の興福寺薪能について記した史料に「薪能番組」がある。これは、奈良町奉行所の与力だった玉井与左衛門定時の編と認められる興福寺薪猿楽（南大門での薪能と春日若宮での御社上《みやしろあが》りの能）の番組について書いて

いるが、次の史料を引いている。

応永廿三年祐富日記云、
二月四日、薪ノ猿楽ス、ヲ於拝屋ハシリ了、
八日、天晴、薪猿楽自今日参遊社頭也、
享徳二年祐冨日記云（実は永享二年カ）、
二月五日、薪猿楽ス、、於社頭ハシリ了、
六日、今日ヨリ於南大門猿楽在之、
八日、自今日猿楽参遊社頭若宮殿拝屋、
明応八年祐辰日記云、
二月五日、咒師走如例、下行物有之、
永正七年日記云、
二月五日、咒師走如例、

薪能は、古くは修二会に付随した行事で、「薪猿楽」・「薪ノ神事」とも呼ばれた。東西金堂の法会に用いる神聖な薪を迎え、それを燃やした中で余興の芸能が演じられたのがはじまりといわれ、『若宮神主中臣祐定日記』建長七年（一二五五）二月条に見えるのが、史料上の初見とされている。室町時代には、修二会と切り離れて、二月五日〜十二日の定日に行なわれ、大和四座猿楽が出仕していた。

この史料によって、二月五日頃咒師走が行なわれ、二月八日頃若宮殿拝殿で薪能が上演されるようになったことがわかる。

「大乗院寺社雑事記」文明六年（一四八四）二月六日条に、

（上略）二月五日於大宮殿拝屋辺、四座長共色（式）三番之儀有之、号咒
　師走也、

と記している。二月五日に四座の長《おさ》によって式三番が演能され、咒師走と号している。

南都興福寺や東大寺においても修正会・修二会が行なわれ、その後戸で咒師・猿楽の芸能が行なわれた。その専門の芸能集団として勤仕して来た人々が、後の大和四座であろうと推定される。翁舞は後戸の神前で演ずる舞である。興福寺修二会において、その五日目の夜、その後戸とも言うべき春日神前において猿楽者が翁舞を舞うのであると、[16]山路興造氏は推察している。

大和国結崎面塚

以上考察して来たように、平安期に京都・奈良の大寺社の修正会・修二会等に演能して来た寺辺猿楽者は、興福寺や住吉社でその系譜が受け継がれて行ったことがわかる。大和四座は寺辺猿楽者の最も典型的例である。『申楽談義』（元能聞書）が、「大和申楽は、河勝より直に伝はる。近江は、紀の守と有し人の末也。」とか、「丹波のしゆくは、亀山の皇帝の御前にて申楽をせし時、長者になさる。新座・本座・法性寺の三座の長者也。」とか、『風姿華伝』（世阿弥筆）が、「推古天皇の御宇に、聖徳太子、奉河勝に仰て、且天下安全のため、且諸人快楽のため、六十六番の遊宴を成て、申楽と号せしより以来、代々の人、風月の景を仮て、此遊びの中だちとせり。其後、かの河勝の遠孫、この芸を相継ぎて、春日・日吉の神職たり。仍、和州・江州の輩、両者の神事に従ふ事、今に盛なり。」と記しているが、世阿弥や元能が記した伝承は、大和猿楽・近江猿楽・丹波猿楽等が、修正会や修二会によって中央の大寺社の寺辺猿楽者として歩んで来た歴史的背景を物語っているのではなかろうか。

三　祭礼・神事と群小猿楽座

修正会・修二会以外にも、すでに平安中期より寺社の祭礼に散楽が出現する。祭礼の散楽は「式三番」と呼ばれた翁舞が見られ、鎌倉期頃から、遷宮等の「方堅神事」の場に演能、次第に猿楽は、村落の祭礼にはなくてはならない存在となってくる。

祭礼猿楽の古い例として、「中右記」長承二年（一一三三）五月八日条が有名である。

今日宇治鎮守明神離宮祭也、宇治辺下人祭之、未時許行向平等院透廊見物、巫女・馬長・一物・田楽・散楽如法、雑芸一々、遊客不可勝計、見物下人数千人、着河北岸、小船数千艘、如並瓦、田楽法師原、其興無極、笛無定曲、任口吹、鼓無定声、任手打、鼓笛喧嘩、人驚耳目、

この長承二年五月八日条は、平安期の宇治離宮祭の様子を如実に伝えている。行列が出たらしく、巫女・馬長・一物などが行進した。「田楽・散楽法の如し」とは、田楽と散楽（猿楽）が演能されたことを示している。この散楽を演能した人々は、宇治猿楽座の起源と考えられる。見物の下人は数千人を数え、宇治川北岸には数千艘の小船が集まったという。田楽法師の演じる田楽は、大変面白いもので、定曲はなく口に任せて笛を吹き、手にまかせて鼓を打つというものであった。晩頭には、左方槇嶋郷人、右方宇治郷人が社頭において競馬《くらべうま》を行なっている。

ところで「後法興院記」応仁二年（一四六八）五月条を見ると、次のような記事がある。

八日、是日離宮祭也、還幸未刻許殿并女中奥御所姫君達令来給、於此桟敷有御見物、
九日、入夜参平等院、次於橋上見月、藤寿・亀寿・西堂等相伴之、
今日於丈六堂前有猿楽、式三番也、毎年有五番云々、然而当年事依京都之乱令斟酌云々、

と書かれ、応仁二年（一四六八）五月の離宮祭の様子がわかる。五月八日、近衛政家らは滞在していた宇治にて、

これを見物している。五月九日には、「今日丈六堂前に於いて猿楽有り、式三番許也、毎年五番有りと云々、然り而当年のこと京都の乱に依り斟酌せしむと云々。」と書かれており、猿楽が丈六堂（鳳凰堂カ）前において演能されていることがわかる。

長承二年（一一三三）に見られる宇治猿楽は、応仁二年（一四六八）にも続行していたことがわかる。

一方、平等院の田楽について、「寺門高僧記」に次の一文がある。

　本座田楽者、源出於此僧正（増智）之内格勤法師原之中、多有得骨者、選八人為一列、始称田楽法師、世号白河田楽、其後好斯道者多矣以白河為本座、或号新座、或呼称座、

これは、長承二年（一一三三）増智が僧正となった時の記録の一節であり、本座・新座の両座田楽の由来について書いている。

「此の僧正の内格勤の法師原の中に、多く骨を有得する者八人を選びて一列と為し、始めて田楽法師と称し、世に白河田楽と号す。」というように形成された田楽座が、白河田楽であったという。

この田楽座は、宇治離宮祭のほか、春日社の若宮祭礼にも出仕して、本座・新座と呼ばれ近世初頭まで存続している。

『吾妻鏡』建久五年（一一九四）閏八月二日条によると、

　二日己未、御台所令帰鎌倉給、今日彼岸初日也、（中略）当日御導師法橋定家也、於三浦又有小笠懸、昨日勝負云々、其後、於船中興宴、遊女棹一葉参、猿楽小法師中太丸参施芸、上下解頓云々、

とある。この日、鎌倉に「小法師中太丸」という猿楽法師が現われる。彼の出自は不明であるが、大寺社の寺辺猿楽者というよりも、地方で活躍した群小猿楽座の一人と考える方が適当である。この頃になると、鎌倉などでも猿楽が催されるようになり、「上下頓《おとがい》を解くと云々。」と記されるような狂言的な余興を演じたものと思われる。鎌

倉での猿楽や遊女の芸能は、院御所などの院政期の芸能の影響と伝播と考えられる。

『鎌倉遺文』に収載される次の五点の文書は、鎌倉時代の猿楽を考察する上で、重要である。

①「猿楽長者亀王丸重申状」（一三三四九号）

②「某書状追而書」（一三三五〇号）

③「成□書状」（一三三五一号）

④「猿楽長者弥石丸申状」（一四三九七号）

⑤「権律師某挙状」（一四三九八号）

①・②・③は、法成寺猿楽長者の亀王丸が住吉社の御田植神事の楽頭職を夜叉冠者に押妨されたことを朝廷に訴えたものである。ここに法成寺猿楽と呼ばれる座があり、住吉社の御田植神事の楽頭職を持っていたことがわかる。平安時代の法成寺修正会等に参勤した猿楽が、住吉社御田植神事にも出仕するようになっていたことを、先に掲げた「住吉太神宮諸神事次第」と合わせて実証することができよう。

④・⑤は、法成寺猿楽の石王丸が法勝寺猿楽の春若丸らに殺害されたため、法成寺後戸猿楽長者の弥石丸が、朝廷へ春若丸らの処罰を訴え出たものである（天野文雄『翁猿楽研究』[17]）。

法成寺猿楽の石王丸は大和国の住人であったこと、同じく法勝寺後戸猿楽長者の春若丸は、摂津国河尻寺住人であったことがわかる。法成寺と並んで法勝寺に参勤した猿楽が、住吉社へも出仕していたこと、彼等が大和国や摂津国に居住していたことがわかる。春若丸は摂津国河尻寺住人であるが、河尻寺とは、「山魂記」治承四年（一一八〇）三月十九日条に、

　今日可着御河尻寺所也、前大納言邦綱卿山庄在件所也、

とあり、摂津国江口付近の淀川河口にあったと推測されている。

京都の御願寺の寺辺猿楽者が、この頃丹波国以外の大和国や摂津国に散在するようになっていたことが注目される。猿楽者が参勤する寺社が、住吉社をはじめとして増大していったことに由来するものではなかろうか。

文永八年（一二七一）「高神社造営流記」は、山城国高神社の方堅神事を記録したものである。

一、宝堅事
四月三日散楽一村紀州石王権守 一村宇治若石権守 各競能之間尤有其興、
録物各銭二貫文馬一疋都合二疋四貫文 一疋一貫七百文 一疋一貫六百文
（中略）
一、下行用途色々事
三舛乞食散楽出来ニ下行、

文永八年の方堅神事には、「紀州石王権守」と「宇治若石権守」が散楽を演能し、各録物銭二貫文馬一疋をもらっている。

同時代の「勘仲記」弘安元年（一二七八）五月九日条には、次の記事がある。

今日於大湯屋御所前、猿楽等施其芸、供僧房人昨日馬長共者装束等給之、結構猿楽恒例事云々、号木猿楽、終日見物、亥刻許事了、

この記事から、宇治離宮祭の後宴に大湯屋御所前で猿楽が演ぜられたこと、その出演が木猿楽と呼ばれる一派であったことがわかるが、木猿楽は「紀州猿楽」とも考えられ、高神社と同一であった可能性が高い。

ところで、「乞食散楽出来ニ下行」とは、方堅神事の両猿楽座以下に、「乞食散楽」といわれる猿楽が参仕し「三舛」の下行物を得ている。当時、宇治猿楽等と並んで、「乞食散楽」と呼ばれた人々が村落の祭礼・神事に参勤することもあったことがわかる。ここに連想されるのが、『新猿楽記』の「小野《おのの》福丸《さちまろ》」である。「小野《おのの》福丸《さちまろ》は其の体《てい》甚

だ以て人に非ず。偏《ひとへ》に乞丐《こつがい》にして、衆中に一列すべからず。」の姿である。大寺社の寺辺猿楽者以外に、「乞食猿楽」と呼ばれる人々が存在したことも事実である。

村落の宮座の発達で、各地で祭礼・神事に猿楽が行なわれると、大寺社の寺辺猿楽者のみならず、群小猿楽座や乞食猿楽と呼ばれた人々の活動も活発になって行ったと思われる。

「満済准后日記」には、十五世紀の猿楽者の実態が現われる。それによると、醍醐寺の神事に、榎並猿楽・丹波猿楽・日吉猿楽・梅若大夫・観世座等が参勤している。

応永三十四年（一四二七）正月十二日条には、次の一文がある。

今夕於禁中清涼殿東御庭エナミ猿楽等ヲ被召、猿楽おサせラれ舞台楽屋以下頗御自身御奉行御体也云々、以外事共也、自昔於禁中猿楽其例更以不可在、無勿体云々、珍事々々、諸人嚬眉閉口計也、

応永三十四年正月十二日には、称光天皇が禁中で榎並猿楽を観覧することになったが、貴族達がこれを非難している。

この時期になると、猿楽そのものに対する差別観が増大したことがわかる。「昔禁中に於いて猿楽其例更に以って在るべからず。」と記すが、禁中演能の例があったことは、これまで見た通りである。この時期、猿楽そのものに対する差別視が強まって来たことは、「如此散楽者乞食所行也」（「後愚昧記」、永和四年（一三七八）六月七日条）や「禁中猿楽参入歌舞一向被停止了」（「建内記」正長（一四二八）六月十日条）に記されることからもわかる。

「満済准后日記」と並んで、「看聞日記」にも、当時の猿楽の状況を見ることができる。

「看聞日記」応永二十三年（一四一六）三月十日条によれば、伏見庄御香宮の神事猿楽の楽頭は、矢田愛王大夫であったが、罪科のため矢田庄を追われ、伏見庄に隠居していたことがわかる。御香宮神事に出仕したが、脇の猿楽には丹波猿楽を雇ったとある。

応永二十六年（一四一九）三月の御香宮神事猿楽も、楽頭矢田愛王大夫が籠居しているため、梅若大夫を雇ったとある。

応永二十七年（一四二〇）三月末頃、室町殿の猿楽に梅若大夫が演能し、翌日には二万疋を下賜されている。将軍足利義持は、梅若大夫一身を愛用する旨を伝えたという。

応永二十八年三月、疫病が流行し三月二十四日の御香宮猿楽も、禄物の準備不能のため中止になりかけた。然るに宮聖の慶俊という者が疫病にかかり、狂気になって、「猿楽を延引すべからず。」と種々神託を口走って死去したという。そこで荘民達は翌月の十日・十一日に神事猿楽を行なうことに決定したと記している。

「看聞日記」永享四年（一四三二）十月条には、次のようにある。

十日、晴、鳥羽ニ女猿楽勧進、自昨日始云々、隆富朝臣、重賢以下見物ニ行、帰参語、美女五七人歌舞殊勝言語道断見物也云々、拍子咲《ヲカシ》なとハ男也、女共ハ如遊君音声殊勝、観世なとにも不劣、猿楽之躰神妙也、桟敷六十三間、雑人充満不知数群集云々、自西国方上洛云々、女猿楽希代珍敷事歟、

二十六日、彼女猿楽卄三日於室町殿猿楽三番仕、赤松一献申沙汰兼先於赤松屋形令習礼云々、御褒美則被召御前御賞翫云々、万疋御小袖卄重織物十重・練貫十重云々、被下、三番　仕了、観世仕被見云々、

ここには、鳥羽で上演された女猿楽のことが見える。見物した隆富朝臣・重賢の言によると、「美女五七人歌舞殊勝言語道断之見物也。」とあり、また「女共ハ遊君の如く、音声殊勝、観世などにも劣らず、猿楽の躰神妙也。」ということであった。桟敷は六十三間設けられ、見物人が充満してその数の知れぬぐらいであったという。また彼等は西国から上洛したらしいことも記している。十月十日に鳥羽で演能した女猿楽の一座は、十月二十三日室町殿に参仕して猿楽を上演、赤松満祐が一献を催けた。猿楽三番を演能して、一万疋と小袖卄重などを賜っている。

永享十年（一四三八）と嘉吉三年（一四四三）、伏見御香宮の祭礼に出仕したのは、宇治座の幸大夫であった。他

の群小猿楽座と同様、伏見御香宮の祭礼猿楽は、猿楽座にとって得分のある惣村の宮座の一つであった。

以上のように、「看聞日記」には、伏見庄御香宮神事等に演能した群小猿楽座が登場するが、宇治猿楽をはじめ、矢田猿楽・日吉猿楽・敏満寺（近江）猿楽・鳥飼猿楽・榎並猿楽・梅若大夫座の名が見られる。これらは御香宮の楽頭職を得たり、金銭で雇われたりしながら御香宮の神事に出仕している。そのような中で、御香宮でも観世座が楽頭職を獲得し、群小猿楽座がその傘下に入ったりするような変化が起こっている。

村落の祭礼神事猿楽では、基本的には楽頭職を持つ猿楽座が上演するわけで、寺社からの要請に応じて、毎年恒例の出仕を続けていた。

奈良天満天神社

しかし、事故や病気などで、その勤仕が不能となった年には、寺社から他の猿楽座の大夫を招請したことがわかる。また事情により、楽頭職は売買されるものであったことがわかる。

伏見庄で年中行事となっていた主な祭礼猿楽は、三月十日と十一日恒例となっていた御香宮神前猿楽である。また重陽の節句である九月十日には、御香宮の猿楽をはじめとして荘内の山田宮および法安寺でも猿楽が上演されている。

中世の宮座や祭礼の発達とともに、猿楽も群小の猿楽座が、各地惣村の神事・祭礼に出仕するようになって行ったことが、うかがえよう。

「大乗院寺社雑事記」には、十五世紀後半の大和猿楽・宇治猿楽の記事が多く見られる。大和四座と宇治猿楽座は、いわゆる住み分けがなされており、若宮祭礼神事と薪能は大和四座が、天満神事と榎本神事は宇治猿楽が担当した。

大和における春日若宮祭礼には、四座猿楽と田楽両座が勤仕するのが恒例であった。「大乗院寺社雑事記」文明十八年（一四八六）十一月二十八日条には、

後日遊宴如例、四座猿楽・田楽両座如常、見物者一人生涯、不便〱、依之仕丁丸廿二人当座、自衆中及罪科沙汰之、

とあり、文明十八年（一四八六）に至っても、四座猿楽と田楽両座（本座・新座）が出仕している。

文明四年（一四七二）八月、天満神事の猿楽猿演能を緩怠した宇治猿楽に対して、大乗院門跡は五ケ所・十座の声聞師を使って荷物の没収をしようとした。

「大乗院寺社雑事記」文明四年（一四七二）九月十一日条は、次のように記している。

當院八月十日神事、猿楽共致無沙汰之間、五ケ所・十座等仰付之、及厳密沙汰間、自今以後ハ不可闕如之之由捧晧文了、仍免之、

敬白　天罰起請文事

右子細ハ、天満ノ社御神事、他国ノ猿楽ニテ候ヘ共、大和国ニ罷越候ユエ、国役ニ昔古ヨリ参勤申候処ニ、近年無沙汰仕候間、厳密ノ御沙汰ニ及候、さ候処、ナケキ申入候間、御免畏入存候、仍自今以後ハ、八月十日ニ必々ケイ熊（能）ノ事マイリ勤候へく候、若偽申入候ハヽ、日本国大小仏等三宝、殊ニハ春日大明神ノ御罸ヲカフリ候へく候、仍猿楽起請文如件、

文明四年壬辰八月廿九日　宇治座

藤松大夫　判

守菊大夫　判
幸　大夫　判
忠三郎大夫　判

大乗院の処断に対し。宇治猿楽は天満神事への緩怠を詫びるとともに、毎年八月十日の演能を誓約する旨の「天罰起請文」を提出した。ここに連名した一座が宇治座で、この頃藤松大夫・守菊大夫・幸大夫・忠三郎大夫の四人の大夫がいたことがわかる。

「猿楽共致無沙汰間、五ケ所・十座等仰付之」とは、宇治猿楽の積荷の没収や往来の禁止措置であって、五ケ所・十座が興福寺の下級警察権を執行したことを意味する。

文明十年（一四七八）にも宇治猿楽の神事緩怠事件が起こり、大乗院は宇治猿楽の当国経廻を停止させようとした。「大乗院寺社雑事記」によると、

八月十日、
天満神事致用意之処、猿楽等不参之間芸能無之、以外緩怠、一段捧啱文処、不及参上、随而召寄十座唱門等、宇治猿楽事当国経廻可停止、可任法之由仰付之、畏入候、令会合可相触国中云々、同衆中ニ仰合遣披露状、遣沙汰衆方了、明日可有集会、可披露云々、
八月十七日、
十座唱門共伺申、今日・明日大安寺神事也、楽頭宇治猿楽也、万一大和猿楽令沙汰者可如何哉之由申、御下知上ハ、雖為宇治猿楽之楽頭之在所、令勤仕大和猿楽者不可申子細、但雖為一人宇治猿楽有之者可申子細也、雖為大和猿楽之楽頭之在所、令勤宇治猿楽者可申子細之由仰了、所詮当国中経廻ヲ停止上者、雖為一人不可叶者也、可任掟法旨仰之、専実寺主申次之、田部小田中ハ七郎次郎楽頭也、豊田同七郎次郎楽頭云々、

この一連の事件は、宇治猿楽が声聞師系集団であることを示すものであろうか。私は、この時期になり、猿楽者に対する統制が強まり、声聞師組織である五ケ所・十座に警察権執行を命ぜられたと考える。

文明四年（一四七二）の八月十日天満神事に宇治猿楽が欠如したことに対し、大乗院は警察権を行使して、五ケ所・十座声聞師に宇治猿楽の荷物の没収を命じた。

文明十年（一四七七）八月十日の天満神事や八月十七日の大安寺神事にも不参であったため、大乗院は宇治座の「当国経廻停止」を五ケ所・十座の声聞師に命じた。五ケ所・十座は「会合せしめ国中に相触れるべし」と答えている。

これは五ケ所・十座が下級警察権を持っていたためで、猿楽等の往来者に対する統制権であった。これをもって宇治座猿楽者＝声聞師ということにはならない。彼等が命じたのは、国中の声聞師に対しての宇治座の通行禁止令であった。

「朱智大凡天王宝堅流記」によれば、大永元年（一五二〇）頃、南山城の朱智神社では、春の楽頭を山繁大夫、秋の楽頭を長命大夫が勤め、禄物は米七石であった。

大永三年（一五二三）にも山城国高神社「大梵天王法堅目録之事」が残るが、この頃、春の楽頭は堺者二郎、秋の楽頭は地下持として長命大夫を呼んでいる。

いずれも、群小猿楽座が、村落の祭礼神事に勤仕していた姿をしのぶことができる。

文亀初年の和泉国日根庄滝宮の神事猿楽や田楽を記した「政基公旅引付」（前関白九条政基の日記）の記述は、室町末期の猿楽芸能の拡大現象の一つととらえられる。

文亀元年（一五〇一）七月に、九条政基が日根庄入山田村で見た芸能は、七月十五日惣社滝宮へ推参することになっていた念仏風流と猿楽であった。村人たちは、「御本所様」に見せるため、滝宮への推参に先立って、各村毎、土丸村・船淵村・菖蒲村・大木村の順に参堂した。十六日には、四ケ村の村人が集まって風流ハヤシを奉納したあと、「式三番」・「鵜羽」などの猿楽を演じた。九条政基はこの村人の芸能について、「誠に柴人の所作、希有の能立て也、皆見物の者等耳目を驚かす」とか、「賤士の柴人等の所行の体、都の能者に恥ぢず。」とその芸能に驚いている。

文亀元年八月十五日には、雨喜びの風流として前々日の土丸・大木村に続いて、菖蒲・船淵村の民が滝宮において種々興を尽したという。子の刻以後というから真夜中であろうか。猿楽式三番（翁猿楽であろう。）が演能された。船淵の百姓四郎太郎左近が大夫を演じたという。「入木等細々荷来る賤夫大夫を勤む、式三番以下、舞の手共当道猶勝劣有るべからざる者也。」とある。この頃、和泉国日根庄入山田村において村民による式三番以下の猿楽が演能されており、惣村の惣社などの祭礼や神事には、群小の猿楽座が呼ばれることもあると同時に、村民が演能することもあった。

天文年間にも、群小猿楽座の活動が数多く見られる。

蓮如上人の末子順興寺実従の日記「私心記」天文元年（一五三二）十一月二十五日条では、醍醐寺領笠取庄に避難中の実従が、岩本明神の神事能を見物、長命大夫が参勤したことを記している。

「三宝院旧記」によれば、天文年間における醍醐寺の神事猿楽には、

天文十一年（一五四二）…近江猿楽
天文十二年（一五四三）…宇治猿楽藤松大夫
天文十三年（一五四四）…長命大夫
天文十七年（一五四八）…手猿楽刁《トラ》屋

が参仕したことが読みとれる。宇治猿楽がこの頃まで活動していたことがわかる他、近江猿楽・山城国長命大夫・手猿楽トラ屋が参勤している。

以上のように、平安時代の宇治離宮祭をはじめとして、諸社寺の祭礼や神事に猿楽が演能する事実がある。特に室町期以降、各地の惣村や宮座の発達とともに、猿楽者が諸社寺に出仕することが増大する。中央の寺社の衰退や法会の減少によって寺辺猿楽者は惣村の社寺祭礼に奉仕する場を求めたとも言えよう。

群小猿楽座の多くは、寺辺の猿楽者の系譜を引いており、さらに猿楽者の数が増大するとともに手猿楽者や惣村民衆による猿楽も隆盛して行った。

四　祝福芸能と声聞師系猿楽者

門付けの祝福芸能には、千秋万歳（千寿万財）をはじめ、夷かき（傀儡子）、懸想文売、松拍子等があった。中世には、これらに賤民の芸能者が携わることが多く、賤視された人々が一面では呪能者として畏敬された。賤民の祝福芸能者については、すでに林屋辰三郎(18)、盛田嘉徳(19)、丹生谷哲一(20)、山路興造氏(21)等が研究を進めている。

鎌倉期成立とされる「名語記」に次の一文がある。

千秋万歳トテ、コノゴロ正月ニハ、散所ノ乞食法師ガ、仙人ノ装束ヲマナビテ、小松ヲ手ニサヽゲテ推参シテ、様々ノ祝言ヲイヒツヾケテ、録《禄》物ニアヅカルモ、コノハツ子日ノイハヒナリ、

この史料を引用して林屋辰三郎氏は『古代中世社会文化史』（筑摩書房　一九八七年）で次のように結論付けている。

ことに古代にあっては、芸能が服属者に上る御贄と同じ意味をもち、ほがい人として御贄自体を演ずる（鹿に扮し蟹を装う）場合も多かった。中世になって御贄をささげることは御厨の業となり、『延喜式』後は供御人

の職となったが、芸能もまた隷属民の職務のようになっていた。かつての海部・山部の狩猟・漁撈の貢納を負うた人々は呪術的芸能をもって依然として渡世をつづけており、彼らは散所に定住するほがい人の後身として千秋万歳の寿祝を行った。

そのほか能楽の祖型と考えられる翁舞などの芸能も、すべて世継翁としての寿祝者であり、同じく散所民の手によって伝えられた。従って『後愚昧記』の著者によって、「大和猿楽の児童、先頃より大樹之を寵愛し、席を同じくし器を伝ふ、かくの如き散楽は乞食の所行なり、しかるに近仕に賞翫する条、世以って傾奇之由」といわれているように、乞食の所行とされたのである。

すなわち、千秋万歳や猿楽などを行なう芸能民は、基本的には散所民（声聞師系の人々）であると理解している。しかし、逆に猿楽者すべてを散所民と理解することはできない。その理由を、以下の史料に見て行こう。

丹生谷哲一氏は、『日本中世の身分と社会』（塙書房　一九九三年）で次の史料を紹介している。

一、正月

（中略）

一、餅散用

（中略）

柏原桶餅支配

上薬師堂修正料八桶、三宝院修正料四桶、残者千秋万歳料賦可有用意、

これは、醍醐寺領近江国柏原庄から正月用に醍醐寺へ貢納された桶餅の使途を記したもので、その中に「千秋万歳料」が現われる。

この史料によって、遅くとも久安五年（一一四九）までには、醍醐寺の正月行事に、千秋万歳が出仕していたこ

とがわかる。

現在の所、千秋万歳に関する最も早い事例が、この「座主房雑事日記　久安五年」（『醍醐雑事記』）である。これ以降、千秋万歳に関する史料が頻見するようになる。

藤原家実の「猪隈関日記」建暦元年（一二一一）正月一日条には、

一日、乙酉、天晴、（中略）忩参院高陽院殿、于時人々未参集、余依召参御前、千秋万歳法師原等有御覧、前大相国候御前直衣冠、先是御楽事了、

とあり、高陽院殿において、「千秋万歳法師原」が参仕したことがわかる。

また藤原定家の「明月記」にも、正治二年（一二〇〇）十一月十九日の例から貞永二年（一二三三）正月一日の例まで五例が記されている。

「継塵記」正安三年（一三〇一）正月五日条では、仙洞御所で千秋万歳と猿楽が演能したことがわかる。

巳刻参仙洞、今日千秋万歳、被急之故也、未刻法皇渡御、小御所於前庭覧之、猿楽三番了、有手鞠之興引入烏帽子、之童突之　次於新院御方御覧之西向、御壺　予同奉行之、猿楽三番了、突手鞠、次振剣、次退出、

この「継塵記」の記録は、千秋万歳と猿楽が同一集団によって演じられたことが記されている。

このことから十四世紀初頭迄には、千秋万歳を行なう声聞師系散所民が、猿楽も演能するようになったと考えられ、同様の記事がこの後多く見られるようになる。

従って観阿弥・世阿弥の活躍する十四、五世紀に、すでに声聞師系散所民の猿楽があったことは事実である。しかし、それをもって観阿弥・世阿弥らの大和四座も、声聞師系散所民であったとは結論できないであろう。

声聞師が猿楽を演能するという史料は、この後に次々と現われる。

たとえば、「花園天皇宸記」に、文保三年（一三一九）正月十三日条に、

千秋万歳参入、猿楽三番了、

同じく、元亨四年（一三二四）正月十五日条に、

千秋万歳参入、散楽如例、

などとある。十四世紀初頭には、院御所や禁裏の正月に千秋万歳が参入し、猿楽も演能している。「猿楽三番」とは翁猿楽式三番を意味するものであろう。

「後愚昧記」永和四年（一三七八）六月七日条は、能楽史上有名な史料である。

大和猿楽児童称観世之猿楽法師子也、被召加大樹桟敷、見物之、件児童、自去比大樹寵愛之、同席伝器、如此散楽者乞食所行也、而賞翫近仕之条、世以傾奇之、連々賜財産与物於此児之人、叶大樹所存、仍大名等競而賞賜之、費及巨万云々、比興事也、

先学によって注目されて来た史料であり、「大和猿楽児童、観世之猿楽法師の子と称す也。」すなわち藤若（世阿弥）が将軍義満に召しかかえられたことを、「後愚昧記」の筆者三条公忠は、「此の如き散楽は乞食の所行也。しかるに賞翫近仕之条、世を以ってこれに傾奇す、連々財産を賜い物を此児に与うるの人、大樹の所存に叶う、仍って大名等競いて之を賞賜す、費巨万に及ぶと云々、比興の事なり。」と非難していることで有名である。

当時の貴族が「散楽は乞食の所行也。」という意識を持っていたことは事実であろう。先学の多くもこれに注目し、猿楽者は賤民であるという見解を持って来た。

しかし、この記事から猿楽者すべてが賤民と把えてしまうことには疑問がある。確かに平安期の『新猿楽記』に「乞丐小野福丸」の記述があり、鎌倉期の山城国高神社方堅神事に「乞食散楽」出来の記事がある。それをもってすべての猿楽者が乞食と同様であったということにはならない。

「継塵記」正安三年（一三〇一）正月五日条および「花園天皇宸記」文保三年（一三一九）正月十三日条によって、十四世紀初頭には、賤民芸能者が猿楽を演ずるようになったことが確認できた。従って、「後愚昧記」の「此の如

き散楽者乞食の所行也」という記述は、禁裏や公家に出入する賤民芸能者が念頭にあったものと解される。このように声聞師系猿楽者の増大によって、猿楽芸能が「乞食の所行」と賤視されるようになったのではなかろうか。

「峰相記」によると、文保二年（一三一八）英賀西田寺の供養には、「一万部経・九品念仏・管絃・連歌・田楽・猿楽・呪師・曲舞・乞食・非人・数百人充満也。」であったという。田楽・猿楽・呪師・曲舞の芸能者と並んで、乞食・非人が集合する状況は、乞食非人と同一階層であったことを現わすのであろうか。


私は、この頃になると、田楽・猿楽・呪師・曲舞が何れも祝福芸能者として見られていたことを意味すると考える。乞食・非人は物乞いに寺社の周辺に集合する人々であったと解せられる。すなわち、これらの人々が並列される背景は、祝福芸能者に対する蔑視も始まっていたとも解せられよう。私はおおよそ十四世紀以降、祝福芸能者への差別が強まっていったと考える。祝福芸能者は呪的能力を持つ人々として巷間に迎えられたのであるが、一面「乞食・非人」同様視されたのであろう。十四世紀以降、賤民の芸能者で猿楽を演じる者のみならず、その他の門付芸能の猿楽者も賤視されるようになっていった。

「看聞御記」には、中世後期の声聞師系の千秋万歳や猿楽が現われ、たとえば応永二十六年（一四一九）正月十一日条では、

　松拍参、柳原犬若、猿楽種々施芸、禄物棰等賜之、当座飲之、乱舞了退出、

とある。毎年正月、伏見宮家に参上した京都柳原散所の松拍犬若等は、「猿楽以下種々の芸」を施したとある。すなわち、正月の祝福芸能として、散所の声聞師犬若等によって翁舞が演能されていたのである。

「康富記」応永三十年（一四二三）十月一日条によると、中原康富は、京都六角堂において久世（曲）舞を見物している。この曲舞は、近江・河内・美濃等の声聞師が京上しており、「国々の舞々連日これ有り。」と記されている。

「満済准后日記」応永三十四年（一四二七）五月十日条には、京都妙法院で曲舞があり、彼等は摂津能勢の声聞

師で、児《ちご》が水干大口袴立烏帽子姿、男は直垂大口袴姿で舞ったと記されている。

このように十五世紀には、曲舞が盛んになっているが、いずれも声聞師によって演じられていたことがわかる。

次の「建内記」正長元年（一四二八）六月十日条は、祝福芸能者たる散所の声聞師や河原者への差別視が強まって来たことを示す有名な史料である。

禁中猿楽参入歌舞、一向被停止了、此事於　内侍所、勾当内□(侍)取孔子、一、二歟、而停止之分叶神慮、仍□(被カ)止了云々、凡不可及孔子、早可被停止事歟、神慮弥炳焉、珍重々々、
禁中
川原者穢多事也、参入、於石木事被召仕之、為不浄之者不可然之処、自去年被停止、被召散所者、声聞師事也、珍重□、

「建内記」によると孔子《くじ》によって禁中への猿楽参入が停止されたというが、これらは正月に演能した祝福芸能者としての声聞師であったと思われる。同時に庭仕事については、「川原者穢多事也」も「不浄之者」として参入が停止され、「散所者声聞師事也」のみが許されたという。

十五世紀になると、猿楽者・河原者・声聞師等への不浄観が強まり、祝福芸能者であるが故に、猿楽者への差別も強まって来たことが読みとれる。ここでは、猿楽者と河原者の禁中参入が同時に禁止されたことが、注目される。「満済准后日記」が、「自昔於禁中猿楽其例更以不可在、無勿体云々、珍事々々、諸人嚬眉閉口計也」と記したのも応永三十四年（一四二七）のことである。すでに三条公忠が「如此散楽者乞食所行也。」と記した永和四年（一三七八）以来、声聞師系であるなしにかかわらず、門付けの猿楽者に対する差別は、祝福芸能の隆盛とともに強まっていったのであった。

「看聞日記」によると、永享三年（一四三一）から嘉吉三年（一四四三）には、声聞師小犬という者が、伏見宮家に出仕している。小犬は、松拍を演ずるとともに、手鞠等の芸を伴った猿楽も演じている。これらの声聞師は京中

の北畠や柳原の声聞師であったとも記している。内裏の松拍にも小犬が参上している。

「看聞日記」に現われる声聞師小犬は、次の「康富記」宝徳二年（一四五〇）二月二十三日条にも登場する。

或云、唱門師小大（犬）、於六道珍皇寺可到勧進猿楽之由治定、欲舞之時分、自管領仰付侍所京極、令追放云々、如自余猿楽、於洛中勧進不可舞之由、観世金春等支申故歟云々、

声聞師小犬が六道珍皇寺において勧進猿楽を演能しようとした所、観世・金春両座より異議が唱えられたという。この事件は、宝徳二年（一四五〇）のことで十五世紀半ばである。この頃は、声聞師系猿楽者の進出とともに、旧来の猿楽者との衝突も始まっていた時期である。京都に進出していた旧来の大和四座猿楽にとって、その進出は脅威であったのではなかろうか。

大和四座は、修正会・修二会等で大和の大寺社に出仕し、さらに京都にも進出して数々の特権を持っていた。そのテリトリーを声聞師系猿楽者が犯したため、両者の衝突となったのではなかろうか。

「大乗院寺社雑事記」寛正四年（一四六三）十一月二十三日条には、次の記事がある。

十座・五ケ所法師原参ス、昨日自衆中集会召北宿者被申付厳密之間、宿ニ召置金タヽキ自衆中召返了、且目出候、七道者共ハ悉以十座・五ケ所之進退之由申披故也、宿者更以不可成綺故也、

七道者

猿楽、アルキ白拍子、アルキ御子、金タヽキ、鉢タヽキ、アルキ横行、猿飼、

寛正四年（一四六三）十一月、興福寺の衆中が、「奈良北宿の者が鉦タヽキを召置いていること」を禁止し、これを追放した。これは、「七道者」はすべて「五ケ所・十座の声聞師」の進退であると主張し、「宿者」が勝手な振舞をすることを禁じたのであった。「五ケ所・十座の声聞師」が進退した七道者とは、「猿楽、アルキ白拍子、アルキ御子、金タヽキ、鉢タヽキ、アルキ横行、猿飼」であった。確かに七道者の中には、「猿楽」が含まれている。

しかし、この史料は次のような点に留意する必要があろう。

声聞師の芸能は、声聞道と呼ばれた「陰陽師、金口、暦星宮、久世舞、盆彼岸経、毘沙門経」であって、七道者はいわば雑芸能者であって、七道者＝声聞師ではない。

奈良の五ケ所・十座が有した七道者の管轄権は、いわば下級警察権で雑芸能者らの往来を管理したのである。従って猿楽＝声聞師とは限らないのである。

「大乗院門跡領目録」（内角文庫蔵）にも、次のように書かれている。

十座唱門　芝辻以下東大寺領河上等他領在之、奈良中横行七道者自専、
五ケ所唱門　西坂・木辻以下他領等在之、奈良中横行子細同前、

これも五ケ所・十座の声聞師が「奈良中横行七道者」を自専するとしている。すなわち奈良中で興行する七道者の雑芸能者の往来を管理する権限を持っていたと記している。

また「大乗院寺社雑事記」文明九年（一四七七）五月十三日条に、次の記事がある。


致奉公歟、一、如本ニ帰立歟、二、唱聞道ヲ遁歟、三、可存定事也、唱聞道ヲ遁ハ、一切唱聞之沙汰条々、陰陽師・金口・暦星宮・久世舞・盆彼岸経・毗沙門経等芸能、七道物自専事、於彼面々者可停止也、南北之唱聞并仕丁以下ニ仰付之、万一到其沙汰者可任法也、此三之内可一決也、

この記事によって、「陰陽師、金口、暦星宮、久世舞、盆彼岸経、毘沙門経」が声聞道と呼ばれていたことがわかる。声聞師はこのような祈禱や芸能を司る人々を指したと思われる。

声聞とは本来、大乗仏教における菩薩、縁覚に次いで仏徒の三乗の一つを現わす話であり、声聞は自利を行ずる小乗的地位を現わし、声聞師は賤しい身分とされた非人法師を指すようになったと考えられている。

十五世紀には、大きな変化が目につくようになる。この大きな変化とは、猿楽者が祝福芸能者として迎えられ畏敬視されると同時に、他の祝福芸能者（徳に声聞師系猿楽者）と同一視されるようになったことではなかろうか。

応永二十六年（一四一九）二月二十二日付「大原観音寺本堂造作日記」（大原観音寺文書）に

同童部中へ馬二疋、猿楽馬二疋、（中略）同散所物五百文下、同坂物五百文下、

とあり、

永正二年（一五〇五）四月五日付「長浜八幡宮祭礼記録」（長浜八幡宮文書）には次のようにある。

ふかくさ二百文取、山階猿楽馬二疋取、春満猿楽馬二疋取、さん所物馬二疋取、サカノ物馬一疋取、カハラノ物二百文、野ひしり二百文、

応永二十六年（一四一九）二月二十二日付「大原観音寺本堂造作日記」によると、近江大原観音寺の立柱上棟の神事に猿楽が出仕、馬一疋分を下行されており、土木工事や呪能に携わったと思われる散所者に五百文・坂者に五百文が下行されている。

永正二年（一五〇五）四月五日付の「長浜八幡宮祭礼記録」には、山階猿楽・春満猿楽は、各馬二疋取であるのに対し、散所者馬二疋取・坂者馬一疋取・河原者二百文というように、身分や職能によって禄物に差違が認められる。

しかし、この頃になると、猿楽・散所者・坂者・河原者は、いずれも呪的能力を持つ祝福芸能者として同一視され、祭礼や神事に迎えられており、一方では、不浄者として彼等への差別も強まって行った。

「室町家御内書案」では、棟列銭を免除する所として次の七箇所をあげている。

一、神社方、

一、寺家方、勅願所、同祈禱所、

一、竹園并諸門跡、
一、御所々々、
一、摂家・清花、堂上以上、
一、座頭・猿楽以下の類
一、唱聞者・河原者以下の類、

ここにあげられた貴族・寺社は別として、座頭・猿楽以下の類、唱聞者・河原者以下の類は、祝福芸能者として同一視されていた傾向がある。祝福芸能者は、いわば呪能者として畏敬されると同時に賤視される人々であった。しかし、座頭・猿楽以下の類と唱聞者・河原者以下の類は、全く同一視されたわけでなく、唱聞者・河原者以下の類といわれた人々は、呪能者として葬送や土木工事にも携わっている。

「宣胤卿記」永正十四年（一五一七）六月条に、

十九日、陰、申付唱門師令堀井、二百疋ニテ、
廿日、余方南庭令立石築山、申付河原者、廿二日、南庭河原者来沙汰同前、

とある。ここに現われる声聞師・河原者は芸能者としてではなく、呪能者として土木工事に携わっている。築庭は河原者、井戸掘りや築地塀の普請は声聞師という様に分業が行なわれ、それぞれ呪的能力を必要とされた土木工事に迎えられているのである。

文禄三年（一五九四）の「駒井日記」三月十日条に、

京都其外唱閑（聞カ）尾州荒地おこしに被遣候様にと民法（前田玄以）申上上意には陰陽師書付上次第に尾州へ可被遣由民法へ申遣、

とあり、秀吉の部下前田玄以が、京都内外の声聞師を尾張国の荒地起こしに派遣している。

十六世紀末にも、声聞師は呪能者として土木工事に徴用されている。

もう一度、ロドリゲスの『日本大文典』を見てみよう。そこには、次のようにあった。

七乞食

日本人が物貰いと言っているもの、又は、日本で最も下賤な者どもとして軽蔑されているものの七種類、即ち猿楽・田楽・ささら説経・青屋・河原者・革屋・鉢こくり。これらは劇をするものの、舞を語り、人形を踊らせるものなどである。

ロドリゲスがこの文を書いたのは、慶長九年（一六〇四）〜慶長十三年（一六〇八）と推定されているから、十七世紀初頭には、門付け芸能者に対する差別が強まり、七乞食、すなわち物貰いとして、「猿楽・田楽・ささら説経・青屋・河原者・革屋・鉢こくり」として同一視されるようになったのである。

以上の考察は、次のようにまとめることができる。

声聞師系の門付芸能者であった千秋万歳は丹生谷哲一氏の紹介された[22]久安五年（一一四九）の「座主房雑事日記」（『醍醐雑事記』）を初見として、建暦元年（一二一一）の「猪熊関白記」以下「千秋万歳法師」の活動が見られた。

声聞師系猿楽者の活動が見られるのは、現在の所、正安三年（一三〇一）の「継塵記」を初見として、文保三年（一三一九）の「花園天皇宸記」以降である。すなわち十四世紀初頭に至ると、声聞師系の千秋万歳法師が猿楽も演能するようになるのである。

大和では「五ケ所・十座」と呼ばれた声聞師の組織があった。彼等は興福寺の下級警察権をゆだねられて、「猿楽・アルキ白拍子・アルキ御子・金タタキ・鉢タタキ・アルキ横行・猿飼」の七道者の通行取締りをしたのであった。

声聞師系猿楽者の門付け芸能としての猿楽が盛んになるに従って、物貰いとして猿楽者一般への賤視も強まっていったのではなかろうか。

十七世紀初頭において、「猿楽・田楽・ささら説経・青屋・河原者・革屋・鉢こくり」が、「劇をするもの、舞を語り、人形を踊らせるもの」として、あるいは「日本人が物貰いと言っているもの、又は日本で最も下賤な者どもとして軽蔑されているもの」として、同一視されるに至るのは、声聞師系や河原者系の人々と雑芸能者の人々を、共に呪能者として賤視・畏敬視する意識の変化があるのではなかろうか。

結びに代えて

以上、歴史的経過の中で猿楽関係史料を分析して来たが、私は、猿楽の担い手には、おおむね三系統があったことを指摘したい。

一つは、平安期の大寺社の修正会・修二会等に見られた呪師と並ぶ散楽（猿楽）である。法成寺・法勝寺や住吉社・興福寺・延暦寺等においては、呪師とともに演能、あるいは呪師の芸能を模倣・継承する猿楽者が存在した。

やがて彼等の芸能は「呪師走り」「式三番」と呼ばれて停着し、その伝統を受け継ぐ一形態が興福寺の修二会の呪師走りでありその後宴が「薪能」ではないかと考えられる。

大和四座と呼ばれる外山（宝生）・結崎（観世）・坂戸（金剛）・圓満井（金春）座や山階・下坂・比叡の江州三座、あるいは丹波猿楽の流れを汲むと言われる本座・新座・法成寺座などは、京都・奈良の大寺社の修正会・修二会に奉仕した寺辺猿楽者であることは、すでに先学の指摘する通りであろう。

一方、長承二年（一一三三）の宇治離宮祭を初めとして、寺社の祭礼や神事に奉仕する猿楽者が宇治座等を結成、活動するようになる。祭礼や神事に演能する群小の猿楽座が存在する。

正治二年（一二〇〇）には、「奈良猿楽法師原」が水無瀬離宮で演能するごとく、大寺社の寺辺猿楽者も次第にその活動を拡大する。

文永八年（一二七一）の宇治猿楽の山城高神社宝堅神事を初めとして、村落の神事に活躍する群小猿楽座の活動も見られるようになる。

十五世紀の「満済准后日記」「看聞日記」等には、大寺社の寺辺猿楽者の流れを汲むと考えられる榎並大夫・丹波猿楽・日吉猿楽・梅若大夫・矢田猿楽・鳥飼猿楽・未敏寺猿楽等の猿楽者や「女猿楽」・宇治幸大夫等の群小猿楽の人々の活動も見られる。

十六世紀には、山城国内で、近江猿楽・宇治猿楽・長命大夫・山繁大夫・堺者二郎等の群小猿楽者の活動が顕著となる。

これらは文亀元年（一五〇一）の「政基公旅引付」の語るように村落の祭礼や神事が、惣村の発達とともに盛んになったことと密接に関連するのであろう。惣村の発達と祭礼・神事の盛行に比例して、寺辺猿楽者の流れを汲む人々や群小猿楽者の活動は活発となり、能楽の発展をもたらしたのであった。そこから女猿楽や手猿楽も誕生している。

三つめには声聞師系の人々による猿楽がある。声聞師系の人々の猿楽は遅く、管見では、正安三年（一三〇一）の「継塵記」を初見として、十四世紀初頭以降である。それも正月の千秋万歳を本業として、翁舞を奉仕する猿楽が最初の形態と考えられる。声聞師系猿楽者の任務は、新年の祝福芸能にあったといえよう。

本来の千秋万歳を行なった声聞師は、久安五年（一一四九）を初見とするので、平安時代中期十二世紀には、声聞師の祝福芸能はすでに始まっていた。しかし、声聞師系の人々が猿楽者として登場するのは、猿楽という芸能の発展して来る十四世紀以降である。

大和四座が京都に進出する十五世紀初頭頃になると、声聞師系猿楽も隆盛となり、宝徳二年（一四五〇）二月には、両者の確執事件が、「康富記」に記されるに至る。また猿楽そのものに対する賤視も強まり、正長元年（一四二八）には禁中への出入が停止されるに至っている。

しかし民間での正月の門付け芸能としての千秋万歳と猿楽は、なくてはならぬ慣習となり、声聞師系の人々の猿楽のみならず、平安時代からの伝流を持つ、大寺社の寺辺猿楽者や群小の猿楽者も、祝福芸能者として活動するに至っている。

こうした結果、十六世紀から十七世紀初頭には、門付芸を行なう猿楽者に対する呪能者としての賤視が強まり、河原者と同様に「日本で最も下賤な者共として軽蔑されるもの」視されるのである。

こうした祝福芸能者に対する差別視と畏敬は、上杉本「洛中洛外図」等に現われる。正月の京中には、懸想文売・千秋万歳・桂女・傀儡師等の門付芸能が描かれている。一方では、大和四座の猿楽の様に、武家や公家に招かれて演能する猿楽者も存在した。さまざまな身分階層に受け継がれた古代以来の芸能（猿楽等）は、さらに強まった中世後期の差別視の中にも、その芸術性を高め発展して行ったのである。

註

（1）「共同研究『翁猿楽研究の現況』」（『芸能史研究』一〇九号　一九九〇年）
（2）能勢朝次氏『能楽源流考』（岩波書店　一九三八年）
（3）林屋辰三郎氏『中世芸能史の研究』（岩波書店　一九六〇年）
（4）後藤淑氏『能楽の起源』（木耳社　一九七五年）
（5）後藤淑氏『続能楽の起源』（木耳社　一九八一年）
（6）表章氏『能楽史新考（一）』（わんや書店　一九七九年）

(7)　表章氏『能楽史新考（二）』（わんや書店　一九八六年）
(8)　脇田晴子氏「神能の位置――猿楽能の寿祝性と在地共同体――」（『芸能史研究』一四四号）
(9)　山路興造氏『翁の座――芸能民たちの中世――』（平凡社　一九九〇年）
(10)　天野文雄氏「翁猿楽の成立」（『文学』五一―七号）、同氏「翁猿楽の成立と方堅」（『中世文学』三〇号）、のち『翁猿楽研究』（和泉書院　一九九五年）所収。
(11)　山路興造氏「翁猿楽再考」（『芸能』二七―二・三号）、のち『翁の座―芸能民たちの中世―』（平凡社　一九九〇年）所収。
(12)　山路興造氏、註(9)前掲書
(13)　山路興造氏、註(9)前掲書
(14)　天野文雄氏『翁猿楽研究』（和泉書院　一九九五年）
(15)　天野文雄氏、註(10)前掲書
(16)　山路興造氏、註(9)前掲書
(17)　天野文雄氏、註(10)前掲書
(18)　林屋辰三郎氏、註(3)前掲書
(19)　盛田嘉徳氏『中世賤民と雑芸能の研究』（雄山閣　一九六四年初版、一九九六年再版）
(20)　丹生谷哲一氏「非人・河原者・散所」（岩波講座『日本通史』第8巻・中世2　一九九四年）
(21)　山路興造氏、註(9)前掲書
(22)　丹生谷哲一氏、註(20)前掲書

『大乗院寺社雑事記』に見る連歌興行（一）

――康正三年（一四五七）～長禄二年（一四五八）――

鶴崎裕雄

『大乗院寺社雑事記』は応仁文明の乱を挟んで、宝徳二年（一四五〇）より永正五年（一五〇八）まで、実に半世紀余の長期に及ぶ日記である。しかも内容は、都を離れた南都奈良の地にあっても、よくもこれほど情報を収集できたものだと感心する。都の事件や幕府の動向を実に詳細に把握しているのである。当然、奈良周辺の、大和や山城の情勢は詳しい。衆徒や国人の闘争・南山城の国一揆の経緯など、さすがに貴族の頂点に立つ一条家の出身であり、大乗院門跡である記主尋尊の耳目にはあらゆる情報がもたらされた。

このように『大乗院寺社雑事記』は、政治・経済、さらに社会に関する当代の一等史料である。しかし文芸記事を拾うと、三条西実隆の『実隆公記』や近衛政家の『後法興院記』・近衛尚通の『後法成寺関白記』に較べ、量・質ともに劣る思いがする。どうも『大乗院寺社雑事記』の文芸記事には『実隆公記』のような開放性がない。近衛家や三条西家には公卿仲間が集まり、幕府の高級武士が顔を出し、歌僧や連歌師がご機嫌を伺って、まことに賑やかである。尋尊が閉鎖的というわけではないが、やはり興福寺の寺院という性格、奈良の地方という環境の然らしめる処であろうか。

本稿は、『大乗院寺社雑事記』の記主尋尊の連歌を中心に、大乗院や興福寺、尋尊にかかわる人々の連歌興行や連歌の関連記事を年表風に紹介し、連歌についても半ば啓蒙的な解説を試みようとするものである。かって永島福太郎氏が『応仁の乱』(1)を著された時、史料として『大乗院寺社雑事記』を駆使されておられ、私は強い印象を受けた記憶がある。私も永島氏にあやかって『大乗院寺社雑事記』を根本資料に、寺院連歌を眺めることにしよう。

何分にも情報量の多い古記録である。一度や二度では全体を網羅しきれない。幸いこの『大乗院寺社雑事記』研究論集は今後も続いて刊行を予定しているので、息の長い研究ができるであろう。

本稿は一回目のことでもあるので、宝徳二年（一四五〇）、実際には連歌の記事がある康正三年（一四五七）より長禄二年（一四五八）まで、つまり増補続史料大成版(2)『大乗院寺社雑事記』の第一巻を扱うこととする。

康正三年（長禄元年・一四五七）尋尊二十八歳

『大乗院寺社雑事記』における「連歌」(3)という言葉の初見記事は、**康正三年三月十六日条**の、

一、家門ニ御月次ノ御連歌ヲ被始之由、治部大輔物語了、

である。家門は尋尊の実家である摂関家の一条家、この時の当主は前関白太政大臣准三宮一条兼良である。さらに右大臣には尋尊の兄一条教房がいた。十五日条に「治部大夫并修澄房京都ヨリ下向見参了」とある。前日の十五日に京都から南都に下向した治部大輔（大夫）から京都の一条家で毎月行われる月次連歌が始まったことを聞いたのである。

四月二十七日条に、

一、於安位寺殿御所古市、今日連歌在之云々、猿楽今春大夫御連歌ニ参云々、

とある。安位寺殿は、大乗院の先代門跡で、興福寺第一八〇代別当経覚である。経覚は応永二年（一三九五）関白

九条経教の子として誕生、同十四年に出家、同十七年に大乗院門跡となり、たびたび興福寺別当を勤めたが、永享一〇年（一四三八）将軍足利義教の不興を買って大乗院を追放された。その跡に据えられたのが尋尊である。その後、経覚は許され、寛正二年には興福寺別当に再任されるが、大乗院に帰ることなく、安位寺に住み、次いで古市の迎福寺に住む。右の四月二十七日条の記事は、安位寺殿と呼ばれた経覚の住む古市の迎福寺で連歌が行われたという伝聞記事である。

ところで面白いことには、経覚自身の日記『経覚私要鈔』(4) 康正三年四月二十七日条には、この連歌の記事がない。経覚自身が記していない連歌の記事まで尋尊は記録している。なにしろ尋尊は記録が生き甲斐のような記録魔である。このような余所の連歌会の情報も逃さずに記録する。ただし、鈴木良一氏は、尋尊が経覚に反感を持っていたことを記した上で、「むろん経覚に対しては常に最高の儀礼を尽くしたし、交遊のことも枚挙に遑がない」と指摘する。(5) 以下『大乗院寺社雑事記』には経覚の連歌会の記事がしばしば見える。

ここでは猿楽の金春大夫が連歌に参加していることに注目したい。思えば、能楽には和歌のこと、歌会のことは取りあげられても、連歌のことはほとんど取りあげられることがない。和歌を扱った能楽には『蟻通』や『俊成忠度』『草紙洗』などが思い浮かぶ。一方、狂言には『箕被』『千切木』『連歌盗人』など連歌はたびたび登場する。ここで近世以降のように、能楽と狂言をはっきり分けて考えることには問題があるが、現行の能楽には連歌は見られない。連歌師の紀行文などには、能楽師との交流が記されているが、能の作品にはあまり連歌が取りあげられておらず、能楽と連歌には直接的な関係がないのかと思うと、このように猿楽、つまり能楽師が連歌に一座しているのは貴重な記録ではある。

七月六日条に、

一、於安位寺殿御月次連歌在之云々、頭経胤、

とある。頭とは、頭役のことで、祭礼をはじめ、連歌会や蹴鞠など、およそ人が集まる行事・芸能などの一座の世話係の中心人物、取締役である。特に連歌の場合、頭役は会場の提供や食事の準備を行った。狂言『箕被』は、連歌好きのため家庭を顧みない亭主が明日の連歌会の頭役を引き受けて、妻と離婚騒ぎになる話であるが、冒頭の台詞に「世に連歌ほど面白いものはござらん。発句を致せば面白し、脇を致せば面白し、頭を営めば、またひとしおのお楽しみでござる」とある。頭役を引き受けることは連歌全体を取り仕切ることになって、この亭主のように、連歌好きには魅力的な役割であったのであろう。以下『大乗院寺社雑事記』でも、連歌関連の記事中、頭役について触れることが多い。いかにも寄合の文芸の記録といった感が濃厚である。

七月七日条に、

一、去四日ヨリ室町殿御違例再発、珍事云々、色々御立願、一昨日大山府祭并於北野宮千句云々、……

とある。京都からの情報である。室町殿つまり将軍足利義政の病気の記事に次いで、一昨日、七月五日に泰山府君の祭と北野の天満宮の千句連歌があったことを記す。北野天満宮の祭神天満天神は連歌の神として崇められていた。また一般に連歌会の会場の床には衣冠束帯の天神や唐風の衣服に梅の枝を持つ渡唐天神の画像がかけられた。

千句連歌というのは、当時、中世以降の連歌の基本形である百句続ける百韻連歌を十巻詠むものである。普通の百韻連歌と違って、千句連歌には神仏への祈願や故人への追悼といった宗教性が強く、儀式や年中行事として行われることも多い。後述の「細川千句」など、その一例である。

八月六日条に、

一、安位寺殿ニ御月次在之、頭尋雅得業也、

とあり、**九月六日条**に、

一、安位寺殿ニ御月次連歌在之云々、頭人清賢寺主ナリ、

とある。八月六日条には連歌とは記されていないが、この御月次は月次連歌である。前に見た七月六日条にも八月・九月の各六の日と同じく、経覚の連歌が催されている。

これら、経覚の連歌については、経覚の日記『経覚私要鈔』同年七月六日条に、

有月次連歌、経胤頭也、発句、
　七夕の待ほとのこる一夜哉　　　経胤
飯・素麺等在之、色代五連下行供御所吉阿云々、百韻早速事終間、重百韻沙汰之、発句固阿沙汰之、
　折のこせ明日そ七葉の梶の枝
申初点初之、酉半事終了、自奈良尋雅得業・継舜権上座・奘舜都維那・曾董僧・梅賀等来了、固阿・与阿・重心僧在之、経胤并弥三郎男等也、

とあり、『経覚私要鈔』同年八月六日条に、

有連歌、月次也、尋雅得業頭也、発句、
　薄霧ノ籬ニこもる千里哉
自奈良継舜以下済々来了、

とあり、『経覚私要鈔』同年九月六日条に、

有連歌、頭人清賢発句、則来了、尋雅得業同来、
　そむる葉ハ紅や降る秋の雨　　脇曾董
有限色代之外榼一荷副進之、日中飯其外有素麵等、曾董僧・奘舜・梅賀・固阿・与阿・重心・長田家則・松岡近忠・畑男等也、

とある。『経覚私要鈔』の七月六日条・八月六日条によると、ここでは頭役が発句を詠んでいる。九月六日条には、

発句の下に「脇曾董」とあって、発句の作者名が見えないが、「そむる葉ハ……」の句も頭役を勤めた成就院清賢の作であろう。

右の七月六日条に「百韻早速事終間、重百韻沙汰之」とある。予定の百韻が早く済んでしまったので、重ねて百韻に挑戦したのである。百句詠むことはかなりの時間と精力が必要であるのに、再度百韻に挑戦しようとする。いかにも連歌好きの集まりである。

所要時間も「申初点初之、酉半事終了」とある。およそ現代の午後三時頃から六時過ぎまで、三時間か四時間ほどである。現在行われている連歌や連句からすれば、当時の連歌はかなり速い速度で行われていたことがわかる。

七月六日条・九月六日条に見える食事のうち、素麵について、山科言継の『言継卿記』の永禄元年（一五五八）二月二十五日条の一節を思い出す。この日、管領細川氏綱の淀城で恒例の千句興行が行われた。この千句は歴代の細川氏当主が主催するもので、「細川千句」[6]とも「一日千句」とも称された。細川氏に縁のある連衆が五座に分かれて、一日の内に百韻連歌を二巻ずつ、つまり千句連歌を詠んで北野天神社に奉納するものである。

早旦城へ罷向、日出之時分各罷出始了、先粥、次一盞有之、人数、予・水無瀬宰相・永相朝臣・俊直朝臣・清誉不断光院西堂・覚阿上人六条道場・林鳥妙法院殿坊官、今小路・摂州惣持寺之福寿院・高尾山ノ尾崎坊・大炊御門道場之弥阿・梅峯万寿寺之僧云々・宗房入道・若槻伊豆守・安戸知大和守・烏帽子飯尾越前守為清執筆第一・安岡同等也、発句第一伏見殿、第二京兆也、五所にて千句二百韻宛也、如例年、朝湌、午時饅頭・蒸麦、晩頭湯漬以上精進、等也、戌刻終了、次京兆出座、各相伴、此外花台院・天竺上野介・観世大夫等相伴也、大夫音曲、初献雑煮魚物也、二献鳥之吸物、三献鯛之吸物等也、盃始事京兆・予・水無瀬也、三献之酌京兆也、及数盃、笛ニ貞光将監出了、予笛所望、太平楽急一反吹之、召出ニ栗津修理亮出了、子刻計ニ帰旅宿臥了、

この記事は、千句連歌のような大がかりな連歌興業の儀式の次第や食事などがわかって興味深い。早朝より淀城

に出かけて連歌が終わるまでは、粥・饅頭・蒸麦・湯漬など精進料理である。終了後、魚・鳥などの料理が出て酒宴が始まる。連歌会の内は精進料理で、終了すれば酒宴と、いかにも神事として連歌会が進行していることがわかる。このように連歌には、他の古典芸能と共通することではあるが、遊興とともに信仰の面が強い。神事の連歌、祈禱や追善の連歌など宗教性の顕著な場合がある。

七月六日・八月六日・九月六日に行われた経覚の連歌は、月次の連歌であって、細川千句のような宗教性は考えられない。もちろん寺院内の連歌会であるので素麵といった精進料理であるが、連歌会には酒肴が付き物である。連歌の終了後、寺院といえども、それなりの馳走は準備されたであろう。素麵の記事は連歌会の食事がわかる、面白い資料である。

この年九月二十一日、尋尊は、所領をめぐって幕府に訴訟するために上洛する。稚児の藤千代丸はじめ縁舜法眼・清賢寺主らが随行する。稚児藤千代丸については、改めて後述する。宇治で休息した後、二十二日、一行は一条家に着いた。「家門参着了」とある。

京都には、十月二十二日まで、ちょうど一カ月滞在する。その間、十月二十日に将軍足利義政の許に参賀した。この参賀が上洛の主な目的である。参賀に先立って、上洛の四日後、**九月二十六日条**と**九月二十八日条・十月三日条**に、

一、御連歌在之、

とある。「御連歌」とあるので一条家の儀式的な連歌と想像するが如何であろう。または家長の一条兼良が上洛した尋尊たちを歓迎して催した連歌かもしれない。儀式的と考えたのは、三日かけて連歌が行われているので、後述するように、千句連歌であった可能性がある。

長禄二年（一四五八）春・夏　尋尊二十九歳

『大乗院寺社雑事記』の原本は、一年または半年、記事の多いときには各季を一冊にまとめている。各冊のはじめに、目次のように一つ書きにした主要項目を載せる。長禄二年は正月～三月・四月～六月・七月～九月・十月～十一月（十二月分はない）の春夏秋冬の四季の四冊に分けられている。正月～三月の春の主要項目に、

一、千句始事

とある。主要項目に初出の連歌記事である。これは二月二十七日条～二十九日条の千句連歌である。

長禄二年はまず、**正月十一日条**に、

一、於安位寺殿御連歌始之云々、

とある。経覚の許での、その年の初連歌である。**正月二十九日条**に、

一、連歌始之、予発句、八重一重ヒラクル梅ノニホヰ哉

とある。これは尋尊の許での、その年の初連歌である。ここでわれわれははじめて尋尊の句に接することができた。

閏正月二十七日条に安位寺経覚の千句連歌の記事がある。

一、安位寺殿御千句結願云々、発句人数、
安位寺殿　隆舜法橋　尊藤　経胤　経雅得業　縁舜法橋　周阿ミ　宗薫　春藤　清賢　寺主以上春日法楽、家
則天満法楽、
同出銭人数
尋雅　縁舜　清賢　孝承　隆舜　継舜　弉舜　尊藤　宗薫　十乗　正秋以上此方分、
玄深　経胤　覚朝　実盛勾当　古市春藤　元次　家則

この日、経覚が催した千句が終了したというのである。前述のように、特に千句連歌は宗教性が強い。千句は百韻が十巻である。安位寺経覚以下清賢までの十人が、第一の百韻から第十の百韻までの発句を詠んだ。これを春日神社に奉納したのである。最後の家則には天満法楽とある。これは春日神社ではなく、連歌の神である天満天神への奉納である。普通、千句連歌の場合、追加といって百韻十巻とは別に、執筆や連歌会の裏方を勤めた者たちが初折にあたる二十二句や初折表にあたる八句を詠む場合が多い（初折や初折表については次頁で述べる）。

例えば、連歌の神である天満天神を祀る京都の北野天神に千句連歌を法楽する場合、追加とせずに平野と記される。これは北野神社の近くに祀られている平野神社(7)にも奉納のお裾分けをするといった意味が込められているのであろう。このように、春日神社や興福寺では追加を天神として奉納したのである。ただし、この天神が八句か二十二句か、文面だけでは不明である。興福寺の天神の社は、現在でも奈良ホテルの東側、つまり大乗院跡の道路を隔てた東側の、少し小高くなった丘の上にある。

「同出銭人数」はこの千句のための費用を分担した人名である。前述のように終了後の酒宴など、連歌会には費用がかかった。参加者は費用を分担する。まさに寄合の精神である。

二月十二日条・二月十九日条にそれぞれ、

一、連歌在之、

とある。

二月二十五日条に、

一、天満社ニ参ス、其ヨリ清賢宿所ニ行向了、安位寺殿・随心院同渡御、種々一献在之、鞠・歌并連歌一折張行了、夜ニ入テ帰了、

とある。二十五日は天満天神の縁日である。天満社に参詣した後、清賢宅に経覚や随心院も集まって、一献を酌み

交わし、鞠・歌会・連歌会が行われた。春の日の遊興である。この随心院は随心院厳宝。随心院は京都山科の小野の門跡寺院で、随心院門跡は東寺一長者と東大寺別当を兼務した。厳宝は永享五年（一四三三）生れ、一条兼良の息子で、尋尊と同腹の弟。二人は仲の良い兄弟で、たびたび『大乗院寺社雑事記』に記されている。大乗院の尋尊を尋ねるのは、同じ奈良の東大寺の東南院に居住することが多かったからであろう。室町時代の東大寺別当については「東大寺別当次第」などがあるが、(8)記録には不明な点が多い。

連歌一折というのは、初折表裏二十二句のことである。連歌は和歌の上句五・七・五句と下句七・七句を別人が詠むことから始まった。『万葉集』巻八にある尼と大伴家持の唱和がそうである。

尼の、頭句を作り、大伴宿禰家持の、尼に誂へられて末句を続ぎて和ふる歌一首

佐保川の水を塞き上げて植ゑし田を 尼作る　刈る早飯は独りなるべし 家持続ぐ

こうした上句と下句の連結が次々と繋がって行き、鎌倉時代には百句続く百韻連歌が成立し、連歌といえば百韻が常識となった。そこで連歌を書くとき、B４版ほどの大きさの懐紙を横長に折って、折り目を下にして、一枚目の表に八句、裏に十四句を書く、次いで二枚目・三枚目の表裏に十四句ずつ、四枚目の表に十四句、裏に八句、計百句を四枚の懐紙の表裏に書くこととなる。一枚目の懐紙を初折という。二月二十五日条の「連歌一折」とは百韻連歌の書式のうち、一枚目の表八句と裏十四句にあたる二十二句をいうのである。

二月二十七日条には、尋尊が第一の百韻の発句を詠む千句連歌が記されている。

一、千句連歌始之、開白発句予、第二随心院殿、第三藤千代、人数安位寺殿・随心院・予・尋雅・縁舜・清賢・継舜・経胤・丼舜・尊藤・春福・宗薫・賢秀・正秋、

千句の二日目は翌日の**二月二十八日条**である。

一、発句、尋雅・縁舜・清賢・継舜、

最後の三日目は**二月二十九日条**である。

一、発句、経胤・牪舜・安位寺殿、後朝、尊藤丸、

発句の作者は、一日目の二月二十七日条に「開白発句予、第二随心院殿、第三藤千代」、二日目の二月二十八日条に「発句、尋雅・縁舜・清賢・継舜」、三日目の二月二十九日条に「発句、経胤・牪舜・安位寺殿」とそれぞれに記されている。最後の安位寺殿経覚が詠む第十の発句は巻軸の発句といって、第一の発句に次いで重視される発句である。第一の百韻では、発句を主客が詠み、主催役の亭主が脇句を詠む。ここでは十巻の各発句の作者は記されているが、脇句の作者はわからないので、この千句の亭主、つまり主催者はわからない。しかし経覚ではないかと思う。それは亭主が巻軸の発句を詠む場合が多いからである。とすれば、この千句は、尋尊が主客、経覚が亭主という形を取った興行である。第一の百韻の脇句の作者がわかれば、主客と亭主の関係はもっと明確になる。

千句は普通、三日をかけて行われる。右の千句も発句の作者からわかるように、一日目に百韻を三巻、二日目に四巻、三日目に三巻、計十巻の百韻連歌の千句が完了する。前に見た細川千句のように一日で千句を行うことは特殊なことで、そのために「一日千句」などと呼ばれるのである。

三日目の二月二十九日、最後にある「後朝」は、連歌用語としては聞き慣れないものだが、衣々の別れの後、名残を惜しむといった意味で、千句の後に付ける追加のことであろう。前に見た閏正月二十七日条の安位寺殿御千句とある経覚の春日法楽千句の追加が天満法楽とあるのに対し、ここでは後朝とあるのに注目しておきたい。

三月十三日条に、

一、瓶子一双・食籠一宗薫持参了、連歌一折張行、

とあり、その翌日、**三月十四日条**に、

一、安位寺殿御入、色々被持了、連歌一折在之、

とある。訪問者を相手に一折の興行が行われた。尋尊の連歌への関心が窺われる。

三月十七日条に、

一、寛円下向了、去十日於家門御連歌始在之、発句室町殿御沙汰云々、三条・飛鳥井・京極等参ス云々、大方家門大慶也、但無其詮事哉、

とある。冒頭に掲げた康正三年三月十六日の記事と同じく、尋尊の実家である京都の一条家の連歌会の情報である。一条家では三月の十日ごろにその年の連歌初めが行われたのであろう。室町殿、時の将軍足利義政から発句が寄せられたことは、このように特筆すべきことである。

三月晦日条に、

一、藤千代殿部屋之月次始之、頭藤千代殿、安位寺殿同御出了、

とある。ここには「連歌」とはないが、既述のように月次連歌のことで、この日から月次連歌が始まった。

四月十日条にも藤千代の部屋で連歌があったと記す。

一、藤千代部屋ノ月次頭予令沙汰了、折一合・一瓶、発句、コスエミナ冬木ヲワカヌシケリ哉、

一座は藤千代丸の部屋で行われた。頭役は、三月晦日には藤千代丸が勤め、四月十日には尋尊が勤めた。藤千代丸は稚児であるが、尋尊に近侍して身の回りの世話をするような稚児ではない。藤千代丸が初出する康正元年（一四五五）十月二十日条に「国司息当坊ニ光臨、藤千代丸」とあって、「十五歳」という傍注があり、追筆で「法名尊誉、大納言、興福寺別当、……十九歳ニ得度」とある。康正三年九月二十一日条の尋尊が上洛する記事には「予上洛、板輿、藤千代板輿」とあり、縁舜法眼ら他の僧たちは乗馬であっても、藤千代丸は尋尊と同じく輿に揺られて上洛する身分である。長禄三年（一四五九）には出家し、後に興福寺別当となる人物である。

『大乗院寺社雑事記』には、藤千代丸のほか、愛満丸・愛若丸・愛千代丸・藤若丸といった稚児が登場する。こ

れらの稚児は寺院独特の環境を醸し出す。森田恭二氏は「稚児文化と呼ぶべきものが、中世寺院には花開いていた」と主張する。[9]稚児を交えて行われた連歌もまた稚児文化の一翼を担った。後にも再三述べることになろうが、『大乗院寺社雑事記』の連歌の特徴は、一つはこの稚児文化の一つとしての連歌であり、二つは夏中連歌など、宗教儀式と平行して行われる連歌である。

稚児文化の担い手として、尋尊の弟子分の一人、尋雅を紹介したい。尋雅はすでに康正三年八月六日条に「安位寺殿ニ御月次在之、頭尋雅得業也」と見え、同じ年の『経覚私要鈔』七月六日条の連歌の記事には「自奈良尋雅得業……等来了」とあり、同八月六日条に「有連歌、月次也、尋雅得業頭也、発句、薄霧ノ籬ニこもる千里哉」とあって、尋雅が尋尊のいる奈良から来て経覚の連歌会に参加し、「薄霧ノ……」の発句を詠んだなどとある。長禄二年二月二十七日から二十九日までの千句連歌では、尋雅は第四の百韻の発句を詠んでいる。尋尊の側近のうち、かなりの連歌の詠み手であろう。この尋雅も稚児であった。宝徳四年（享徳元年・一四五二）正月二十八日条に「尋雅出家、二位公、神祇伯雅兼王息也、童名宮千代丸」とあって尋雅には「予弟子分也」の傍注がある。寺院に住む稚児たちは、経典など仏事を学ぶとともに和歌や連歌の修得も励んだ。稚児文化はかくて育成されたのである。

大乗院の稚児を扱った論文には、森田氏の研究に先行して、徳江元正氏の「世阿弥童形考」[10]・細川涼一氏の「中世寺院の稚児と男色――謡曲「経正」「花月」と同性愛――」[11]がある。また賤民史の面より愛満丸と父親の鵲の又四郎を扱った三浦圭一氏の「中世後期の散所について」[12]や「一枚の証文」[13]がある。

藤千代丸・愛満丸・愛若丸ら稚児たちは、それぞれ身分を異にする。稚児の身分は出身によって異なる。細川涼一氏[14]は「中世の寺院における稚児には、出家得度して寺院に籍を置く正式の僧侶となる者のほか、「経正」に見られるように、武家の子弟で稚児として寺院に入った後、元服・加冠して俗人の成人男子となるケース、また「花月」に見られるように、人身売買にも等しい形で僧侶に稚児男色の対象として身柄を買得され、生涯を童形で通す

（あるいは、後述する大乗院尋尊に寵愛された愛満丸のように、寺院に籍を置く出家ではない形で遁世する）ケースがあったことがわかる」と分類する。まことにわかりやすい分類である。さらに細かな分類を必要とすることもあろうが、しばらくは細川氏の分類に従って稚児を見ることにしたい。

四月十二日条に、

一、今日安位寺殿ニ御連歌在之云々

と経覚の連歌会を記す。これに対し、**五月十九日条**に、

一、月次頭尋雅得業、予出了、

とあり、**六月十日条**には、

一、月次在之、頭人縁舜法眼、

とあるのは、大乗院の月次連歌である。五月十九日条にわざわざ「予出了」とあるからには、尋尊が月次連歌に出座しないこともあるということである。月次は儀式的な連歌ではなく、練習のための連歌であった。

長禄二年（一四五八）秋・冬

長禄二年の後半、秋冬の主要項目には、

一、家門御千句事

と載る。これは尋尊の在洛中、八月六日〜八日に行われた一条家の千句連歌である。

長禄二年の後半の連歌記事は、上洛途上、宇治での一折興行に始まる。**七月二十三日条**に、

一、為大臣大饗御礼予上洛、卯剋立南都了、……巳剋着平等院諸堂巡礼了、……於釣殿日中在之、連歌一折興行云々、発句予、河霧もはれ行けさの朝日哉、をとにしらるゝ水の秋かせ、藤千代、酉剋家門一条殿ニ着了、

とある。初折二十二句分の一折連歌であるが、休息の一時、尋尊・藤千代丸たちが興のおもむくまま連歌を楽しんだ。尋尊の発句は、川霧が晴れて行くとき、今朝の朝日はことのほか美しいことだと詠む。

発句では、その連歌が行われた時季や場所、目的などを詠み込む。特に時季をあらわす季語を詠まなければならない。発句はまた、前句がないので、一句だけを独立させて詠み切ってしまうため切れ字を用いる。この句では「河霧」の霧が季語であり、「朝日哉」の哉が切れ字である。季語・切れ字は現在の俳句でも要求される必要条件である。つまり俳句は明治以降、連歌や俳諧連句から独立したごく短い短詩型の文芸である。

尋尊一行は、朝、現代の午前六時頃である卯剋に南都を立ち、朝日を仰ぎながら宇治に向かって、十時頃の巳剋に到着した。途中、朝霧が立ちこめており、尋尊はその印象を宇治川に置いて発句を詠んだとも考えられる。しかし宇治川は歌枕の一つである。歌枕とは歌によく詠まれる名所である。この宇治川は霧といっしょに詠まれることが多い。『千載和歌集』の藤原定頼の歌「朝ぼらけ宇治の川霧絶え絶えにあらはれわたる瀬々の網代木」などである。宇治にはまた、朝日山という歌枕がある。尋尊の発句には「河霧」「朝日」とあるだけで、歌枕として宇治川や朝日山の地名は詠まれていないが、『新古今和歌集』の藤原公実の歌「麓をば宇治の川霧立ちこめて雲居に見ゆる朝日山かな」を踏まえていると考えてよい。

藤千代丸は、名高い宇治川の水を渡る秋風も素晴らしいと付ける。連歌には式目と呼ばれる種々の規則があって制約が多い。例えば、春と秋の季語は三句以上五句まで続けなければならない。発句で尋尊が秋の季語の霧を詠んだ。藤千代丸は、脇句に秋の季語の秋風を付けた。藤千代丸の脇句には『古今和歌集』の藤原敏行の歌「秋来ぬと目にはさやかに見えねども風の音にぞ驚かれぬる」を意識されているかもしれない。発句の川霧が脇句の秋風によって吹き払われ、朝日が輝く。このように前句と付句は一つの世界を醸し出す。人々はこの連続の創作を楽しむ。連続の創作のために数々の規則があり、複雑な制約がある。このような複雑な連歌であるが、中世の人々は旅の休息の一時にも連歌を楽しんだ。かくて一行はその日の夕刻、酉剋に京都の一条家に到着した。
この時の尋尊の上洛は、将軍足利義政の内大臣就任の祝賀のためである。幕府では大臣任命を祝う大饗が催され、門跡たちは祝賀の挨拶に参列した。その後、尋尊は一条家に滞在する。

八月一日条に、

一、自来六日可有御千句之由被仰出者也、

とある。一条家の当主、兼良が主催する千句連歌の予告である。

翌日、**八月二日条**に、

一、御連歌在之、御発句御方御所、

とある。御方御所は尋尊の兄、左大臣教房である。

八月五日条に、

一、榼三荷并粁足千疋召上了、御千句方粁渡龍光院了、

とある。千句のための費用が調達された。

八月六日条よりいよいよ千句が始まった。

一、御千句被始之、御人数両御所・竹内大僧正・岡崎大僧正・予大僧正・随心院大僧正・澄真如院大僧都・東南院禅師・宝尊院禅師・刑部卿顕郷・専順法眼等也。

八月七日条に、

一、御千句、

八月八日条に、

一、御千句結願、

とある。この時の千句の連衆は兼良を長とする一条家のそうそうたる顔ぶれである[15]。両御所は当主の兼良と左大臣である嫡男の教房、竹内大僧正は曼殊院良什（兼良の兄良忠の息）、岡崎大僧正は実乗院桓昭（兼良の兄良忠の息）、予大僧正は尋尊、随心院大僧正は尋尊の弟厳宝[16]、澄真如院大僧都・東南院禅師・宝尊院禅師も一条家の縁のある人物であろう。足利義政の大臣大饗の参賀のため一族が京都に集まったのを機に一門の千句連歌が催された。寄合の文芸はこうして一族の絆を強固にするのである。

ここに見える専順法眼は、六角堂法師と呼ばれた連歌師専順であろう。宗祇によって『竹林抄』の連歌七賢に選ばれ、晩年は美濃の斎藤妙椿の庇護を受けた専順は、文明八年（一四七六）三月二十日に六十六歳で没した。『大乗院寺社雑事記』文明八年四月二日条に「六角堂柳本坊専順法眼去月廿日於三乃国被□□。連歌名人也。不便事也。持是院加□□……」とある。専順の没年月日がわかる唯一の史料であって、これらの記事は一条家と専順の親交が窺われる。なお刑部卿顕郷は一条家の諸大夫の町顕郷で、実際に刑部卿であったのは前年のことである。

九月六日条に、

一、御連歌在之、

とある。二日後、九月八日に尋尊は南都に帰った。七月二十三日以来、ほぼ一か月半に及ぶ長期の京都滞在であった。

南都に帰ると、**九月十三日条**に、

一、去月分月次清賢沙汰了、安位寺殿渡御、夜ニ入テ連歌又在之、発句安位寺殿御沙汰、一器予仰付了、

とある。**九月二十九日条**に、

一、月次連歌在之、頭孝承寺主、

とある。以下、長享二年には連歌関連の記事は見られない。

本稿では増補続史料大成版『大乗院寺社雑事記』の第一巻にあたる康正三年から長禄二年までの連歌興行を扱った。今回は、寺院連歌の特徴の一つである宗教儀式としての連歌はまだ現れておらず、稚児文化としての連歌もほとんど触れることはなかった。しかし今後おいおい見ることになるであろう。

註

（1）永島福太郎『応仁の乱』至文堂　一九七七年

（2）以下、本稿では辻善之助編　増補続史料大成　臨川書店　一九七八年　を使用する。

（3）『大乗院寺社雑事記』の連歌については、鈴木良一『大乗院寺社雑事記ある門閥僧侶の没落の記録』そしえて　一九八三年　第五章　門閥僧侶の生活　II文芸趣味　に触れられている。なお「連歌」などの語彙については『大乗院寺社雑事記総索引』上下　臨川書店　一九八八年　を参照した。

（4）『経覚私要鈔』史料纂集　続群書類従完成会

（5）鈴木良一『大乗院寺社雑事記ある門閥僧侶の没落の記録』前掲註（3）

（6）拙稿「細川千句考」『中世文学』二七　中世文学会　一九八三年（後、拙著『戦国の権力と寄合の文芸』和泉書院　一九八八年　に再録）

（7）『俳文学大辞典』角川書店　一九九五年「追加」の項に「平野社法楽として詠み添えることが多いのは、同社が日本武尊を祀るとされたからという」とある。

（8）永村真『中世東大寺の組織と経営』塙書房　一九八九年

（9）森田恭二「稚児愛満丸二十八年の生涯」帝塚山学院短期大学研究年報四六　一九九八年（本書『大乗院寺社雑事記研究論集一』再録）

（10）徳江元正「世阿弥童形考」『室町芸能史論攷』三弥井書店　一九八四年（初出「能の盛衰――世阿弥の浮沈――」『解釈と鑑賞』一九七七年二月）

(11) 細川涼一「中世寺院の稚児と男色――謡曲「経正」「花月」と同性愛――」『逸脱の日本中世』JCC出版局　一九九二年（新装版　洋泉社）
(12) 三浦圭一「中世後期の散所について」立命館文学三七七・三七八　一九八一年（三浦圭一『中世賤民史の研究』部落問題研究所出版部　一九九〇年　再録）
(13) 三浦圭一「一枚の証文」『部落』四五四　一九八五年（三浦圭一『中世賤民史の研究』前掲　再録）
(14) 細川涼一「中世寺院の稚児と男色」前掲註(11)
(15) 永島福太郎『一条兼良』人物叢書　吉川弘文館　一九六三年
(16) 澄真如院が永島福太郎氏の『一条兼良』の略系図に見える池真如院とすれば、澄真如院大僧都は真心院法印良済（兼良の兄）となる。

Ⅳ 歴史地理

中世都市奈良の近世的変容

金井 年

はじめに

中世都市奈良の実像を包括的に描きだした最初の研究書は、昭和三十八年に刊行された永島福太郎氏の『奈良』(1)である。氏はその「はしがき」において、「奈良の歴史は奈良時代がそのすべてではない」「奈良の町は、古代の伝統を存するとはいえ、むしろ中世都市と考えられよう」と述べているが、事実同書は通史の形をとるものの、記述の半分以上は中世に充てられている。

その後も中世史の観点から奈良に論及した研究は多くあらわれるが、近年になって中世奈良についての専著が二冊公刊された。泉谷康夫氏の『興福寺』(2)と、安田次郎氏の『中世の奈良』(3)である。

前者は中世において圧倒的な世俗権力を持つに至った興福寺の実態を、様々な史料を用いて多角的に解明した労作であり、後者は中世奈良の様相を、主に住民サイドに焦点を合わせてヴィヴィッドに描きだしたものである。

安田氏の著作から教えられることは多岐に亘るが、ここでは本稿との関連でポイントとなるところを箇条書きにしてみよう。

(1)　十一世紀ごろ、東大寺や興福寺を中心として、東西南北の名がついた四面郷が形成されつつあった。
(2)　その四面郷は、鎌倉時代には南都七郷として再編される。
(3)　そのような再編が行われたきっかけは、治承四年（一一八〇）の平氏による南都焼き打ちである。そして興福寺別当の信円が、南都復興策のひとつとして七郷を編成したと思われる。
(4)　南都七郷はいくつかの小地域＝小郷から形成されていた。小郷はいわゆる両側町の形態をとっていた。

さて本稿は、このように形成された中世奈良が近世に入ってどのような変容を遂げたかを、歴史地理学の立場から追跡しようとするものである。

都市の古代―中世―近世における連続性・非連続性の問題は個別に検討されるべきものであるが、奈良の場合、平城京が廃絶されたあと外京の部分が有力大寺院を中心とした、いわゆる南都として変貌を遂げ、中世都市奈良の母体となったことはよく知られている。そしてこの中世奈良が近世にもその基本的属性を存続させ、さらには現在に至っていることも、今更論を俟たないであろう。しかし、①どういった属性が「存続」し、どういった属性が「変貌」したのか。②そのような「存続」「変貌」は規模・分布といった点からみればどのような特徴を有するか、といった点は従来全く検討されていないと言わなければならない。

ところで中世奈良の研究の進展には、昭和五十三年になされた『増補　続史料大成』第二十六～三十七巻、「大乗院寺社雑事記」[4]（以下「雑事記」と略称する）の刊行を挙げねばならない。自明のことを書くのはどうかとも思われるが、最小限のことを次に記す。

これは大乗院尋尊（一四三〇～一五〇八）による日記で、宝徳二年（一四五〇）から永正五年（一五〇八）に亘っており、中世史料として第一級のものである。既にこれについて論じた著作も、いくつか公にされている。[5]しかしながらあまりにも大部の書物であるため、記述内容を充分に駆使することが困難であったのも事実である。ところが昭和六十三年と平成元年に刊行された『大乗院寺社雑事記総索引』[6]（以下、「総索引」と略称する）は、このような不便さを一挙に解消したのである。人名や地名から逆に当該箇所を特定することが可能になったのであり、本稿もその恩恵に預ったところが大である。

さらに昭和五十七〜六十一年にかけて刊行された、建築史学からの詳細な調査報告書『奈良町』[7]も見逃がすことができない。これは単なる報告書に留まらず、歴史学や歴史地理学にも多大の示唆を与える秀れた分析がなされている。

一　近世奈良の地誌

二つの史料を挙げてみよう。

（1）「奈良曝《さらし》」――貞享四年（一六八七）に洛南嘯月堂より出された一種のガイドブックである（以下「曝」と略称する）。

（2）「奈良坊目拙解」――享保二十年（一七三五）に完成された漢文の地誌で、無名園古道、俗名村井勝九郎の著になるものである。約二〇〇あまりの古典より引用旁証が行われ、かつ古老からの採訪によっている。「曝」に比べ、はるかに詳細な記述がなされている。今その記述内容を逐一追認することは不可能であるが、全搬的には極めて信憑性の高いものと考えてよい（以下「拙解」と略称する）。なお「曝」も「拙解」も、現在活字本として目にすることができる。[8]

ここで「曝」の具体的な記載内容について述べてみよう。

〈例〉たる井町　はたごや有。町役十六軒。此通西までを三条通と云。大坂ゟの海道なり。町の南がわ中ほとに弘法ほらせ給ひし井有、たる井と云。此町ハ興福寺の南大門のまへを西の方へ行、かたハら町を云。北かわハ興福

寺の屛にて南圓堂ほのかに見ゆる。（以下略）

このように「曝」には必ず町役が記されており、それについては後に一定考察する。次いで町の由来が記され、またこの場合、「たる井町」が「かたハら町」（＝片側町）であることもわかる。

都市プラン上、三条通は大きな意味を持っていたようである。「大坂《ママ》の海（街）道」であり、興福寺の南大門がこの通りに向って開かれていることにも注意しておきたい。もっとも両側町を成すという大原則は崩されておらず、たる（樽）井町が片側町であったのは文中にある如く、その北側が興福寺の敷地であったからにすぎない。ただし「曝」には単に町役の軒数しか書かれていない箇所がかなりあり、それについては「拙解」を参照しなければ、町の正確な位置その他については不明である。

二　研究方法

「曝」には奈良町域を三つに区分した上で、計一七二の町名がリストアップされている（表1）。筆者は先の「総索引」を用い、それらの地名が中世に遡りうるかどうか、照合していった。地名が「雑事記」に記載してあるからといって一定の「町」があったかどうかは別問題であるが、「雑事記」に「郷」とでている場合は問題ない。郷は家屋の充塡度はともかく、一定の町屋があった区域と見做してよいからである。(9) 他については遂一記載内容を検討しなければならない。

〈例〉「曝」にある「本小守町」は「雑事記」にある「小守」のことと思われるが、ここに一定の「町」があったであろうか。「雑事記」明応二年閏四月晦日条をみると、「夜前戒壇院火付之、小分焼了、此外高畠・小守邊小屋焼亡」とあって、ここから「高畠」と「小守」が近接し、かつある程度の「小屋」があったことがわかる。こういったところは中世からの町場と見做した。ただし本小守町から枝分かれしたと思われる「小守北向町」「奥小守町」

表1　奈良曝記載の町名と町役

〈三条通より南西東の町・1（餅飯殿より西）〉55町

町　名	町　役	町　名	町　役
たる井町	16軒	南袋町	16軒半
橋本町	16軒	南風呂ノ辻子	17軒
餅飯殿町	40軒	北風呂ノ辻子	17軒
四ノ室ノ辻子		東城戸町	54軒
元林院町	計26軒	西城戸町	44軒
繪屋町		馬場町	20軒
光明院町	26軒	本椿井町	
下ノ御門町	31軒	横椿井町	41軒
阿字萬字町	22軒	江戸屋町*	(*本椿井町の枝町)
脇戸町	21軒	角振町	41軒
高御門町	36軒	同新屋町	21軒
陰陽町	13軒	上三条町	27軒
西ノ新屋町	計39軒	下三条町	計34軒
吉祥堂町		(瓜屋の辻子)	
花園町	24軒半	三条出口上下弐町	(下三条組)
鳴川町	計25軒	三綱田町	(下三条組)
(白山外子)		細川町	(下三条組)
三棟町	2軒	今井町	(下三条組)
木辻町	20軒	本小守町	29軒
瓦堂町	(木辻組)	子守北向町	30軒
京終町	(木辻組)	奥小守町	27軒
籠ノ坂町		寺町	41軒
綿町	(木辻組)	小川町	計28軒
八軒町	(木辻組)	(青屋が辻子)	
浄言寺町	(木辻組)	南魚屋町	47軒
十三軒町	(木辻組)	南新町	29軒
五軒町	(木辻組)	柳町	
南城戸町	46軒半	(西口)	計21軒
南中町	11軒半	(かたはら町)	
小太郎町	10軒	杉ヶ町	26軒

〈注〉「曝」には「五十三町」とあるが、本文を読むと南中町と寺町が脱落しており、「五十五町」とすべきである。単なるカウントミスか。

〈三条通より南西東の町・2 (餅飯殿より東)〉 51町

町 名	町 役	町 名	町 役
今御門町	22軒	鵲町	32軒
池ノ町	21軒	公納堂町	25軒
南市町	27軒	福地院町	35軒 (紀寺組)
西林寺町	27軒	毘沙門町	24軒
東林寺町	27軒	薬師堂町	計36軒
勝南院町	22軒	(御霊のまへ町)	
北室町	26軒	十輪院町	30軒
中院町	31軒	十輪院畑町	11軒
中ノ新屋町	38軒	川ノ上町	15軒
狐が辻子	13軒	紀寺町	計35軒 (* 紀寺組)
柴 (芝) ノ新屋敷	21軒	草小路町*	
元興寺町	計52軒半	川ノ上突抜町	28軒
辰巳ノ辻子		田中町	(紀寺組)
納院町	8軒	高山町	(紀寺組)
築地内町	23軒	七軒町	(紀寺組)
井ノ上町	27軒	地蔵町	
中辻町	39軒半 (紀寺組)	幸下町	(紀寺組)
肘塚町	(十三ヶ寺の下)	阿加井坊	(高畠組)
椚木町	(十三ヶ寺の下)	笠屋町	(紀寺組)
竹花町	(十三ヶ寺の下)	上十輪院	(紀寺組)
鶴福院町	27軒半	下清水町	(南側は紀寺組)
不審辻子	17軒半		(北側は成身院の下)
御所馬場		中清水町	(成身院の下)
片原町		上清水町	(成身院の下)
北天満町		同横町	(成身院の下)
中天満町		割石町	(高畠組)

〈注〉「曝」には「四十九町」とあるが、本文を読むと天満町がなく、逆に中辻町、鶴福院町、幸ノ上町が脱落している。カウントミスか。

〈三条通より北西東の町〉66町

町　名	町　役	町　名	町　役
宿院町	7軒	南法蓮町	8軒
田中町	}（坊屋敷と町１つ）	北法蓮町	11軒
寶徳院町		魚屋西町*	14軒(*北新町ともいう)
花芝町	17軒	魚屋東町	4軒
東向北町	29軒	後藤町*	8軒半(*林や町ともいう)
東向中ノ町	28軒半	押小路町	5軒
東向南ノ町	34軒半	川久保町	11軒
瓦釜町	}計24軒半	押上町	46軒
小西町		油(柚)留木町	36軒
西御門町	29軒	鍋屋町	}計45軒
酢屋町	}計41軒	石屋町	
中筋町		南半田西町	13軒
眉目山町	19軒	南半田東町	9軒
同突抜町	6軒半	南半田中町	7軒
坊屋敷町	42軒	南半田横町	9軒
六軒屋町	（坊屋敷町と１つ）	北半田西町	11軒
内侍原町	35軒	同突抜町	4軒
高天市町*	25軒(*地方26軒)	北半田東町	17軒
高天町	32軒	中御門町	16軒
漢国町	10軒半	川端町	2軒
林小路町	29軒	北袋町	16軒
百萬辻子町	3軒	西笹鉾町	21軒
今辻子町	38軒	西包永町*	36軒(*４町の合名)
油坂町	33軒	東笹鉾町	22軒
坂新屋町	27軒	東包永町	18軒
菖蒲池町	11軒	今小路町	45軒半
柴辻町	14軒	手播(貝)町	35軒半
奥芝辻町	12軒	北御門町	20軒
北市町*	30軒(*百姓町)	今在家町	}42軒
舟橋町	9軒	善鐘寺町	
西新在家町	9軒	興善院町	4軒
北小路町	10軒	般若寺町	
東新在家町	6軒	奈良坂町	11軒

〈注〉「曝」に町数は記されていない。66町というのは筆者による集計。

は近世に入ってから町場化したもののようである。

○奥小守町（中略）従二當町一以東悉御藏町並矣、按、當住率川郷民家未レ有二于此邊一、各田園《ニシテ》而子守郷領内西際界是也、天正慶長年間為二町屋一乎、」（「拙解」傍点筆者）

○北向町　本名ハ子守北向町、

○當町本ト率川明神境内、而先年未レ有二民家一矣、（「拙解」傍点筆者）

このように見てくると、「曝」に記載の町名は次の三類型に纏められよう。

(A)類――中世に一定の町並が形成されており、それがそのまま近世に引きつがれたと考えられるケース。典型は中世の餅飯殿郷が餅飯殿町に転化した例である。しかしこのように郷→町となった例は多いとはいえない。

(B)類――地名は中世に起源を持つものの、町場化したのは近世と思われるケース。調べてみると、元郷寺の一部がいくつかの町場となっている。

・「四ノ室ノ辻子」（本元郷寺の四ノ室とかや。）（「曝」、以下同様）

・「光明院町」（是もいにしへ元興寺一院名也。）

・「下ノ御門町」（下ノ御門なにがしと云公家の住給ひし跡なるゆへにかく名付。）

・「阿字萬字町」（是も本ハ元興寺の内にして阿字万院と云坊の跡なり。）

なお次のように一旦荒撫地となったところが近世に復興した例も、(B)類とした。

○芝新屋町

當名ハ同《シ》二中新屋一、元興寺衰廢巳後為二荒壊《シテ》芝原一《ト》、天正永禄年造二民戸一終為《ニ》二町屋一、仍名二芝新屋一《ト》矣、（以下略）

（「拙解」）

また中世の町屋地区が近世に入って分枝、ないし拡大したものについても、(B)類とした。先にあげた例でいえば、「本小守町」は(A)、「子守北向町」「奥小守町」は(B)ということになる。

(C)類——近世に入って新立された町屋。例えば「南魚屋町」や「鍋屋町」などはいかにも近世的な名称である。

右記の(A)(B)(C)を現行の地図上にプロットして作製したのが図1である。これから読みとれることを次に列挙する。

①(A)は分散的ではあるが、ある程度集中のみられる地域がある。それは三条通りを狭んで興福寺の南側、大乗院からみて西側一帯である。近世の絵図でみても大乗院と興福寺の間には多くの寺院が立地しており、いわゆる門前郷の集積地域を成している。

②中世の町並みは一般的に南北方向の道路に沿って形成されていた。東西方向に町並みが伸展するのは近世に入ってからである。

③近世奈良の南部、南西部は開発の新しい区域である。

地図の解釈については右記の通りであるが、他に解明しえたと思われる点、あるいは今後の課題について述べてみたい。

三　史料の分析

1 「曝」にみえる町役について

①表1をみると、二つの町で合一の町役軒数が記してあるところが何箇所かある。これらはもともと一つの町であったのが分化したと考えられる。もちろん町役の負担は近世に入ってからのものであるから、そのような分化も近世初頭ということになる。

②「木辻組」と記された町が七つ、「下三条組」が四つ、「紀寺組」が十一、「高畠組」が二つあり、町役は個別には負担していないところが大部分である。木辻町、下三条町などが各々分化したものであろう。ちなみに下三条町は中世の不開御門郷にあたるが、木辻町は近世に形成されたものである。

〇木辻町

（中略）

○當名ハ當町人家慶長寛永年間造ニ民戸ヲ一也、其先為ニ田園竹林一、而有ニ辻堂一宇於西之辻ニ一、今浄言寺町与ニ綿町ト一間存ニ石地蔵一是辻堂遺跡也、

（拙解）

ただしここにある「辻堂一宇」は「雑事記」に「木辻瓦堂」としてでてくる。

興善院坊領木辻瓦堂小五月寄郷出銭事、此間彼住人等及異儀間（以下略）（明応元年十一月）

なお紀寺組は紀寺なる寺院を中心として形成された町のグループであるが、中世における実態はよくわからず、高畠についても不明である。

③町役軒数が極端に少ない町がある。例えば三棟町が二軒しかないのは、地図上で判断すると殆んど寺院で占められているためである。他町についても、一般家屋の絶対数が少ないためと判断される。町による格差はないように思われる。

④興福寺の所領となっている町は無役である。例えば片原町は「大乗院御門跡領下」（「拙解」、以下同様）、北天満町は「大乗院御門跡御領分」、中天満町は「興福寺成身院領下」と記されている。

⑤鳴川町と白川辻子、下三条町と瓜屋の辻子、小川町と青屋が辻子、元興寺町と辰巳ノ辻子はいずれもセットで町役軒数が出ているが、辻子の区域は「町」としてカウントされていない。その理由を別途考察したい。

2「辻子」と「突抜」

①「辻子」の語義については、かつて高橋康夫氏[10]と足利健亮氏[11]との間に論争があった。両氏の研究は主に京都をフィールドにしたものであるし、ここでその是非を論ずるつもりはないが、足利氏が辻子を「町通りの前段階の道」「それに向かって町（家並み）・寺（寺並み）・大邸宅等が、その主要な頰（簡単に云うと正面）を、しかもかなり独占的に向けているといった道以外のものにつけられた名称[12]」とされているのは、おそらく正しい。町役は間口に対して賦課されるものであるから、間口が開いていなければ少くとも全額負担という形にはならない。そこで隣接する「町」とセットで町役の数値が決められているのであろう。

②「辻子」は中世的呼称であり、「突抜」は近世的呼称である。「雑事記」には多く「〜辻子」という名称が現れるが、「突抜」が出てくるのは近世に入ってからである。史料を二点あげてみよう。

〇芝突抜町　（中略）
○當名芝新屋突抜語略也、先年不レ通ニ於東方鵲町ニ一、而後新ニ開ニ街路一、故謂ニ突抜町ト一矣（以下略）（「拙解」）
〇川之上突抜町
（中略）
○當名同ニ于川上町ノ一、往年當町以南非ニ在家一、慶長年間新ニ開ニ街路一、仍号ニ突抜町ト一焉（以下略）（「拙解」）

このように「突抜」が近世に入って新しく開発された道路であることは自明である。ただ高橋氏のように「結局、突抜も新道も、ただ辻子の近世的表現にほかならないのである[13]」としてよいかどうかは、少し慎重を要する。足利氏は「既存の道（それは長い道でも、ごく短い袋小路でもよい）の先端を延長させ、他の街路に、直線的にであろうと直角であろうとを問わずつなげるという、その「突き抜く」営為によって名を得た道のこと[14]」とし、辻子とは全く無関係の観点から命名されたもの、としている。しかしこの両者の時間的差異、すなわち中世史料に「突抜」が現われない理由を説明しなければ、高橋氏への反論とはなりえないであろう。

くり返すが、筆者にはこの点に立ち入って論ずる用意は今のところはない。しかし近世以降の地図上で「辻子」「突抜」の違いを明確にするのは、不可能と言わなければならない。いずれ別の史料から検討してみたいと考えており、これが筆者に残された課題である。

おわりに

以上、中世奈良の都市プラン上の特徴や、近世に入っての拡大過程などを概観してきた。近世においては、城下町をはじめ、すべての都市が幕藩体制の支配下に置かれている。それと寺社勢力との拮抗関係や、それが町の形態・住民・機構にいかなる影響を及ぼしたかについては、再度考察を進めなければならない。

註

(1)　永島福太郎『奈良』（吉川弘文館　一九六三年）
(2)　泉谷康夫『興福寺』（吉川弘文館　一九九七年）
(3)　安田次郎『中世の奈良—都市民と寺院の支配』（吉川弘文館　一九九八年）
(4)　竹内理三編『増補　続史料大成』第二六〜三七巻（臨川書店　一九七八、ただし元本は辻善之助編として、一九三一〜七年にかけて潮書房（第一巻）、三教書院（第二巻以降）より刊）
(5)　鈴木良一『大乗院寺社雑事記——ある門閥僧侶の没落の記録』（そしえて、一九八三年　森田恭二『大乗院寺社雑事記の研究』和泉書院　一九九七年）
(6)　『大乗院寺社雑事記総索引』上巻　臨川書店〈人名篇〉（一九八八年）、下巻〈地名・件名篇〉（一九八九年）

（7）　奈良市町並建造物群専門調査会『奈良町』（一九八二年『奈良町（Ⅰ）〜（Ⅳ）』　奈良市教育委員会　一九八三〜八六年）

（8）『奈良市史編集審議会会報一』（一九六三年）

（9）永島氏は、「社寺の周辺に発達した街地を郷という」と述べている。註（1）一五九頁。

（10）高橋康夫『京都中世都市史研究』（思文閣出版　一九八三年）

（11）足利健亮『中近世都市の歴史地理――町・筋・辻子をめぐって』（地人書房　一九八四年）

（12）註（11）三二頁その他。

（13）註（10）五〇頁。

（14）註（11）二一四頁。

編集後記——大乗院寺社雑事記研究会の歩み——

平成十年（一九九八）四月、大阪の帝塚山学院大学人間文化学部の創設と共に、同学部森田恭二研究室を事務局として、新「大乗院寺社雑事記研究会」が発足した。

参加者は、関西で室町・戦国期を主に研究し、『大乗院寺社雑事記』に関心を持つ数名からスタートした。原則として、大学の休業日を除く毎週土曜日に、『大乗院寺社雑事記』第一巻からの輪読を始めた。

すでに、『大乗院寺社雑事記総索引』上下巻が、故林屋辰三郎氏を中心とするメンバーによって作成されており、読解上の知識もある程度持ったメンバーが主であったが、それでも読み始めてみると不明のことが多く、読解は手探りの状態である。各回当番の報告者を決めて読み進めている所である。

一方、春秋には現地見学を行ない、すでにメンバーで二回の巡検を実施した。

一回目は、大乗院門跡址を中心に、尋尊の墓、石子づめの跡、元興寺界隈を廻った。

二回目は、豪雨の中であったが、大乗院門跡址から、鵲地蔵堂を経て、白毫寺郷まで踏破した。現在の奈良の景観の中に、中世の遺跡を訪ね、『大乗院寺社雑事記』記述当時の理解に勤めている。

創設二周年にあたって、会員の『大乗院寺社雑事記』関連研究の論文集を企画、和泉書院の御援助を得て、ここに第一巻を出版することができたことを、関係各位に心より御礼を申し上げたい。

（大利直美）

【輪読会】 『大乗院寺社雑事記』(於帝塚山学院大学)

一九九八年

第 一回 四月 十八日(第一巻 宝徳二年 正月 一日条~宝徳四年 九月 八日条)

第 二回 四月二十五日(第一巻 宝徳四年 九月 二十日条~享徳二年 六月二十六日条)

第 三回 五月 九日(第一巻 享徳二年 六月二十七日条~享徳三年 六月 三十日条)

第 四回 五月 十六日(第一巻 享徳三年 七月 一日条~十二月二十九日)

第 五回 五月 三十日(第一巻 享徳四年 正月 一日条~康正元年 八月 十日条)

第 六回 六月 十三日(第一巻 康正元年 八月 十一日条~康正二年 正月二十一日条)

第 七回 十月 三日(第一巻 康元二年 正月二十六日条~三月二十八日条)

第 八回 十月 十七日(第一巻 康元二年 四月 一日条~五月 一日条)

第 九回 十月二十四日(第一巻 康元二年 五月 二日条~五月 十六日条)

第一〇回 十月三十一日(第一巻 康元二年 五月 十六日条~五月二十八日条)

第一一回十一月 六日(第一巻 康元二年 五月 三十日条~六月二十九日条)

第一二回十一月二十八日(第一巻 康元二年 六月 三十日条~七月二十八日条)

第一三回十二月 十二日(第一巻 康正二年 八月 一日条~ 二十三日条)

第一四回十二月 十九日(第一巻 康正二年 八月二十七日条~康正三年 正月二十二日条)

一九九九年

第一五回 一月二十三日(第一巻 康正三年 正月二十五日条~ 十四日条)

第一六回 二月 十三日(第一巻 康正三年 正月 十七日条~二月 四日条)

第一七回　三月　六日（第一巻　康正三年　二月　五日条〜二月　七日条）
第一八回　三月　十三日（第一巻　康正三年　二月　八日条〜二月　十二日条）
第一九回　三月二十七日（第一巻　康正三年　二月　十三日条〜二月　十八日条）
第二〇回　四月　十日（第一巻　康正三年　二月　十九日条〜二十　七日条）
第二一回　四月　十七日（第一巻　康正三年　二月二十八日条〜三月　五日条）
第二二回　四月二十四日（第一巻　康正三年　三月　五日条〜　九日条）
第二三回　五月　一日（第一巻　康正三年　三月　十日条〜　二十三日条）
第二四回　五月　八日（第一巻　康正三年　三月二十四日条〜　二十八日条）
第二五回　五月　十五日（第一巻　康正三年　三月二十九日条〜四月　七日条）
第二六回　五月二十九日（第一巻　康正三年　四月　八日条〜四月　十八日条）
第二七回　六月　五日（第一巻　康正三年　四月　十九日条〜四月二十六日条）
第二八回　六月　十二日（第一巻　康正　年　四月二十六日条〜四月　三十日条）

【見学会】

奈良見学会

一九九九年六月二十日（参加者七名）
　↓旧大乗院庭園↓今西家書院↓元興寺等

一九九九年六月十九日（参加者六名）
　↓旧大乗院庭園↓奈良町見学↓白豪寺

初出一覧

I

『大乗院寺社雑事記』の史跡（新稿）　森田恭二

II

中世後期畿内国人層の動向と家臣団編成――大和古市氏を中心として――（日本史研究　406号　一九九六年　六月）　田中慶治

室町・戦国期大和国東山内北部の政治構造――狭川・簀川氏の動向を中心に――（地方史研究　259号　一九九六年二月）　永井隆之

大和国「国民」越智家栄の動向について――身分制の観点から――（高円史学　10号　一九九四年）　綾部正大

中世後期の若党に関する一考察――大和国を中心にして――（高野山史研究　6号　一九九七年三月）　田中慶治

国人古市氏の馬借・関支配について――南山城を中心にして――（高円史学　13号　一九九七年）　田中慶治

東播守護代別所則治の権力形成過程について（地方史研究　272号　一九九八年四月）　渡邊大門

III

稚児愛満丸二十八年の生涯（帝塚山学院短大年報　46号　一九九八年一二月）　森田恭二

中世猿楽者の存在形態（新稿）　森田恭二

『大乗院寺社雑事記』に見る連歌興行（一）（新稿）　鶴崎裕雄

IV

中世都市奈良の近世的変容（新稿）　金井　年

❖**執筆者紹介**（五十音順）

綾部正大　1969年生まれ、奈良県立奈良養護学校整肢園分校教諭

大利直美　1969年生まれ、泉佐野市教育委員会非常勤職員

金井　年　1954年生まれ、大阪産業大学非常勤講師

田中慶治　1962年生まれ、新庄町歴史民俗資料館学芸員

鶴崎裕雄　1935年生まれ、帝塚山学院大学人間文化学部教授

永井隆之　1971年生まれ、東北大学大学院博士課程

森田恭二　1944年生まれ、帝塚山学院大学人間文化学部教授

渡邊大門　1967年生まれ、学校法人京都産業大学職員

大乗院寺社雑事記研究論集■第一巻

二〇〇一年二月一〇日　初版第一刷発行©

編　者　大乗院寺社雑事記研究会

発行者　廣橋研三

発行所　和泉書院

〒543-0002　大阪市天王寺区上汐五―三―八

電話　〇六―六七七一―一四六七

振替　〇〇九七〇―八―一五〇四三

印刷　太洋社／製本　免手製本

装訂　濱崎実幸

ISBN4-7576-0092-5　C3321